LE CHANT

ET

LES CHANTEURS

TOULOUSE, IMPRIMERIE A. CHAUVIN ET FILS, RUE DES SALENQUES, 28.

LE CHANT

ET LES

CHANTEURS

PAR

AUGUSTE LAGET

Professeur de chant
Membre de la Société des Concerts (Paris)
Professeur de solfége au Conservatoire de Musique de Toulouse
Ex–artiste du théâtre national de l'Opéra-Comique.

⸺⋙⟡⋘⸺

PARIS

HEUGEL ET Cᵉ, ÉDITEURS DU *MÉNESTREL*

2 BIS, RUE VIVIENNE

—

TOULOUSE

CHEZ L'AUTEUR, RUE DU REMPART-MATABIAU, 31

PRÉFACE

Le Chant et les Chanteurs, ouvrage offert par M. Auguste Laget aux méditations des artistes et des amateurs de la bonne musique, se fait remarquer par la lucidité de ses exposés et par l'intérêt qui s'attache à tous les travaux des spécialistes.

M. Auguste Laget a heureusement entremêlé son sujet d'anecdotes piquantes et de souvenirs intéressants qui enlèvent à son ouvrage ce qu'il pouvait avoir d'un peu aride pour les gens du monde.

La biographie de la plupart de nos grands chanteurs renferme des détails entièrement inédits et authentiques. M. Auguste Laget, par sa position artistique et ses relations, était à même de recueillir de précieux renseignements sur les acteurs dont il nous a retracé les triomphes ou mentionné les défaillances, et il s'est imposé le devoir de ne publier que des faits rigoureusement exacts. Les plus délicates convenances ont présidé d'ailleurs à la rédaction de cet ouvrage.

M. Auguste Laget peut revendiquer à bon droit la qualité de spécialiste, et cette qualité explique l'intérêt croissant que présente son étude artistique, la netteté de ses aperçus, la justesse de ses appréciations. Les jugements qu'il porte sur les hommes et sur les choses sont toujours sûrs, car, son expérience éclairant sa raison, ses inductions ne sauraient s'écarter de la vérité.

Artiste de talent, il a fourni une longue et brillante carrière, soit à l'Opéra-Comique, où il a eu l'honneur de créer plusieurs rôles, soit sur les principales scènes de province, où il a obtenu les plus légitimes succès. Directeur de plusieurs Sociétés chorales qui, sous son impulsion énergique, ont obtenu, dans divers concours, les récompenses les plus élevées, à la tête d'une Ecole de chant et de déclamation lyrique, d'où sont sortis de nombreux artistes, vaillamment applaudis, et dont plusieurs ont tenu, et tiennent encore leur emploi avec distinction sur des théâtres royaux et sur la scène de l'Opéra, à Paris; professeur au Conservatoire de

Toulouse, et nommé, le 1ᵉʳ février 1862, correspondant du Conservatoire de Musique et de Déclamation (1) ; nul, ce semble, ne pouvait parler du *Chant
et des Chanteurs* avec plus d'autorité et en meilleure
connaissance de cause que M. Auguste Laget.

Nous n'hésitons donc pas à recommander son
ouvrage, heureux si les lignes qui précèdent ont la
bonne fortune de déterminer quelques esprits indé-
cis ou prévenus à en commencer la lecture. Nous
sommes certain, si notre voix est entendue, que
cette lecture ne sera pas facilement abandonnée, et

(1)   « Paris, le 1ᵉʳ février 1862.

» *A Monsieur A. Laget, artiste du théâtre de l'Opéra-Comique.*

» Monsieur,

» J'ai l'honneur de vous annoncer que je vous ai nommé Corres-
» pondant du Conservatoire de Musique et de Déclamation.
» Vos précédents, Monsieur, et les divers prix que vous avez ob-
» tenus au Conservatoire ont dicté mon choix.
» Je compte sur votre zèle et votre exactitude dans la mission qui
» vous est confiée, et qui consiste à découvrir et signaler, soit à
» moi, soit à M. l'Inspecteur général des succursales, les jeunes
» gens des deux sexes possédant une belle voix, un physique et des
» dispositions propres aux théâtres lyriques.

» Recevez, etc.

» *Le Directeur du Conservatoire de Musique et de Déclamation,*
» AUBER *signé.* »

que l'ouvrage et son auteur seront bientôt également
appréciés : le premier, comme une œuvre sérieuse;
le second, comme artiste érudit, comme écrivain
distingué, comme homme de bonne compagnie.

Z.

AU LECTEUR

Lorsque feu M. Lacointa, directeur de la *Revue de Toulouse*, voulut bien admettre nos articles dans les colonnes de son estimable journal, nous ne nous proposions que de signaler les causes principales de la décadence de l'art du chant ; mais quelques amis nous ayant engagé à donner plus de relief à ce travail à peine ébauché, nous avons réuni divers matériaux épars, avec lesquels nous avons formé, en y ajoutant plusieurs chapitres inédits, le livre que nous soumettons aujourd'hui à la bienveillante appréciation du lecteur.

Plusieurs de ces matériaux ont été publiés à différentes époques dans divers journaux ou recueils, et en reprenant notre bien où il était pour le placer dans un autre cadre, nous n'avons fait qu'user d'un droit légitime ; seulement, nous avons dû subir les conséquences de notre désir de publier dans le même volume des articles qui n'offraient pas une suite naturelle ; aussi a-t-il fallu, au préalable, élaguer de notre étude artistique certains défauts d'accord dans les parties, d'ensemble dans le tout, l'unité et la méthode étant les conditions indispensables de l'intérêt.

De l'art du chant et des causes de sa décadence, tel était le titre que nous avions inscrit d'abord en tête de notre travail ; mais nous avons cru devoir lui substituer celui de : LE CHANT ET LES CHANTEURS, afin de pouvoir développer plus longuement notre sujet et les appréciations qu'il comporte.

Ne comptant point sur nous-même, nous aimons à espérer que les questions pleines d'actualité et d'intérêt traitées dans cette étude artistique sauront captiver l'attention de nos lecteurs et nous mériter leur bienveillance.

AUGUSTE LAGET.

LE CHANT

ET

LES CHANTEURS

CHAPITRE PREMIER.

CAUSES DE LA DÉCADENCE DE L'ART DU CHANT.

L'on ne peut se dissimuler que depuis trente ans, environ, l'art du chant n'ait subi de profondes altérations et qu'il ne soit actuellement en décadence. Cela tient à trois causes principales, qui sont :

1° — Les manifestations stentoréennes de l'orchestre ;

2° — Le diapason ou *tessiture* des œuvres modernes ;

3° — La longueur démesurée des opéras.

Disons-le bien haut, car la vérité a de la peine à se faire entendre : l'orchestration est trop bruyante, les rôles sont écrits trop haut, et la durée des opéras excède la force des chanteurs.

Maintenant, autour de ces causes principales, viennent se ranger d'autres causes secondaires, qui sont : l'insuffisance des études de la part des jeunes gens qui se destinent à la carrière théâtrale, l'empirisme et le défaut d'unité dans l'enseignement du chant, les caprices et l'influence destructive de la mode, les ravages du faux savoir, l'abus des éloges, la camaraderie, les applaudissements salariés, l'indifférence du public, etc., etc.

CHAPITRE II.

DE L'ORCHESTRE ET DE L'ORCHESTRATION.

I

Le premier établissement musical qui ait existé à Paris date de l'année 1330, sous le règne de Philippe de Valois, et, par une coïncidence heureuse, ce fut dans le courant de la même année qu'on inventa les différentes figures de notes que nous appelons aujourd'hui *ronde, blanche, noire, croche,* etc.

Dans ce temps-là, des musiciens ambulants, des ménestrels, des ménétriers et des bateleurs, après avoir chanté ou joué d'un instrument quelconque pendant le jour, s'attroupaient tous les soirs dans Paris, et, pour ôter à leurs rassemblements ce qu'ils pouvaient avoir en apparence de suspect ou d'inquiétant pour la tranquillité publique, ils sollicitèrent et obtinrent de Sa Majesté très-chrétienne l'autorisation de se constituer en société et de s'établir sous le nom de *Confrérie de Saint-Julien-des-Ménestriers,* du nom de la rue où ils tenaient leurs réunions.

Peu de temps après leur installation, les nouveaux confrères résolurent de placer leur association sous le patronage d'un saint spécial, qui, tout en consacrant le souvenir du passé, rappelât, sinon leur origine, du moins leur profession. C'est pourquoi, au lieu de mettre leur institution sous l'invocation de sainte Cécile, qui semblait devoir être leur protectrice naturelle, ils choisirent pour patron saint Genest, qui, de bateleur païen, se fit chrétien et souffrit le martyre, en 303, dans le Colysée de Rome, en présence et par l'ordre de Dioclétien. Ils firent graver sur leur sceau saint Genest, debout et jouant de la vielle, qui était alors l'instrument à la mode. Malheureusement, à mesure que de nouveaux membres étaient affiliés, les réunions de la confrérie devenaient de plus en plus bruyantes, et, leur intempérance aidant, l'autorité se vit forcée d'intervenir et de modifier, en 1397, les statuts de la société. Le roi Charles VI ne dédaigna pas, le 14 avril 1401, de reconnaître un corps de ménestrels « *joueurs des instruments tant hauts comme bas,* » et même un roi de ces ménestrels, entre les mains duquel tous les membres de la confrérie étaient tenus de prêter serment.

La chronologie de ces rois-musiciens n'est pas précisément des mieux établies ; mais nous voyons que Constantin, fameux violoniste du temps, fut porté sur le pavois vers la fin du seizième siècle, et qu'en 1630, il laissa la couronne à Dumanoir Ier, auquel succéda Dumanoir II, qui abdiqua en 1685. Dès lors, la confrérie de Saint-Julien-des-Ménestriers fut plongée dans une affreuse anarchie, et elle vit le trône de ses rois s'écrouler pour ne plus se relever.

A l'époque dont nous parlons, vers 1330, alors que trois ou quatre musiciens, juchés sur une barrique tournée de champ, suffisaient pour composer un orchestre, les instruments à cordes étaient la lyre, le psaltérion, la cythare, le monochorde, la rote, l'organistrum, la harpe, le décacorde, l'octocorde, la chifonie, le canon, le tympanon, le théorbe, le luth, la mandore, la mandoline, la guitare, ressemblant assez peu à celle des Espagnols, qui la tenaient des Maures, et bien moins encore à celle que les Turcs et les Persans avaient reçue de l'Arabie ; la vielle, qui, après avoir fait partie de toutes les fêtes, fut délaissée pour le rebec, auquel succéda d'abord le violon à trois cordes, puis celui à quatre cordes, tel qu'il existe aujourd'hui.

Les instruments à vent étaient le syrinx, la fistula, la buccine, la trompe, la sambuca, le chalumeau, le hautbois, la douçaine, la bombarde, la trompette, la guimbarde, la musette, la cornemuse, l'olifant, le serpent à gueule de dragon, la flûte à bec et sa basse, si fort regrettée de nos musiciens à cause de ses sons plus colorés que ceux de la flûte traversière.

Les instruments à clavier étaient l'orgue, la régale, le clavi-cymbale, le clavicorde, le dulce-melos ou doucemelle, le manicorde, etc.

Enfin les instruments à percussion étaient l'acetabula, la cymbale, le tambour, le tympanon, le tintinnabulum, le sistre, les clochettes, le carillon.

Certes, entre le Conservatoire de Musique actuel et la Confrérie de Saint-Julien-des-Ménestriers, qui était, elle aussi, une espèce de Conservatoire, il y a tout un abîme. Néanmoins, quelque infime que fût ce dernier établissement, et quelque problématique que fût le talent des divers membres qui en faisaient partie, il n'en est pas moins vrai que de 1330 à 1685, il exerça une influence réelle sur l'art musical, dont il éleva le niveau, et auquel il imprima peu à peu un grand mouvement. C'est avec les débris de ce corps musical, en 1685, lors de l'abdication de Dumanoir II, que Lulli renforça l'orchestre de l'Opéra, établi rue Mazarine, dans le jeu de paume de la Bouteille, et qu'il réorganisa la musique de la Chambre du roi. Les églises métropolitaines et les collégiales ne dédaignèrent pas elles-mêmes d'y prendre quelques bons sujets pour leurs Maîtrises, ces belles pépinières musicales d'où sont sortis tant d'habiles virtuoses.

II

Lors de la fondation de l'Opéra, en 1671, les grands instrumentistes du temps dédaignèrent de faire partie de son orchestre, qui se composait seulement d'un accompagnateur-claveciniste et de quatorze musiciens, savoir : trois premiers violons, trois seconds violons, deux violes ou altos, deux basses (à cinq cordes), deux flûtes, et deux bassons. Cet orchestre était dirigé par Cambert.

Plus tard, le nombre des symphonistes fut doublé,

triplé, quadruplé, si bien qu'il avait fini par atteindre, vers 1860, le chiffre exorbitant de 84 musiciens, ce qui n'a pas empêché, à l'occasion de la première représentation de l'*Africaine*, de Meyerbeer, de le porter à cent.

Mais à quelle époque les divers instruments dont se compose la grande famille symphonique furent-ils introduits sur la scène ou dans l'orchestre de l'Opéra? C'est ce que nous allons faire connaître.

La trompette, le hautbois et les timbales firent leur
première apparition, en. 1674
Le tambour à baguette, en. 1706
La musette de Poitou, en. 1712
La contre-basse, en. 1714
La mandoline, en. 1745
Le cor de chasse, en. 1759
Le tambourin et le galoubet, en. 1762
Le cor, avec tuyaux de rechange, en. . . . 1765
La clarinette, en. 1770
Le trombone et la harpe, en. 1774
Le serpent, en. 1776
Les cymbales et la grosse-caisse, en. . . . 1779
L'orgue, en. 1794
Un jeu de clochettes, en. 1801
Le tam-tam (1), en. 1804
Le cor anglais, en. 1808

(1) Le tam-tam fut employé pour la première fois, en France, dans la marche funèbre composée par Gossec pour les obsèques de Mirabeau. L'effet qu'il produisit sur le peuple ne peut se décrire.

C'est d'adjonction en adjonction, de perfectionnement en perfectionnement, que l'orchestre de l'Opéra en est arrivé au point culminant où nous le voyons aujourd'hui.

Toutefois, l'orchestration, toujours subordonnée à l'organe du chanteur, n'a acquis un développement excessif qu'à l'époque où Rossini écrivit pour l'Opéra *le Siége de Corinthe* et *Moïse*.

III

Qui nous eût dit jamais que ce serait Rossini, le roi de la mélodie, qui, après avoir formé tant d'illustres chanteurs, réagirait contre son école et sacrifierait aux faux dieux un instant, instant fatal, puisque à partir de cette époque plusieurs compositeurs suivirent son exemple, tandis que d'autres érigèrent en système ce qui n'avait été de sa part qu'un accident, une boutade !

« Rossini vint donner à l'Opéra *le Siége de Corinthe*. Il avait remarqué, non sans chagrin, la somnolence du public de notre grand théâtre pendant l'exécution des œuvres les plus belles... et Rossini jura de n'en pas subir l'affront. « Je saurai bien vous empêcher de dormir, » dit-il. Et il mit la grosse caisse partout, et des cymbales et le triangle, et les trombones et l'ophicléide par paquets d'accords, et, frappant à tour de bras sur des rhythmes précipités, il fit jaillir de l'orchestre de tels éclairs de sonorité, sinon d'harmonie, de tels coups de foudre, que le public, se frottant les yeux, se plut à ce nouveau genre d'émotions plus vives, sinon plus musicales que celles qu'il avait ressenties jusqu'alors.

» Quoi qu'il en soit, à dater de l'arrivée de Rossini à l'Opéra, la révolution instrumentale des orchestres de théâtre fut faite. On employa les grands bruits à tout propos et dans tous les ouvrages, quel que fût le style que leur imposait leur sujet. Bientôt les timbales, la grosse caisse, et les cymbales et le triangle ne suffisant plus, on leur adjoignit un tambour; puis, deux cornets vinrent en aide aux trompettes, aux trombones et à l'ophicléide; l'orgue s'installa dans les coulisses à côté des cloches, et l'on vit entrer sur la scène des bandes militaires, et enfin les grands instruments de Sax, qui sont aux autres voix de l'orchestre ce qu'une pièce de canon est à un fusil.

» L'emploi judicieux des instruments les plus vulgaires, les plus grossiers même, peut être avoué par l'art, peut servir à accroître réellement sa richesse et sa puissance. Rien n'est à dédaigner dans les moyens qui nous sont acquis aujourd'hui ; mais les horreurs instrumentales dont nous sommes témoins n'en deviennent que plus odieuses, et je crois avoir démontré qu'elles ont, pour leur part, beaucoup contribué à faire naître les excès vocaux qui ont motivé ces trop longues et, je le crains, trop inutiles réflexions.

» Ajoutez que ces mêmes excès, introduits graduellement par l'esprit d'imitation dans le théâtre de l'Opéra-Comique, y sont, eu égard aux conditions particulières de ce théâtre, de son orchestre, de ses chanteurs, du ton général de son répertoire, incomparablement plus révoltants (1). »

IV

Dans une revue critique, jouée à Paris en 1827, l'auteur avait introduit en scène un mélomane enthousiaste de Rossini, qui, ne pouvant pénétrer dans la salle de l'Opéra, chantait sur la place publique un couplet qui finissait par ces paroles significatives :

> « Que dis-je ! grand Rossini !
> Je t'entends fort bien d'ici ! »

Et l'on entendait dans la coulisse la marche du *Siége de Corinthe*, avec accompagnement de grosse-caisse, de trompes, de cuivres fêlés, etc.

(1) Berlioz, *Journal des Débats*, 6 février 1852.

Qu'on ne se méprenne pas toutefois sur la portée
de nos récriminations. Nos réserves faites au sujet de
l'assaut formidable que les musiciens livrent aux
chanteurs dans le final du troisième acte de *Moïse*,
par exemple, où la grosse-caisse et les cymbales
frappent dans les *forte* les quatre temps de la mesure, nous constatons que le style rossinien ou *fiorito*
convient essentiellement, sinon au développement de
la voix, du moins à sa conservation, et qu'à part
quelques œuvres bruyamment orchestrées, les accompagnements de l'auteur du *Barbier* et du *Comte Ory*
servent plutôt le virtuose qu'ils ne lui nuisent,
attendu qu'ils sont véritablement *le guardie d'onore
del canto*, comme en Italie, et point *i gendarmi*,
comme en Allemagne, selon l'expression du vieux
chevalier de Micheroux.

V

Bien des personnes ont cru dans le temps (il y en
a qui le croient encore aujourd'hui) que la *Vestale*,
de Spontini, avait opéré, en 1807, une révolution
dans la musique et marqué la date d'une ère nouvelle pour la composition.

Plus richement orchestrée que les œuvres qui
avaient été représentées jusqu'alors sur la scène de
l'Opéra, mais surtout à cause de quelques duretés
harmoniques et de fréquentes modulations enharmo-
niques, il est certain que la *Vestale* parut inexécu-
table aux musiciens et aux chanteurs de cette épo-

que, et l'on rapporte qu'Adrien, chef d'emploi, ayant déclaré à une répétition ne rien comprendre à cette musique-là, Spontini lui arracha des mains la partie du grand-prêtre pour la jeter au feu, et, séance tenante, distribua le rôle à Dérivis, qui le créa.

Sapée sourdement par les musiciens, battue en brèche par les chanteurs, la *Vestale* était menacée de n'être pas jouée, lorsqu'un ordre de la cour vint en hâter l'exécution. Le succès qu'elle obtint dépassa toute attente, et l'on sait que les cent représentations données sur la scène de l'Opéra n'en épuisèrent point la vogue.

Bientôt la *Vestale* fut jouée sur tous les théâtres de France et de l'étranger, et, à partir de ce moment, Spontini eut sa place marquée au temple de l'harmonie, à côté des grands maîtres. Mais, quoi qu'on en ait dit alors, le jeune maëstro, improprement appelé *révolutionnaire* et *novateur*, n'était, en 1807, que le continuateur de ce qu'avaient fait avant lui Mozart et Beethoven en Allemagne, avec cette différence que Mozart, dans ses opéras, s'était attaché à marier l'orchestre avec la voix dans le plus charmant et le plus harmonieux ensemble, tandis que Beethoven, impatient, fougueux, possédé de ce génie qui crée, imposait despotiquement les fureurs de ses masses orchestrales au chanteur, criant en vain merci de sa voix défaillante (1).

Chose étrange ! Mozart et Beethoven, ces deux

____

(1) Voir *Fidelio*, le seul opéra que Beethoven ait composé, et les *soli* de la *Symphonie avec chœurs*, du même auteur,

individualités hors ligne, n'eurent aucune influence sur les productions des compositeurs français qui vivaient de leurs temps. La *Vestale* elle-même ne produisit rien autour d'elle. Rossini, au contraire, en ouvrant des perspectives nouvelles, provoqua *la révolution des orchestres de théâtre*, c'est-à-dire l'émancipation des instruments par le développement de l'élément symphonique aux dépens de la voix !

CHAPITRE III.

DE L'ÉLÉVATION DES RÔLES.

Rossini ne s'en tint pas là. Après avoir déchaîné les mugissements des cuivres et le fracas des instruments à percussion, il composa son immortel chef-d'œuvre, *Guillaume Tell*, cet opéra destructeur, qui, en vingt années, a exterminé trois générations de ténors. Bientôt le maëstro eut des imitateurs : Meyerbeer et Halévy, entre autres, rédigèrent leurs partitions dans des conditions inouïes de sonorité et d'élévation. Les critiques les plus distingués : Berlioz, Scudo, Franc-Marie, Fétis, G. Bénédit, Malliot, etc., ont tous signalé cette tendance des compositeurs modernes ; ils semblent s'être donné le mot tant ils sont d'accord sur ce point. Nous prenons au hasard.

Voici d'abord l'opinion de G. Bénédit, l'éminent critique, autrefois attaché à la rédaction du *Sémaphore*, et de plus professeur de chant et de déclamation au Conservatoire de Marseille :

« N'est-il pas avéré que les opéras dont nous parlons renferment des morceaux impitoyables pour les voix...? Quel mal y aurait-il, par exemple, que le trio du deuxième acte de la *Juive,* au lieu de finir sur le *si naturel,* considéré par les chanteurs comme un casse-cou, terminât sur un *si bémol,* ce qui serait déjà fort honnète? Nous en dirons autant du septuor du duel dans les *Huguenots,* du passage de la *strette* du *Suivez-moi* de *Guillaume Tell,* et d'une foule de phrases et de notes semblables, si funestes de tout temps à l'exécution de nos grands opéras.

» Oui, c'est à ces divers endroits si scabreux que l'on doit imputer la chute d'une infinité de ténors, doués de qualités excellentes, car au point où en est l'éducation du public à l'heure d'aujourd'hui, le goût, le sentiment, l'esprit et le savoir ne le touchent que faiblement, auprès des *grands coups de gueule,* qu'on nous passe le terme. *Malheur à nos tyrans, La Couronne du martyr, Dieu secourable, Arrachons Guillaume à ses coups,* etc., etc., voilà les grands effets qui l'intéressent et auxquèls il accorde ses préférences. Un ténor nouveau arrive-t-il pour chanter sur nos théâtres les rôles d'Arnold, d'Eléazar et de Raoul, on l'écoute, on lui tient compte à la rigueur de certains avantages ; on applaudit même sa voix et son style, quand l'une et l'autre se recommandent par leur mérite ; seulement si, dans le courant du rôle, il a le malheur de manquer une de ces notes culminantes, espèces de traquenards, où le public l'attend avec une anxiété fiévreuse et le guête comme une proie, alors, eût-il chanté comme Duprez ou Rubini, le ténor dramatique n'a plus qu'une chose à faire, plier bagage et chercher une assemblée plus clémente. Vocalement parlant, c'est un homme mort.

» Mais, dira-t-on peut-être, un *si bémol*, un *si naturel*, un *ut* même, sont-ils à ce point si redoutables qu'on ne puisse jamais s'en servir? Après tout, ces notes font partie de l'échelle des voix, et nous ne sachions pas qu'il soit interdit aux compositeurs de les faire intervenir lorsqu'ils le jugent nécessaire.

» En général (admettons-le pour être large dans notre appréciation), les *si bémols* et les *si naturels*, sont dans le clavier de la voix de ténor, de même que le *sol* et le *la bémol* appartiennent à l'échelle du baryton; par malheur, ces notes extrèmes qui, employées de temps en temps au moyen de certains artifices de la méthode, n'auraient pas une action dangereuse, sont funestes lorsqu'elles arrivent à la suite plusieurs actes, c'est-à-dire quand l'artiste, après avoir épuisé ses forces sur des chants passionnés d'une hauteur excessive, et des situations dramatiques d'une énergie extrême, est forcé de donner à pleine voix des sons qui marquent les dernières limites de son diapason. Les compositeurs qui ont écrit, depuis trente ans, pour le Grand-Opéra, savent cela aussi bien que nous; mais alors Nourrit brillait dans toute sa gloire, et, comme ce chanteur montait jusqu'à l'*ut aigu* avec une voix mixte presque aussi forte que la voix de poitrine naturelle, sans parler de son fausset splendide, les compositeurs écrivirent pour lui et plus tard pour Duprez, autre virtuose à la voix exceptionnelle, des rôles qui devaient être l'écueil d'une multitude de ténors moins bien doués que ces incomparables chanteurs.

» Mieux avisés que nous, les compositeurs italiens
sont toujours bien plus préoccupés du caractère général
des voix que des personalités brillantes dont ils auraient
pu mettre en relief quelques qualités extra-naturelles.
Croit-on, par exemple, que Nozzari, David, Garcia et
tant d'autres, n'étaient pas des artistes capables de
donner un *si bémol* ou un *si naturel* tout aussi bien
que les chanteurs français? Eh bien, consultez les
ouvrages écrits par Rossini lorsqu'il vint fonder son
admirable école de chant, et dites s'il existe parmi
eux une seule phrase qui ait pu, nous ne dirons pas
briser, mais fatiguer les voix de ténor ou de soprano.

» *Othello*, écrit à une époque où le diapason était
plus bas que le nôtre, *Othello*, dont nous avons la
partition sous les yeux, ne renferme pas un *si bémol*
dans le rôle du Maure de Venise. C'est à peine si
quelques *la* s'y montrent par intervalles, et encore
sont-ils si bien amenés, comme nous l'avons dit précédemment, qu'ils n'ont rien de dangereux pour les
voix même les plus limitées.

» Après une représentation de *Semiramide*, les
chanteurs du théâtre italien nous disaient un jour :
« Cette musique est si bien écrite pour les voix, que
nous pourrions recommencer l'opéra séance tenante
sans éprouver la moindre fatigue. »

» Rossini, ce maître suprême du chant et de la
mélodie, n'est réellement sorti de sa manière habi-
tuelle d'écrire que le jour où, venu à Paris pour
monter ses ouvrages, il a été forcé de mettre la
partie de Néoclès, du *Siége de Corinthe*, à la taille de
Nourrit, pour lequel il écrivit, un an plus tard, Ar-

nold de *Guillaume Tell,* c'est-à-dire un des rôles les plus forts peut-être parmi ceux qui composent le répertoire des ténors de l'Académie impériale de Musique.

» Certes, si Rossini eût écrit ce rôle en Italie, il l'eût établi sur des notes plus accessibles ; qui pourrait en douter ? Mais obligé de composer pour l'opéra français, il a dû se conformer à nos usages et subir les exigences du théâtre où le *si bémol* commençait à établir son domaine au détriment de l'exécution vocale et de la poitrine des chanteurs.

» Briller sans effort, a toujours été la devise des compositeurs italiens et de leurs interprètes, et si, dans ces derniers temps, l'école vocale, au delà des monts, s'est un peu écartée de ce principe, il faut le signaler comme un fait regrettable dont nul ne doit se féliciter et se réjouir (1). »

Après le remarquable plaidoyer de G. Bénédit en faveur du larynx, si la logique pouvait l'emporter sur le parti-pris, la cause des chanteurs serait à jamais gagnée. Malheureusement, peu de personnes souffrent qu'on porte la moindre atteinte à leurs idées ou à leurs convictions ; aussi avons-nous peu d'espoir de persuader nos adversaires. Toutefois, la chose n'étant pas impossible, vu que nous puisons nos arguments aux meilleures sources, nous allons poursuivre nos citations. Cédons la parole à un écrivain distingué, qui avait conscience de la situation et ne partageait pas l'optimisme de certaines gens pour

____

(1) *Etude artistique sur le diapason normal*, par G. Bénédit.

lesquels l'art du chant n'est pas dans un état de décadence dont on doive sérieusement se préoccuper :

« Pour savoir si l'art du chant est en décadence ou
non, il suffit d'en appeler aux souvenirs des *dilettanti* qui suivaient nos théâtres il y a seulement
vingt ans. Le nombre des chanteurs est plus consi-
dérable qu'il n'a jamais été, cela est vrai ; il ne faut
cependant pas voir dans ce fait, dont nous allons
donner l'explication, le symptôme d'un progrès.

» Depuis que la musique est en quelque sorte vul-
garisée en France, il y a quantité de gens qui se lan-
cent au théâtre, qui n'y auraient pas songé autrefois.
Les premiers éléments de la science, qu'il est si
facile maintenant de s'approprier, déterminent bien
des vocations qui fussent restées inconnues ; les artistes se multiplient, et malgré tous ceux qui succombent aux fatigues excessives dont on les accable,
il en reste encore beaucoup, tout simplement parce
qu'ils se renouvellent souvent. Nous n'avons jamais
prétendu qu'il n'y avait plus de chanteurs, nous
avons soutenu qu'il n'y en avait pas assez de bons,
par cette raison qu'ils n'ont pas le temps de le devenir ; les études les plus indispensables exigent plus de
temps que ne durent souvent leurs voix.

» En Italie, on a calculé combien d'années en
moyenne elles conservent leur fraîcheur. Les ténors
ne résistent que six ans, les soprani huit, les barytons un peu plus ; quant aux basses, dont il n'est pas
encore de mode d'abuser et de forcer les moyens
naturels, leur organe robuste dure autant que l'existence.

» Mais sans aller chercher des exemples si loin, que voyons-nous en France ? Depuis quinze ans, trois générations de chanteurs ont passé. Je pourrais citer bien des noms célèbres : Roger est jeune encore ; le voilà à la retraite ; l'accident cruel dont il a été la victime n'a pas suspendu brusquement sa carrière, il n'a fait qu'en précipiter la fin ; depuis longtemps Roger avait épuisé ses forces. Et Barroilhet, et Mario, et Ronconi, et Mes Stolz, Frezzolini, Falcon ? Quelques-uns parmi ces artistes sont restés assez longtemps à la scène, mais privés de la plus grande partie de leurs facultés, et recourant, pour dissimuler leur faiblesse, à toutes sortes de moyens étrangers à l'art, à toute sorte d'artifices qu'eux-mêmes ils condamnaient.

.   .   .   .

» Rossini, un des premiers compositeurs qui cédèrent à cette déplorable manie de forcer les voix, écrivait *Othello* dans des registres relativement très-tempérés, ainsi que le *Barbier*, la *Gazza ladra*, etc. Ce ne fut que depuis qu'on poussa l'abus jusqu'à l'extravagance, et *Guillaume Tell*, ce chef-d'œuvre étonnant, au point de vue de l'élévation, est écrit d'une manière vraiment insensée.

» J'ai connu deux ténors de province qui sont morts en le chantant. Un vaisseau s'est brisé dans leur poitrine au fameux « *Suivez-moi !* » Ils tombèrent pour ne plus se relever (1).

____

(1) Franc-Marie fait allusion aux ténors Latapie et Delahaye : le premier succomba, en 1831 ou 1832, à Nice, presque sous les **yeux**

» Ce rôle est le *minotaure* qui dévore les chanteurs. Ceux qu'il ne tue pas ont la voix brisée.

» Avec la perspective d'un tel rôle à apprendre, il arrive que l'élève, en entrant dans une école, ne se préoccupe que de donner certains sons indispensables et dont la nature ne l'a pas doué. Du matin au soir, il crie, et souvent il s'use avant d'arriver au théâtre. Le professeur qui se voit dans la nécessité de lui apprendre les rôles qui font partie du répertoire ne peut s'opposer à ce débordement de cris. C'est ainsi que les bonnes traditions se corrompent, que les règles utiles s'oublient, que l'art du *bel canto* dégénère en *urlo*, que les étrangers ont la charité d'appeler l'*urlo francese*.

» Arrivé enfin sur les planches, comme on dit vulgairement, l'élève est obligé de crier encore plus fort. Il criait tout seul, maintenant il a cent instruments à dominer, et l'on ne sait que trop quel bruit font les instruments dans nos orchestres actuels; ils n'accompagnent plus, ils jouent comme si le chanteur n'existait pas et qu'il s'agît d'un morceau purement symphonique.

» On a vu des chanteurs supplier le chef d'orchestre d'accompagner plus doucement. Le chef d'orches-

---

de Meyerbeer, qui dirigeait les répétitions de *Robert le Diable* ; le second se brisa un vaisseau dans la poitrine, et mourut à la suite des efforts qu'il avait faits en chantant.

Le même accident provoqua, à Gand, la mort du ténor Ferrand.

Citons encore le jeune Renard, élève du Conservatoire de Paris, qui mourut au pensionnat de cet établissement, pour avoir voulu imiter Duprez.

tre répondait que cela se faisait peut-être ainsi ailleurs, mais que son théâtre servait d'exemple et n'en suivait aucun (*textuel*).

» J'ai assisté un jour à une singulière scène. On exécutait le *Stabat Mater* de Rossini à l'Opéra. Gardoni chantait l'air célèbre pour ténor. L'orchestre jouait si fort qu'on n'entendait pas le chanteur; alors le public s'est levé en masse et a demandé qu'on jouât plus doucement. On dut s'interrompre et recommencer. Quelle leçon! et quelle honte!

» M. Dietsch, quand il commença à diriger l'orchestre de l'Opéra, essaya d'accompagner avec moins de bruit. Nous remarquâmes cette tendance que nous avons plus d'une fois encouragée; aujourd'hui on est revenu aux anciennes habitudes.

. . . .

» Pour ce qui regarde l'élévation des rôles, c'est aux compositeurs à introduire une amélioration dont eux-mêmes profiteront. Sans interprètes, leur pensée est morte. Ils se plaignent que leurs intentions sont de plus en plus défigurées, sans songer qu'ils sont la première cause du mal qu'ils déplorent et qu'ils peuvent seuls corriger. Pour le plaisir de voir un *ut* de poitrine exciter l'admiration de quelques spectateurs barbares, ils compromettent la prospérité d'un art sans le concours duquel eux-mêmes ne peuvent exister (1). »

(1) Franc-Marie, *la Patrie*, 2 juillet 1861.

CHAPITRE IV.

Nous croyons avoir prouvé surabondamment que la *tessiture* des rôles et les luttes inégales du larynx contre les masses écrasantes de l'orchestre avaient puissamment contribué à ruiner en peu d'années la plupart des voix. Nous allons démontrer maintenant que l'interprétation des œuvres en CINQ ACTES a pris une part très-active à cette destruction. Voici sur quelles autorités nous nous appuyons pour soutenir notre thèse.

« Je suis contre les opéras en cinq actes, » nous disait Ponchard père, au foyer de l'Opéra-Comique ; « la voix, même le corps, ne pouvant être surexcités de six heures, moment où l'artiste entre dans sa loge, jusqu'à minuit, heure à laquelle on ferme les portes du théâtre.

» La coupe des anciens opéras était, selon moi, préférable à celle des ouvrages modernes : au premier acte, l'exposition ; au deuxième acte, l'action ; au troisième acte, le dénoûment.

» La division en cinq parties des œuvres actuelles a forcément amené les longueurs, les redites et les actes de remplissage, lesquels délaient et alanguissent l'action. »

Mais, dira-t-on, puisque les chanteurs se reposent dans les actes de remplissage, spécialement consacrés aux défilés, aux divertissements et au ballet, les opéras en cinq actes ne sont donc pas si fatigants qu'on veut bien le dire?

Cédons la parole à Levasseur, et voyons, à cet égard, quelle était la pensée de l'ex-première basse de l'Académie de musique.

« Si c'était à recommencer, je n'accepterais plus aujourd'hui un rôle aussi écrasant que celui de Bertram dans *Robert*. Mais une chose qu'on ne sait pas, c'est qu'au cinquième acte, j'avais à chanter un air qui durait un quart d'heure. Je réclamai, et Meyerbeer écrivit pour moi le morceau écourté, mais suffisant, qui est gravé dans la partition.

» Je ne faisais que passer, il est vrai, dans le second acte, et je ne paraissais pas du tout dans le quatrième; mais les chanteurs expérimentés se feront une idée de l'impatience que me causait cette attente forcée : j'étais obligé de rester constamment sous les armes pour ne pas laisser refroidir mon organe.

» Pour ce qui est de la *Juive*, la péripétie du drame étant prévue dès le quatrième acte, il aurait fallu, à l'aide d'un changement à vue, passer immédiatement à la scène du bûcher et baisser le rideau sur ce *chaud* dénoûment. Quant à l'ensemble de l'opéra, si on voulait y pratiquer quelques *pinces* intelligentes, la *Juive* serait un opéra complet, un chef-d'œuvre digne d'être présenté au monde entier comme type de la perfection.

» Si une chose m'étonne, après avoir créé un rôle important dans tous les grands ouvrages qui ont été représentés sur la scène de l'Opéra, c'est de n'y avoir pas laissé *ma peau*.

» Je proteste donc comme un *enragé* (textuel) contre la longueur démesurée des opéras en cinq actes, et, dans l'intérêt de l'art, espérons qu'on y renoncera. »

Enfin, voici l'opinion d'un compositeur illustre dont on ne récusera ni l'autorité ni la compétence en pareille matière :

« Quel est le but, » dit Rossini, « de ces longues représentations ? De satisfaire les musiciens ? Je ne le pense pas, et je suis convaincu que la tête la mieux organisée, et par cela même qu'elle est organisée, ne saurait supporter sans fatigue cinq heures de musique. Est-ce donc pour le public ignorant ? Encore moins ; ce public-là bâille dès le second acte.

» Votre opéra commence à sept heures et finit à minuit ; le spectateur n'est rentré chez lui et n'est couché qu'à une heure du matin : il s'ensuit qu'au lieu d'un plaisir facile, vous avez une fatigue journalière.

» Le public élégant trouve, il est vrai, le moyen d'arriver seulement au second acte ; j'ai même connu une dame qui m'a avoué ne pas connaître le premier acte de tous les grands opéras. — Cette longueur de spectacle peut se concevoir comme une spéculation de la part des directeurs de théâtres tels que ceux des boulevards ; mais pour une scène comme l'Académie de Musique, je ne sais quel intérêt l'on peut avoir à rendre pénible ce qui devrait être un plaisir. L'ouverture du théâtre à huit heures donnerait à tout le monde le temps de dîner, et sa fermeture à onze heures laisserait la possibilité de se coucher à minuit.

» Les chanteurs dureraient comme autrefois, et mourraient, non sur le champ de bataille, mais dans leurs lits, après de bons et honorables services.

» Et *Guillaume Tell*, allez-vous me dire? J'ai accepté vos mœurs toutes faites, et les auteurs actuels feront comme moi. Ce n'est pas d'eux que viendra la réforme, au contraire ; les droits sont en raison du nombre d'actes ! Les directeurs les commandent. Ils ont même soin d'ajouter ce qu'ils appellent un lever de rideau, lorsqu'un opéra leur paraît trop court.

» Votre public est bien le plus honnête et le plus policé qui soit au monde. Depuis des années, on ne sait plus ce que c'est qu'un sifflet dans un théâtre d'art à Paris ; et sans le zèle peu éclairé des claqueurs, on ne connaîtrait même plus les *chuts* beaucoup plus polis que provoque souvent leur maladresse.

» Tous ces abus pourraient cependant être réprimés par un homme de talent et de goût qui aurait la volonté de faire les réformes nécessaires (1). »

Est-ce clair?...

L'extension donnée aux opéras contemporains, dans le but, de la part des compositeurs, de toucher

____

(1) L'*Orphéon*, 1ᵉʳ octobre 1861.

dans la même soirée la totalité des droits d'auteurs, a eu pour conséquence forcée, inévitable, la longueur démesurée de certains rôles; tel est, par exemple, celui de la protagoniste, dans l'*Etoile du Nord*.

Nous pourrions citer un autre opéra du répertoire moderne dans lequel la *prima dona* n'a pas moins de quatorze morceaux à chanter, airs, duos, trios, morceaux d'ensemble, etc.

Les compositeurs devraient pourtant bien savoir que les pièces dans lesquelles tous les chefs d'emploi ont, sinon un bon rôle, du moins un rôle convenable, sont celles qui réussissent le mieux au théâtre, tandis que les œuvres écrites dans le but de faire valoir un seul sujet ne peuvent se maintenir au répertoire dès que l'artiste-*Star* n'est plus là pour les chaperonner.

Vu la contexture des opéras modernes et la fatigue qui en résulte pour les interprètes, l'on peut être assuré que ce fait de l'empereur Léopold, qui, à Vienne, fit recommencer deux fois, coup sur coup, *il Matrimonio Segreto*, de Cimarosa, ne se renouvellera jamais.

CHAPITRE V.

PORPORA ET CAFFARELLI.

Faire du timbre, c'est-à-dire augmenter le volume de la voix afin de la mettre le plus possible en rapport avec la sonorité des orchestres, telle est la pensée qui prédomine à cette heure dans toutes les écoles de chant.

A moins d'être mis en pratique avec une sagesse extrême, soit de la part des professeurs, soit de la part des élèves, ce système, à quelques exceptions près, est inévitablement subversif.

Les partitions modernes étant non-seulement fort brillamment orchestrées, mais encore émaillées tour à tour de sons graves et de notes sur-aiguës, il faut bien que les élèves s'exercent à émettre ces notes et ces sons et parviennent à les faire entendre.

Or, il en est de la voix comme d'une étoffe élastique : elle perd généralement en volume ce qu'elle acquiert en étendue, et *vice versâ*.

Vouloir donc lui donner simultanément et l'étendue et le volume ne peut amener qu'à ce résultat :

c'est que ce pauvre organe vocal, si délicat, si susceptible, tiraillé en tous sens, forcé de céder à tant d'efforts contraires, se brise et s'anéantit.

Le difficile assurément n'est point de travailler, c'est de BIEN travailler, et nos jeunes chanteurs ne devraient jamais perdre de vue l'exemple suivant, que nous empruntons à Choron :

« Un de ces illustres professeurs, qui firent autrefois la gloire de l'Ecole italienne ; un de ces grands artistes qui, au goût le plus pur, au génie le plus sublime, unissaient un profond savoir et une expérience consommée ; un de ces maîtres, enfin, rares dans tous les temps, mais tels que l'on n'en rencontre plus aujourd'hui, est sollicité par un jeune élève de lui enseigner l'art du chant. Le maître, qui le connaissait à l'avance, et qui déjà avait remarqué en lui une réunion des dons les plus rares, se montre disposé à accueillir sa demande ; mais, avant tout, il veut savoir s'il a en lui une pleine confiance, et s'il se sent déterminé à suivre jusqu'au bout, et sans en dévier jamais, la route qu'il lui tracera, quelque pénible et quelque fastidieuse qu'elle puisse parfois lui paraître. Sur sa réponse affirmative, le maître consent à diriger ses études, et mettant aussitôt la main à l'œuvre, il prend une feuille de papier réglé : il y note quelques exercices élémentaires, suivis de quelques autres presque aussi simples ; seulement, sur les dernières lignes, il place quelques-uns des ornements du chant et divers passages qui en contiennent les principales difficultés ; puis il remet la feuille entre les mains de l'élève, dont elle fait toute l'occupation pendant la première année. L'année suivante y est encore consacrée ; à la troisième, on ne parle point de la changer : le jeune homme commence à murmurer, mais le maître lui rappelle sa promesse ; la quatrième et la cinquième année s'écoulent de la même manière. A la sixième on ne quitta point encore la feuille, mais à ce qu'elle contenait on joignit quelques leçons d'articulation, de prononciation et de déclamation. A la fin de cette sixième année, l'élève, qui ne croyait en être encore qu'aux éléments, fut bien surpris quand le maître lui dit : *Va, mon fils, tu n'as plus rien à apprendre ; tu es le premier chanteur de l'Italie et du monde.*

» Il disait vrai. L'élève était Caffarelli, et le maître était Porpora (1). »

Mais est-on bien certain que le fameux *Carton* auquel Porpora donna son nom ait jamais existé ? N'est-ce pas plutôt une fiction ? Que l'anecdote soit vraie ou fausse, qu'elle soit apocryphe ou non, peu nous importe ; l'essentiel c'est de bien établir que dès le siècle dernier on comprenait déjà la superfétation des préceptes contenus dans ces gros livres de musique qu'on appelle MÉTHODES DE CHANT. En effet, l'expérience prouve que les divers traits qu'on rencontre épars dans les recueils de vocalises ne sont que les dérivés de quelques formules seulement, lesquelles entrent dans la combinaison de toutes les autres.

(1) Gorgé de richesses, Caffarelli (duc de San-Dorato), ternit sa mémoire en laissant mourir son vieux maître dans la plus affreuse misère. Porpora mourut à Naples à l'âge de quatre-vingts ans.

Le contenu du *Carton-Porpora* n'étant pas parvenu jusqu'à nous, il ne serait peut-être pas impossible d'y suppléer, toutes les difficultés du mécanisme vocal pouvant se résumer de la manière suivante :

1° — La gamme diatonique ascendante et descendante, en sons soutenus et de force égale ;

2° — Les intervalles de seconde, tierce, quarte, etc. ;

3ª — Le grupetto ;

4° — Le triolet ;

5° — L'arpége ;

6° — La syncope ;

7° — La gamme diatonique ascendante et descendante, dans un mouvement vif ;

8° — La gamme chromatique (1) ;

9° — Le trille et la cadence ;

10° — Le son filé.

De tous les ornements du chant, le *trille* est celui qui a eu le plus à souffrir des révolutions successives du goût et de la mode. Dans la célèbre préface que Glück plaça en tête de la partition d'*Alceste*, on lit :

« Toujours simple et naturelle autant qu'il m'est possible, ma musique ne tend qu'à la plus grande expression et au renforcement de la poésie ; c'est la raison pour laquelle je n'emploie point les *trilles* et les *passages*, ni les *cadences* que prodiguent les Italiens. »

Tous les musiciens savent que Porpora échoua d'abord devant l'empereur Charles VI, pour avoir

(1) Caffarelli passe pour avoir introduit le premier les gammes chromatiques dans l'art du chant.

abusé, dans ses œuvres, des *trilles* et des *mordants*, ornements que le monarque avait particulièrement en aversion.

Enfin, dans son livre intitulé *les Grotesques de la musique*, Berlioz dit :

« Les musiciens de style emploient peu le *trille*. On commence à reconnaître la laideur de cet effet de voix humaine. Il est déjà si ridicule qu'un chanteur a l'air de commettre une action honteuse en le produisant. On en rougit pour lui. »

Qui sait? demain peut-être, — quoi qu'en ait dit l'éminent critique, — le *trille* redeviendra à la mode. Autrefois la Pasta soulevait toute une salle avec un *trille* à inflexions.

Quant au *son filé*, cet exercice est, selon nous, d'une difficulté extrème, dangereux même pour les commençants (1) ; néanmoins, la plupart des professeurs-auteurs n'ont pas craint de placer le son filé en tête de leurs méthodes : Mme Damoreau elle-même n'a pas su éviter cet écueil. En revanche, MM. Garcia, Panofka et quelques autres se sont bien gardés de suivre un tel exemple, et cet exercice, avec raison, figure à la fin de leurs œuvres.

Aux vocalises, dont le moindre inconvénient est de faire perdre beaucoup de temps et de fatiguer l'organe vocal, nous préférons les EXERCICES, que

____

(1) Dans le discours que S. Exc. le ministre de la maison du roi prononça, en 1823, au Conservatoire de Musique, à l'occasion de la distribution des prix, entre autres choses, il recommanda aux élèves de *filer des sons.*

l'on peut varier à l'infini et étudier séparément : isoler le trait, l'attaquer par toutes ses faces et s'en rendre maître dans toutes ses parties est le travail le plus fructueux auquel un chanteur puisse se livrer pour apprendre l'art de bien vocaliser.

Ce qu'il y a de vraiment fâcheux, — quand on songe à l'état de marasme dans lequel l'art du chant se trouve en ce moment, — c'est de voir que les *maëstri di bel canto* les plus distingués sont en désaccord complet sur les points les plus essentiels de l'enseignement qu'ils professent. Ainsi, dans son *Traité de l'art du chant*, Manuel Garcia recommande d'attaquer « *les sons très-nettement par un petit coup sec de la glotte.* » Or, Lamperti, le célèbre Lamperti, professeur de chant au Conservatoire de Milan, désapprouve cette manière. Et nous pensons que Lamperti a grandement raison !...

En effet, pour obvier à l'inconvénient de prendre les sons à la quarte, à la quinte et même à l'octave en dessous, défaut commun à bien des chanteurs, Manuel Garcia a inventé *le coup de glotte*, le coup de glotte, qui donne aux sons quelque chose de guttural et les empêche de vibrer à leur point de départ.

De son côté, Manuel Garcia fait allusion à Lamperti, lorsque, dans sa Méthode, page 11, il dit que « *quelques maîtres conseillent l'emploi des syllabes Pa, La*, etc., » pour attaquer le son avec précision. Et le professeur français, qui préconise l'émission de la voix sur la voyelle *a*, désapprouve à son tour, avec non moins de raison, la manière du maëstro italien.

L'attaque des sons sur les voyelles offre des difficultés à tous les gosiers, nous savons cela ; mais serait-il prudent d'adopter la manière de Lamperti, qui consiste à esquiver la difficulté à l'aide d'une syllabe linguo-palatale ? Evidemment, non.

On aura beau faire, ces divers systèmes d'émettre la voix n'auront qu'un temps, et l'on sera forcé de revenir à l'ancienne manière, la seule bonne, qui consiste à ne pas prendre le son en dessous, à l'attaquer franchement, et à le laisser se manifester naturellement, c'est-à-dire dès que l'air frappe les lèvres de la glotte.

Dernièrement, un de nos amis ayant fait entendre son fils, jeune artiste d'avenir, au chanteur le plus en renom de l'époque actuelle, celui-ci lui dit très-sérieusement :

— Il y a du bon, chez ton fils ; mais pour arranger tout cela, il faut qu'il s'adresse maintenant à un... *menuisier de la voix* (textuel).

Ce qu'il y a de plus curieux, c'est que le grand chanteur dont nous parlons a étudié, et étudie encore, dit-on, sous la direction du *menuisier* en question, auquel il doit, dit-il, le développement de son magnifique organe.

Quant à nous, nous persistons à croire que, pour développer la voix progressivement, il faut n'étudier qu'aux moments propices, prendre son temps, son heure, et surtout ne jamais tendre les cordes vocales, ou fort rarement du moins. Le fait-on ? Non. On procède *à sons perdus, lancés à toute volée, par engueulées,* comme dit Berlioz. Aussi l'on n'a pas l'idée du nombre de voix qui succombent à la tâche, tantôt par imprudence ou par excès de zèle de la part de l'élève, tantôt par l'inexpérience ou l'incurie du professeur. C'est ce qui explique pourquoi tel organe, dont on admirait primitivement l'éclat, l'ampleur et l'étendue, se voile tout à coup, devient *poitrinaire*, s'étiole et meurt !

La voix est comme le diamant : entre les mains d'un ouvrier soigneux, le diamant devient un joyau inestimable ; confié à un lapidaire inhabile, que reste-t-il parfois ?.. une étincelle.

CHAPITRE VI.

APPOINTEMENTS DES CHANTEURS.

Une personne haut placée dans la hiérarchie administrative publiait dernièrement que le jour où un conseil municipal avait voté une subvention théâtrale, il avait ouvert la porte aux prétentions des artistes.

Nous comprenons d'autant moins l'étrangeté de cette opinion, que ce haut personnage, M. C***, sollicitait dans le même temps la direction de plusieurs théâtres de province qu'il se proposait d'administrer simultanément.

A notre point de vue, l'appréciation de ce multiple impresario est complétement erronée, car il est constant que ce n'est qu'à la suite des prétentions des artistes que les municipalités ont accordé des subventions aux directeurs de spectacles afin de leur venir en aide, et non afin d'ouvrir la porte à des prétentions déjà exagérées.

Dans nos précédents chapitres nous avons fait connaître quelques-unes des causes qui avaient provoqué la progression toujours croissante des émoluments accordés aux chanteurs, et nous ajoutons, comme corollaire, que, la voix étant un instrument fragile et rare, l'artiste a le droit d'exiger qu'on le rétribue largement.

La Gabrielli, célèbre cantatrice, invitée par l'impératrice Catherine à se faire entendre pendant une saison sur le théâtre de Saint-Pétersbourg, demanda 20,000 roubles d'appointements.

— Mais, dit l'impératrice, c'est plus que je ne donne à mes feld-maréchaux !

— Eh bien, que Sa Majesté fasse chanter ses feld-maréchaux, répondit la cantatrice.

Mais aussi, qui ne sait que le 9 décembre 1823, Mme Mainvielle-Fodor, dans une représentation de la *Semiramide*, ressentit les premières atteintes d'un enrouement opiniâtre, et que les soins les plus entendus ne purent jamais lui faire recouvrer son magnifique organe?

Nous fatiguerions nos bienveillants lecteurs si nous donnions ici la nomenclature des chanteurs qui, succombant aux fatigues de leurs rôles, par suite des exigences des compositeurs et du public, n'ont pu fournir qu'une brève carrière sur nos théâtres. Et cette considération ne suffirait-elle pas, seule, à justifier des prétentions qui ne paraissent exagérées que parce qu'on ne réfléchit pas convenablement à la position des artistes et à la fragilité de leurs moyens d'action?

On objecterait vainement que des soins assidus et un régime hygiénique particulier pourraient prévenir la chute prématurée des chanteurs.

Cette objection ne peut être formulée que par des personnes non initiées et qui ignorent combien les artistes sérieux sont obligés de prendre de précautions et d'user de ménagements pour conserver à leur organe vocal la force et la fraîcheur sans lesquelles nul succès n'est possible.

Au reste, ces précautions et ces ménagements ont été toujours nécessaires et pris fidèlement par les intéressés (1).

Si nous jetions les yeux, avec M. Debay, sur les temps anciens, nous verrions que les orateurs, les artistes dramatiques, et les chanteurs d'Athènes et de Rome usaient de mille moyens pour obtenir une voix pure et sonore. Ils n'auraient pas prononcé un mot le matin, avant d'avoir méthodiquement émis le son du médium d'abord, puis les sons graves, et enfin les sons aigus.

Les chanteurs commençaient, en se levant, à faire sortir les sons à peu près graduellement, afin de ne pas violenter les organes vocaux, en exigeant d'eux un brusque déploiement de forces ; ils restaient même couchés durant ces exercices et ne se levaient qu'après avoir parcouru plusieurs fois les degrés de l'échelle musicale.

Martial, Perse et Juvénal, en parlant des précautions que prenaient les orateurs et les chanteurs pour

_____

(1) Les jours de représentation, nul n'avait accès chez Mlle Mars, et elle ne s'exprimait que par gestes pour commander ses domestiques ; Talma, Martin et Rubini, se condamnaient à un mutisme absolu ; Strakosch répète pour la Patti, afin de ménager la voix au timbre d'or de sa belle-sœur, etc.

conserver leurs voix, disent qu'ils se nettoyaient le gosier et les fosses nasales avec diverses infusions de plantes.

Dioscoride et Pline indiquent une vingtaine de plantes et autant de recettes propres à embellir la voix.

Aristote, Cicéron, Apulée, sont unanimes sur les précautious qu'apportaient les orateurs et les chanteurs au développement et à la conservation de leur voix.

Sénèque le père a fait connaître les mille pratiques superstitieuses en usage parmi eux.

Enfin, l'orateur Quintilien nous a appris que les anciens avaient fait de profondes études sur la voix humaine et sur les pratiques les plus favorables à son parfait développement. Selon cet auteur, l'art vocal était devenu, à Rome, une profession aussi lucrative qu'honorable.

Si, vers la fin du premier siècle, l'art musical était déjà une profession lucrative, on ne saurait être surpris qu'il en soit encore de même, surtout avec la position faite aujourd'hui aux chanteurs.

Avant 1789, la moyenne des émoluments alloués aux premiers sujets d'une troupe lyrique ne dépassait pas 6,000 francs par an. Sous le Consulat ces émoluments montèrent graduellement entre 12 et 15,000 francs. Dans une lettre datée du 19 octobre 1836, nous voyons que les appointements du premier ténor de l'Académie royale de musique s'élevaient, pour le mois de septembre seulement, à la somme de 17,000 francs (voir la biographie de Nourrit). A partir de

1854 jusqu'en 1866, — période la plus remarquable pour les théâtres, — les prétentions des chanteurs se manifestèrent dans des proportions extraordinaires, et les sommes qui, grâce au manque de sujets, furent payées à quelques virtuoses, atteignirent un taux fabuleux.

Voici quel était le montant des émoluments émargés par les premiers sujets de l'Opéra, en 1865, qui est précisément l'année où l'*Africaine* fut représentée pour la première fois, et pour l'interprétation de laquelle l'administration théâtrale se vit forcée d'augmenter son personnel.

MM. Naudin (1), ténor.	110,000 fr.
Faure , baryton.	90,000
Gueymard, ténor.	72,000
Villaret, ténor.	45,000
Morère, ténor.	40,000
Obin , basse.	38,000
Belval, basse.	38,000
Dumestre , baryton.	36,000
Warot, ténor léger.	36,000
Mmes Gueymard, soprano.	60,000
Sass, soprano.	60,000
Battu , chanteuse légère. . .	60,000

Il suffit de jeter un coup d'œil sur ces chiffres et de les totaliser pour comprendre qu'à cette époque

(1) M. Naudin, qui ne faisait point partie du personnel de l'Opéra, fut engagé d'après l'indication expresse de Meyerbeer pour la création du rôle de Vasco.

l'Opéra relevait de la Maison de l'Empereur et que l'excédant des 820,000 francs alloués par l'Etat était prélevé sur le budget de la liste civile impériale.

Bientôt les musiciens qui composaient l'orchestre de l'Académie de musique, et dont les émoluments avaient été récemment augmentés, demandèrent une nouvelle augmentation d'appointements. Le ministre des Beaux-Arts n'ayant pas cru devoir faire droit immédiatement à leurs réclamations, il s'ensuivit des tiraillements, et des mécontentements se manifestèrent. En présence de ces faits, et sur la proposition de S. Exc. le maréchal Vaillant, Napoléon III décréta qu'à partir du 15 avril 1866, la gestion du théâtre impérial rentrerait sous la domination d'un directeur subventionné et responsable, administrant à ses risques et périls (Décret du 22 mars 1866). Toutefois, indépendamment de la subvention allouée par l'Etat, une somme annuelle de 100,000 francs, prélevée sur le budget de la liste civile impériale, fut accordée à M. Perrin, le nouveau directeur de l'Opéra, ce qui porta la subvention de ce théâtre à la somme énorme de 920,000 francs. En province, comme voie de conséquence, les musiciens d'orchestre, les choristes, voire même les machinistes, manifestèrent de hautes prétentions; non-seulement ils exigèrent une augmentation de salaire; mais afin que leur position fût assurée, ils sacrifièrent leur indépendance personnelle et se lièrent par des associations solidaires. Enfin, la Société des auteurs augmenta presque du double les droits d'auteur perçus sur la recette brute encaissée à la porte des théâtres.

Toutes ces prétentions, conséquence des exigences des chanteurs, accéléraient la ruine des théâtres, et leur chute était imminente, lorsque, sur ces entrefaites, les compositeurs sollicitèrent et obtinrent du gouvernement, à force d'obsessions, *la liberté des théâtres.*

Ce fut le coup de grâce !

En effet, la création de nouveaux établissements lyriques ou seulement dramatiques, cafés-concerts, casinos, etc., coïncidant avec le manque à peu près absolu de sujets capables de desservir les diverses scènes qui existaient déjà, et ayant entraîné la suppression des subventions municipales, les directeurs sérieux, solvables, se retirèrent prudemment, ne voulant pas courir les chances d'une concurrence insoutenable.

Cette situation a-t-elle mis fin aux prétentions des chanteurs ? Nullement.

Il ne faut pas perdre de vue, en effet, que la musique, qui est un art, a été complétement détournée de son but et de sa signification ; les compositeurs modernes en ont fait une science abstraite. En outre, ils écrivent pour la voix comme s'il s'agissait d'une machine à briser le tympan, d'où il résulte que leurs œuvres, hérissées de difficultés et de casse-cou, détruisent en quelques années l'organe le plus solidement constitué. Partant, le public, hélas ! accorde la prépondérance à l'organe sur l'intelligence, à l'outil sur l'ouvrier, à la matière sur l'esprit. Or, tant que cet état de choses subsistera, tant que les cris seront de mode, l'on peut être certain que l'heureux possesseur d'un *ut* de poitrine, ou d'un *si naturel*, se fera payer un prix très-élevé.

Cet état de choses a attiré l'attention des spécialistes et la question des émoluments des chanteurs est devenue l'objet de sérieuses études. Les conclusions ont été à peu près unanimes, et l'appréciation suivante les résume parfaitement :

« Il y a des gens, » dit Franc-Marie, « qui voudraient voir réduire les appointements des chanteurs et qui demandent instamment qu'on prenne des mesures à cet égard. Il serait bien plus simple de multiplier les chanteurs en modifiant les conditions actuelles du chant. Quand ils seront moins rares, ils coûteront naturellement moins cher. Il faut prendre le mal dans sa source, au lieu de vouloir en corriger les effets. »

C'est également l'avis de M. Ed. Fétis ; qu'on en juge :

« On a parlé dernièrement d'un congrès que devaient tenir, dans un pays voisin, les entrepreneurs de théâtres, afin d'arrêter les bases d'un traité pour réduire, d'un commun accord, le traitement des chanteurs, dont la progression constante et absurde est pour eux une cause de ruine.

» Nous n'avons pas appris ce qui était advenu de ce projet. Peut-être n'y a-t-il pas eu de congrès ; tous les congrès annoncés ne se réunissent pas. Dans tous les cas, les directeurs de théâtres ne prennent pas le bon chemin pour arrêter les progrès du mal. Il fallait l'attaquer dans son principe et non dans ses conséquences. »

Il n'y a qu'une voix là-dessus, et nous-même nous

nous souvenons d'avoir adressé un rapport dans ce sens à **M.** le maire de Bordeaux , à l'époque où ce magistrat daigna nous nommer membre de la commission chargée *« d'étudier la question des théâtres. »*

CHAPITRE VII.

DE L'INFLUENCE DES EXCITANTS ET DES BOISSONS ALCOOLIQUES SUR LA VOIX HUMAINE.

Pour pouvoir suffire aux exigences écrasantes du répertoire, il faut :

1° Posséder une voix étendue et volumineuse ;

2° Se trouver dans la période ascendante de ses facultés vocales ;

3° Jouir de la plénitude de ses moyens au jour et à l'heure où l'on doit les mettre en œuvre.

Faute d'une de ces trois conditions, c'est-à-dire si ses moyens sont naturellement limités, si sa voix est déjà fatiguée, enfin si son larynx est passagèrement endolori, l'artiste est obligé d'en appeler au secours énergique, mais fatal des excitants.

Les excitants varient à l'infini et sont administrés selon la constitution vocale de l'individu. Tel boit du café et du cognac, tel autre du bourgogne mêlé avec du bouillon, etc., etc.

Sans parler de l'influence désastreuse que les spi- ritueux exercent sur le système nerveux et sur l'appareil de la phonation tout entier, l'emploi des boissons alcooliques présente encore de graves inconvénients ; il arrête la sécrétion de la salive si nécessaire, comme on sait, au *brillante* du son ; partant, les parois de la bouche se dessèchent, se racornissent même, imprégnées qu'elles sont par la substance alcoolique. Pour remédier instantanément à cet état de choses, il n'y a qu'un seul moyen : c'est de se mordre le bout de la langue assez fortement.

Si l'abus des excitants a pour résultat d'atténuer le *brillante* du son et de tarir les sources qui lui donnent le vernis indispensable, d'autre part, lorsque, dans leur état normal, les glandes déversent une trop grande quantité de salive dans la bouche, il en résulte, chez certains chanteurs, des accidents assez sérieux. Que de fois nous avons vu la Grisi s'arrêter court au milieu d'un trait pour avaler la salive qui l'étouffait. Dans l'air de la *Dame Blanche*, « Ah ! quel plaisir d'être soldat ! » notre ancien camarade Masset, aujourd'hui professeur au Conservatoire de Musique, passait *exprès* sous silence, pour le même motif que la Grisi, les trois mots ci-après imprimés en lettres italiques :

« Buvons, buvons *à notre général !* »

Pour satisfaire la curiosité du lecteur, nous allons faire connaître quelques-uns des moyens employés par les chanteurs pour avoir une voix pure et sonore dans l'espoir d'obtenir du succès et de plaire à la foule.

Martin était esclave de sa voix, dont il faisait son idole ; aussi ne parlait-il à personne lorsqu'il devait jouer le soir. En outre, tous ses costumes étaient munis d'une petite poche dissimulée dans un pli du vêtement, et dans cette poche se trouvaient des grains de sel qu'il mettait dans la bouche avant de chanter pour lubrifier ses cordes vocales. Ne songeant qu'à son organe, toujours préoccupé de la pureté du son, Martin, vers la fin de sa carrière, avait contracté un tic : il toussait doucement après chaque phrase musicale, comme s'il eût éprouvé le besoin de chasser les mucosités qui d'ordinaire s'attachent aux parois du larynx, et qu'il eût voulu en prévenir les effets désastreux.

Ponchard ne s'observait pas ; il mangeait et buvait de tout indistinctement, ce qui ne l'empêchait pas d'être en voix et de chanter comme Ponchard seul savait chanter.

Lorsque l'infatigable Chollet éprouvait un peu d'irritation à la gorge, après avoir chanté la *Fiancée* et l'*Eclair* dans la même soirée, il se faisait apporter de la bière du café voisin.

Dans les entr'actes des grands ouvrages, Duprez mangeait des huîtres et de la viande saignante.

Les jours où il doit paraître en public, Montaubry est d'une sobriété extrême, et son estomac, qui ne peut alors supporter un mets succulent, s'accommode parfaitement d'une demi-bouteille de vin fin.

Nous avons connu un artiste de l'Académie de Musique qui faisait des culbutes et des cabrioles dans la journée, lorsqu'il devait se faire entendre le soir.

La Malibran, dit-on, buvait du madère et mangeait des sardines avant de chanter.

Mme Damoreau avait une préférence marquée pour

le cafe noir, auquel elle ajoutait quelquefois une cuillerée de rhum : dans les entr'actes elle avalait un petit verre de vin d'Espagne, puis un peu d'ale avant la fin du spectacle.

Mme Dorus-Gras mangeait du gigot aux haricots, et loin d'être incommodée de ce régime incrassant et obésigène par excellence, l'artiste ne s'en portait que mieux, et sa voix n'en paraissait que plus belle.

Enfin, après avoir contracté l'habitude des excitants, Mme Ugalde avait fini par ne plus boire que de l'eau pure, et ses nerfs et sa voix ne s'en trouvaient pas plus mal, au contraire.

Dans son histoire des *Théâtres lyriques de Paris*, Castil-Blaze rapporte qu'«il fallait à Duménil (premier ténor de l'Académie royale de Musique en 1677) six bouteilles du meilleur vin de champagne pour chaque représentation. Il les buvait successivement, et l'on voyait ses moyens, son ardeur s'acroître à mesure que les bienfaits de cette boisson prêtaient une force nouvelle à son gosier toujours altéré. C'était pour ce chanteur le tonique par excellence ; il l'animait au point que le Duménil du troisième acte n'était plus le Duménil du premier. Athis, Phaéton, Renaud, Amadis, étaient sublimes aux dernières scènes d'un opéra. Leur représentant venait de faire entonner à chacun de ces héros la sixième bouteille. Ce goût pour les liquides spiritueux s'est reproduit souvent chez nos virtuoses.

» Mlle Laguerre humait le piot hardiment. Elle tenait le rôle d'Iphigénie... A la seconde représentation de cet opéra (janvier 1781), l'actrice voulant donner aux discours de la prêtresse Diane toute l'énergie qu'ils réclamaient, s'abreuva plus largement qu'à l'ordinaire. Le vin mousseux était le cordial qu'elle passait à son gosier avant d'attaquer chaque scène. Le public s'aperçut que la prêtresse n'était plus ferme sur ses jambes, et Sophie Arnoult dit à ses voisins de l'amphithéâtre : « Ce n'est pas Iphigénie en Tauride que nous voyons, c'est Iphigénie en Champagne (1). » L'ivresse de Mlle Laguerre fit de tels progrès d'un acte à l'autre, que la prêtresse finit par balbutier et tomber dans les bras de ses compagnes. Le scandale fut grand. Mlle Laguerre reçut l'ordre de se rendre au For-l'Evêque afin d'y passer quinze jours en expiation du mauvais exemple qu'elle avait donné aux basses des chœurs, aux trombonistes de l'orchestre, dont les excès en beuverie étaient l'objet de réprimandes quotidiennes.

» Nous avons vu l'admirable chanteur Garcia jouer les rôles d'*Almaviva* et de *Don Juan*, tout à fait possédé par l'ivresse bachique dont il devait offrir l'imitation fidèle. Ce n'est pas au vin d'Aï que Garcia demandait ses inspirations ; en vrai patriote, il accordait sa confiance à la Tintilla de Rota, liqueur beaucoup plus énergique. »

Garcia se trompait étrangement. Etre réellement ivre pour représenter sur le théâtre une scène

____

(1) Tout le monde sait combien Sophie Arnould était spirituelle. Un jour, une de ses amies lui exprimant ses regrets d'approcher de la trentaine, Sophie Arnould lui répondit :

— Rassure-toi, ma chère : tu t'en éloignes tous les jours.

d'ivresse avec vérité, est une faute, car l'artiste doit toujours être maître de ses mouvements et se rendre compte des impressions qu'il veut transmettre.

L'imitation de l'ivresse demande une grande retenue, et la convenance lui assigne des limites qu'on ne peut dépasser sans blesser le goût et sans heurter la délicatesse de l'assistance (1). Il ne suffit pas de tituber pour que l'ivresse soit bien rendue ; elle doit se manifester bien plus dans le *facies* qu'elle ne doit s'affirmer par des mouvements en zig-zag. A l'appui de notre assertion nous citerons le passage suivant que nous empruntons à Garrick, l'illustre comédien anglais :

« L'ivrogne, lorsqu'il chancelle, cherche à se retenir, et lorsqu'il a perdu l'équilibre, il cherche à le rétablir. Le comique de cette position est justement dans le travail de celui qui veut résoudre la solution du problème de la pesanteur et qui tâtonne sur ses points d'appui : il ne fléchit pas parce qu'il est affaibli, le vin donnant des forces, mais il fléchit parce qu'il perd la mémoire *du marcher;* c'est dans le haut du corps qu'on est ivrogne, et surtout dans les yeux ;

---

(1) Ainsi, nous ne saurions admettre, — ce que nous avons vu faire en province dans la scène d'ivresse qui termine le premier acte du *Songe d'une nuit d'été* — que l'artiste qui joue le rôle de Shakespeare, s'oublie jusqu'à placer le goulot de la bouteille sur ses lèvres. En admettant que le grand tragique anglais, s'abandonnant avec les matelots de Blackfriars à son penchant pour la boisson, eût pu descendre jusqu'à cette trivialité, il ne nous paraît pas convenable de mettre en lumière et de transporter cette action sur la scène ; de rabaisser ainsi comme à plaisir l'une des grandes illustrations littéraires et artistiques du seizième siècle.

il faut qu'on voie le travail de l'imagination qui cherche et ne se souvient pas , qui essaie, et, se trouvant déçue revient sur elle-même, se gronde, essaie
de nouveau , puis, quelquefois désespérant, jette,
comme on dit, sa langue aux chiens. La plupart des
comédiens se disent : Allons à gauche, à droite, en
avant, en arrière, fléchissons sur nos jarrets, tré-
buchons, quittons la terre ; et l'ivrogne se dit : N'allons ni à droite , ni à gauche, ni en avant, ni en
arrière, et surtout ne quittons jamais la terre, rappe-
lons notre mémoire pour ne pas tomber ; il faut se
tenir droit ! — En conséquence, vous voyez l'ivrogne se
cramponnant au sol par les pieds , ne les levant qu'a-
vec précaution et comme si, à chaque pas, il fallait
dévisser un écrou : voilà l'ivrogne ! »

C'est ainsi que s'exprima Garrick dans une conversation qu'il eut avec notre Préville, lequel, profitant
de la leçon du comédien anglais, simula l'ivresse sur
les boulevards, en présence de nombreux ouvriers
qu'il abusa complétement, ce que notre grand comique n'avait pu faire quelques instants auparavant à
peu de distance de là.

Ce débat, ou plutôt cette leçon, prouve que l'imitation de l'ivresse offre de sérieuses difficultés d'exécution et qu'il faut une grande pénétration et beaucoup d'aptitude pour reproduire fidèlement l'ébriété
au théâtre.

Quelle que soit la sagesse des observations de Garrick, nous ne nous appesantirons pas sur la manière
de reproduire aux yeux du public les défaillances des
personnages en état d'ivresse, et rentrant dans le su-

jet principal de ce chapitre, nous le terminerons par
cette considération générale : lorsqu'il est obligé
d'avoir recours à des moyens factices pour pouvoir
chanter, l'artiste peut être certain qu'il touche à la
fin de sa carrière. Seulement la décadence vocale ne
se révèle pas par les mêmes indices chez les chanteurs français et chez les chanteurs italiens. Chez les
premiers, à cette époque fatale, le timbre se durcit et
se dessèche, la voix se *parchemine*, si nous pouvons
nous exprimer ainsi. Chez le chanteur italien, au
contraire, la voix se voile peu à peu, mais c'est préa-
lablement au *fiato* (souffle) qu'on s'aperçoit qu'il est
à bout de ressources. Cette différence provient du
système de respiration et d'émission du son, qui
n'est pas identique dans les deux écoles.

CHAPITRE VIII.

On s'occupe beaucoup, depuis une vingtaine d'années, des prétendus avantages offerts par la respiration diaphragmatique sur l'ancienne manière de respirer adoptée par les artistes lyriques.

Laissons les professeurs des deux écoles se disputer sur les mots et se livrer systématiquement à une fastidieuse logomachie, et voyons en quoi consiste la divergence de l'ancien et du nouveau système.

La méthode de chant du Conservatoire publiée par B. Mengozzi, sous la direction de Sarrette, porte textuellement :

« Il faut observer que l'action de respirer pour chanter *diffère en quelque chose* de la respiration pour parler. »

Or, en parlant, en chantant, comme en dormant, les adeptes du nouveau système respirent de la même manière.

Plus loin, la méthode de chant du Conservatoire dit encore :

« Dans l'action de respirer pour chanter, il faut aplatir le ventre en aspirant, et le faire remonter avec promptitude, en gonflant et avançant la poitrine. »

Au contraire, en aspirant, les partisans de la respiration diaphragmatique renflent le ventre au lieu de l'*aplatir* et tiennent la poitrine dans son état naturel, au lieu de la *gonfler* et de l'*avancer*.

Si, dans l'application, le système de la respiration diaphragmatique semble n'offrir que peu ou point d'inconvénients pour certaines natures privilégiées, en revanche il est toujours nuisible aux sujets dont l'étendue de la voix est limitée.

Pour les partisans de ce système, l'art du chant, cet art dont la pratique exige tant de sensibilité, de sentiment, de délicatesse, de nuances de toutes sortes, est subordonné à une question de force physique. A ces chanteurs de l'avenir, ne leur parlez pas de la composition d'un rôle, du jeu de la physionomie, de l'éloquence du geste, de l'intelligence des situations, de la vérité dramatique, tout cela est lettre morte pour eux. Faire des oua! oua! bien ronflants, donner du son, de gros sons, voilà leur seule et unique préoccupation sans songer que cette école du son quand même a pour effet inévitable de fatiguer l'organe vocal, de l'alourdir, et de conduire à la négation du rhythme.

Un lauréat du Conservatoire de Paris, bien à même de constater sur place les effets de la respiration diaphragmatique, nous écrivait dernièrement :

« J'ai suivi avec beaucoup d'attention les résultats » obtenus par les élèves du Conservatoire qui, chan-

» tant d'abord avec les moyens naturels que Dieu
» leur avait donnés, ont plus tard adopté sans res-
» triction le système de la respiration diaphragmati-
» que. Voici ce qu'il m'a été donné de constater :

» L'égalité et la solidité des sons y ont légèrement
» gagné ; les voix ont grossi et grandi ; mais au dé-
» triment de leur souplesse, de leur velouté, de leur
» agilité et souvent même de leur justesse. Tels qui,
» naguère, chantaient très-juste, chantent bas main-
» tenant, surtout dans les registres élevés ; tels autres,
» dont la vocalisation était facile et naturelle, ne peu-
» vent plus faire une gamme convenablement. »

Quant à nous, nous ne craignons pas d'avancer que
la respiration diaphragmatique a détruit plus de chanteurs qu'elle n'en a faits. Ce système, qui peut trouver son excuse dans une orchestration trop souvent
exagérée, est de création moderne et nous vient en
droite ligne de l'Italie. C'est là, en effet, que nous
l'avons étudié, sous la direction du maëstro Massini,
son inventeur, ce qui nous permet de donner notre
opinion en connaissance de cause.

L'on rapporte que, au début de sa carrière et après
deux années d'exercice en Italie, Rubini quitta tout à
coup le théâtre de X***, à l'instigation d'un musicien
de l'orchestre, pour se livrer exclusivement à l'étude
de la respiration. Cet exemple de modestie ne saurait
être trop signalé aux jeunes débutants, qui, excipant
constamment des applaudissements que *les Chevaliers
du Lustre* leur octroient, se prélassent, se pavanent,
avec fatuité, et se targuent de tout savoir.

Le 'signor Massini, l'apôtre le plus fervent de la

respiration diaphragmatique, ne manque jamais, pour prouver l'efficacité de son système, de citer Rubini, qui, dit-il, respirait d'après sa méthode.

Bien que nous ayons entendu le célèbre virtuose dans tous les rôles de son répertoire, nous avouons n'avoir pas constaté en son temps de quelle manière il aspirait et expirait l'air ; aussi force est à nous de nous en rapporter aux autres, et nous nous gardons de révoquer en doute l'assertion du maëstro Massini à cet égard. Mais ce dont nous sommes certain, c'est que Ponchard, Levasseur, Duprez et Roger chantaient, et chantaient très-bien même, sans le secours de la respiration diaphragmatique ; c'est que Garat, réputé le plus grand chanteur connu, Lays, Dérivis père, Martin, Elleviou, et autres célèbres artistes lyriques, n'employaient pas cette manière de respirer.

N'est-il pas vrai encore, que la presque totalité des femmes se trouve dans l'impossibilité d'user de ce système, par suite des exigences de la mode et de la finesse de leur taille ?

Or, il est constant que le niveau de l'art est plus élevé parmi les cantatrices que parmi les chanteurs, ce qui est une nouvelle preuve, selon nous, de l'inanité du nouveau système de respiration tant prôné.

Lorsque Paganini se fit entendre en France pour la première fois, il opéra une véritable révolution dans le monde musical : tous les violonistes s'efforcèrent d'imiter *sa manière* ; mais bientôt une salutaire réaction s'étant manifestée, la vogue cessa de s'attacher à ses productions, bientôt même on y renonça tout à fait pour revenir aux œuvres classiques et à des moyens d'exécution moins excentriques.

N'en sera-t-il pas ainsi de la respiration diaphrag-matique ?...

CHAPITRE IX

I

Doit-on être surpris que les principes fondamentaux qui régissent les règles de l'art du chant ne soient pas les mêmes en France, en Italie et en Allemagne ? Même au Conservatoire de Musique de Paris, où devrait, ce semble, résider l'unité dans l'enseignement, les professeurs y sont en complet désaccord sur ces principes.

Jetons un rapide coup d'œil sur les diverses méthodes mises en pratique dans cet établissement.

Révial recommandait à ses élèves de fondre l'émission de la lettre A dans l'O, de couvrir un peu le son et de diriger la voix vers les sinus frontaux. « Portez la voix dans la tête, » disait-il, « dans la bouche, dans le palais, et mettez-vous, en chantant, *sous l'influence d'une pensée grave !* »

Révial avait augmenté le vocabulaire musical d'une expression pittoresque : « la voix palatale. » Et mettant sa main devant la bouche de l'élève, il s'efforçait d'y concentrer le son. Ce maître se distinguait par un excellent style, et ses traits ou points d'orgue étaient de très-bon goût.

Charles Bataille avait été médecin avant d'être artiste et de devenir professeur de chant ; c'est pour cela, sans doute, qu'il était partisan effréné du laryngoscope, à l'aide duquel il s'efforçait de surprendre, au fond du gosier, les secrets de la nature.

Fort instruit, beau parleur, Charles Bataille faisait parfois de l'esthétique dans sa classe. Le lendemain, abandonnant les régions inconnues où l'avait entraîné son imagination, il s'abaissait jusqu'à de triviales réalités, et, conduisant ses élèves à l'abattoir, il leur enseignait sur place à émettre la voix à la manière des veaux, dont les beuglements, sous le rapport de la puissance, et surtout au point de vue de la respiration diaphragmatique, réalisaient son idéal.

Laget, notre homonyme, fait vocaliser sur la voyelle A ; ses élèves se font remarquer par une entente parfaite de la prosodie appliquée au chant, et par une bonne articulation. Ce professeur fait respirer et émettre le son d'après l'ancienne méthode, tandis que Fauré et Masset, dissidents, obtiennent le même résultat par des moyens diamétralement opposés.

Ce dernier semble n'admettre que la voix de poitrine et la voix de tête, à l'exclusion de la voix mixte : Lhérie, son élève, personnifie, à l'Opéra-Comique, la méthode de ce maître : celui-ci et celui-là n'ont point de voix mixte.

Les *néophytes* et les *disciples* de Grosseth, — pour nous servir des expressions familières à ce professeur — appartiennent à la catégorie des *pousseurs*. Faut-il donner un *ut* de poitrine? L'un des disciples s'attelle aussitôt à la note, et, à l'aide d'une vigoureuse impulsion, il l'extrait quand même du fond de son gosier.

Autrefois, feu Banderali Ier disait à l'élève, lorsqu'il s'agissait pour celui-ci de donner le son culminant d'un passage scabreux : « *Fa* - le ou crève ! » Or, Grosseth est le Banderali II du Conservatoire de Musique.

Grosseth fait des mots, et sa conversation ne brille pas précisément par son atticisme.

Dans Roger, le professeur et le chanteur se confondent à tel point qu'on ne peut les séparer l'un de l'autre. C'est pourquoi nous consacrerons, dans le courant de cette étude, un chapitre spécial à la biographie de cet habile artiste.

Ernest Boulanger, naguère nommé professeur de chant au Conservatoire, est le fils de Mme Boulanger, la charmante artiste qui, pendant vingt-cinq ans, a fait les délices des habitués du théâtre de l'Opéra-Comique.

E. Boulanger obtint, en 1835, le premier grand prix de composition, et débuta au théâtre par un coup de maître : le *Diable à l'école*, opéra-comique en un acte, représenté en 1842. Il fit jouer ensuite : les *Deux Bergères*, opéra en un acte (1843); *Une voix*, opéra en un acte (1845); la *Clochette*, opéra en trois actes (1854); l'*Éventail*, opéra en un acte, dont la première représentation eut lieu le 4 décembre 1860 en présence de S. M. Napoléon III, qui donna, à plusieurs reprises, le signal des applaudissements ; enfin, *Don Quichotte*, opéra-comique en trois actes, joué au Théâtre-Lyrique en 1868.

La spécialité d'E. Boulanger est la composition, et il est sorti de sa sphère en devenant professeur de chant ; mais, si l'on considère le milieu artistique dans lequel vit ce maître ; si l'on tient compte de sa grande intelligence, il est facile de prévoir qu'avant peu — si ce n'est même déjà fait — le professeur de chant égalera le compositeur, dont le talent est incontestable et incontesté.

M. Bax, naguère pianiste-accompagnateur dans la classe de M. Delle-Sedic, est considéré comme un excellent professeur de chant. Il n'est absolu, dit-on, ni pour tel mode de respiration, ni pour telle ou telle émission de voix. Il n'exige jamais que ses élèves donnent des sons au-dessus de la portée de leur organe ; il sait pallier leurs défauts par des changements heureux et mettre leurs qualités en relief par des points d'orgue d'un goût exquis. En un mot, M. Bax est prudent et travailleur, deux excellentes qualités pour un professeur de chant.

Tous les professeurs du Conservatoire reconnaissent la supériorité de Mme Viardot. Cette cantatrice émérite, par la création du beau rôle de Fidès, dans le *Prophète*, s'est montrée la digne fille du célèbre chanteur Garcia, la digne sœur de la grande Malibran.

Nommé professeur de chant à l'âge de vingt-cinq ans, Faure, le plus habile chanteur français de notre époque, après avoir brigué l'honneur d'occuper une chaire au Conservatoire de Musique, crut devoir donner sa démission.

G. Duprez, l'illustre chanteur, le savant professeur, fuyant nos discordes civiles , s'est volontairement exilé pour aller planter sa tente à Bruxelles, où sa belle méthode de chant est de plus en plus appréciée.

Bordogni, Banderali, Giuliani et Delle-Sedie, chanteurs italiens, ont été attachés, en qualité de professeurs, au Conservatoire de Paris. Nos lecteurs ne seront pas surpris lorsque nous leur dirons que nous avons entendu l'un de ces maëstri, donnant leçon à ses élèves, exciter, par une prononciation malheureuse, l'hilarité de sa classe :

« Un Dieu tro-z-irrité... »
« M'environne-z-encore... »
« O malheureux Saoul ! »

Mieux avisés que nous, les Italiens se gardent bien d'admettre des professeurs étrangers dans le corps enseignant de leurs Conservatoires de Naples et de Milan.

Ces observations une fois faites, nous nous sentons plus à l'aise pour déclarer ici que nous professons la plus grande estime pour le caractère et le talent de M. Delle-Sedie, l'un des plus brillants chanteurs que nous ayons entendus, lorsqu'il était en pleine possession de ses facultés vocales.

Disons maintenant quelques mots des divers systèmes employés par certains professeurs étrangers au Conservatoire de Musique.

II

La Méthode horizontale consistait à chanter étendu par terre , sans faire remuer le pavé que le professeur avait placé sur l'estomac de l'élève.

Cette méthode, qui compte encore quelques adeptes, n'est pas nouvelle, bien que feu L... s'attribuât, en 1839, le mérite de l'invention ; elle est renouvelée des anciens.

Suétone rapporte que Néron se mettait une plaque ou feuille de métal sur l'estomac lorsqu'il s'exerçait à chanter ou à déclamer , et qu'il ôtait cette plaque lorsqu'il devait paraître en public ; sa respiration n'étant plus embarrassée , sa voix prenait tout son essor, et sortait alors pleine et sonore dans toute son étendue.

En 1839, la *Méthode horizontale,* avait peut-être sa raison d'être, car elle recrutait ses meilleurs disciples parmi les nombreuses victimes que l'usage exclusif de la voix sombrée faisait à cette époque.

Tandis qu'un courant irrésistible entraînait vers leur ruine une foule de sujets qui procédaient à la manière de D***, qui faisait profession , à Paris , d'assourdir les voix, la spécialité de L... consistait à défaire ce qu'avait fait son confrère, et à combattre ce que l'usage immodéré de la voix sombrée avait de destructif. En un mot, le maëstro L... était alors à l'école française ce que le maëstro Massini est aujourd'hui à l'école italienne : un rhabilleur de voix. Sa réputation, à cet égard, semblait être suffisamment établie, lorsqu'une circonstance fortuite vint encore ajouter à sa renommée.

Un aide de camp du duc d'Orléans ayant éprouvé un refroidissement en Afrique, cet officier se trouva bientôt sous le coup d'une aphonie aiguë, maladie qui, en s'aggravant, lui ôta l'usage du commandement. Le prince insista vivement pour qu'il s'adressât au maëstro L... Soit hasard, soit que le système de ce dernier eût du bon, toujours est-il qu'au bout de trois mois de traitement, l'aide de camp du duc d'Orléans recouvra la parole. Cette cure fit quelque bruit dans l'armée, on en parla au théâtre, les journaux spéciaux eux-mêmes daignèrent s'en occuper ; aussi, à partir de ce moment, orateurs, prédicateurs, officiers instructeurs et chanteurs furent-ils très-assidus au cours du maëstro L..., où chacun en particulier recevait l'application du divin pavé, l'inerte *deus ex machinâ* de cette comédie lyri-comique.

Nous venons de parler de certain maître de chant qui faisait profession, à Paris, d'assourdir l'organe vocal. Or, ce maëstro ayant eu l'honneur une fois d'interpréter l'air d'*Orphée* à la cour devant S. M. Louis-Philippe Ier, le roi s'approcha de lui, et lui dit avec bonté :

— Vous êtes un peu enroué, n'est-ce pas, M. Delsarte ?

— Oui, sire, répondit le virtuose.

Ce dernier s'était exercé toute sa vie à donner à son organe ce que le roi lui avait trouvé précisément de défectueux ; malheureusement il imposait son émission à ses élèves : voilà le mal !

L'enseignement de la vocale, tel qu'on le pratique aujourd'hui, offrirait un vaste champ à la critique; mais nous éprouvons une répugnance invincible à traiter à fond une pareille question.

III

M. Oscar Comettant, ou plus indépendant, ou plus courageux que nous, n'a pas craint, lui, dans son excellent ouvrage intitulé : *Musique et musiciens*, de dévoiler les excentricités des divers systèmes de chant qui ont cours à Paris. C'est très-original, et l'emploi des trois étoiles, qui est le symbole de l'inconnu, a le grand mérite à nos yeux de ne blesser la susceptibilité de personne. C'est pourquoi nous demandons à l'auteur la permission de détacher quelques feuillets de son livre. La parole est à un amateur qui a pris des leçons de chant avec tous les professeurs de la capitale.

« Un jour, je me présentai chez le célèbre X*** pour lui demander les conseils de son art.

» Il jeta sur moi le regard le plus pénétrant et me dit d'une voix solennelle :

» — Savez-vous bien, jeune homme, ce que vous faites en venant ici ?

» — Mais, lui dis-je un peu déconcerté de cette question inattendue, c'est tout simple, je viens vous demander des leçons de chant.

» — Ce n'est pas si simple que vous le pensez. Avant tout, jeune homme, jurez-moi sur ce que vous avez de plus sacré dans ce monde et dans l'autre,

jurez-moi sur les éternelles beautés de l'art, ma religion à moi et la vôtre, sans doute, de vous sou-
mettre à toutes mes prescriptions sans jamais souffler mot.

» — Mais, lui répondis-je, comment chanterai-je si
je ne puis souffler mot.

» — C'est mon affaire. Le jurez-vous ?

» — Je le jure.

» — C'est parfait. Vous voyez ce matelas étendu
par terre? Vous allez vous y coucher.

» — Comment, vous voulez que je me couche sur
ce matelas?

» — Ma méthode l'exige impérieusement. Sans matelas, jeune homme, il n'est point de chanteur possible.

» — Vous voulez dire, sans doute, que le sommeil
étant indispensable aux chanteurs comme à tout le
monde, le matelas...

» — Ce n'est point pour dormir que je vous pres-
cris l'occupation de ce matelas, mais bien pour apprendre à respirer.

» Il fallut céder et je m'étendis sur le matelas.

» Dans cette position, il me fit respirer et inspirer
suivant certains procédés très-incommodes de son invention.

Au bout de quelques jours, il dit à son domestique
d'enlever le matelas, et nous nous mîmes au piano.
Il ouvrit une partition de Gluck et se mit en devoir
d'accompagner.

» — Je ne vous ai point fait chanter jusqu'à présent, me dit M. X***, parce que je me soucie fort peu

de savoir si vous avez une bonne ou mauvaise voix. Les voix, jeune homme sont ce qu'on les fait.

» Et il se mit à chanter un récitatif d'*Iphigénie en Aulide*.

» J'entendis alors une voix sourde, rauque, lamentable, que j'aurais trouvée admirable dans un opéra-bouffe, pour la personnification de l'hiver enrhumé.

» — Sapristi, pensai-je, est-ce que j'aurai cette voix quand j'aurai fini de prendre les leçons de ce grand maître !...

» — Maintenant, reprit mon professeur, que vous m'avez entendu, que vous pouvez vous former une idée des sublimes beautés de cette incomparable musique, chantez à votre tour.

» Je chantai avec la voix que j'avais alors et que j'aurais, sans doute, conservée longtemps encore, si tant de maîtres de chant n'avaient voulu l'améliorer.

» Cette leçon et toutes celles que m'avait données M. X***, manquant essentiellement de gaieté, je m'adressai à un autre professeur.

» Celui-ci me mit un bâillon dans la bouche, qui me l'élargissait horriblement. Muni de ce bâillon, il me faisait pousser des sons qui ressemblaient à un hoquet, m'obligeant de rentrer le diaphragme à chaque hoquet.

» L'art du chant est tout entier dans cet exercice, — me dit-il. Quand vous l'aurez pratiqué pendant deux ou trois ans, suivant votre organisation, votre voix sera méconnaissable. Je change une voix avec autant de facilité que vous pourriez changer d'habit. Mais pour arriver à ce résultat, il faut travailler avec le bâillon deux bonnes heures par jour. Si même le bâillon ne vous incommodait pas trop, il serait à désirer que vous le gardassiez en dormant.

» Malgré tout mon amour pour le chant et le vif désir que j'avais d'acquérir du talent, je ne pus prolonger au delà d'un mois cet atroce régime.

» Le bâillon alla rejoindre le matelas de M. X., et je pris les leçons d'un homme qui passe pour un des musiciens les plus instruits, non-seulement dans son art, mais en toute chose.

» — Pour apprendre à chanter, me dit-il, il n'est pas nécessaire de chanter d'abord ; cela fatigue inutilement la voix et peut conduire à des habitudes vicieuses, dont il est ensuite très-difficile de se corriger. Mais telle est l'ignorance dans laquelle sont plongés les professeurs de chant en général, que pour apprendre à chanter ils ne savent que faire chanter.

» — Que faut-il donc faire ?

» — De l'anatomie, parbleu !

» — De l'anatomie !

» — Cela va sans dire.

» Bientôt après cet échange de paroles, une domestique se présenta tenant dans un grand plat une tête de veau. Le professeur s'empara d'un bistouri et commença la leçon. Pour cet anatomiste-musicien, l'appareil vocal du veau (sans doute aussi du bœuf) est le chef-d'œuvre de la création.

» C'est à modifier l'appareil vocal de l'homme pour le rapprocher autant que possible de celui du veau que le chanteur doit concentrer tous ses efforts. Pour

modifier ainsi l'organisation humaine, il faut un travail raisonné, long, soutenu.

» —Ah! me disait parfois avec regret ce savant professeur, si le veau savait chanter, quel artiste ce
serait!

» Avec ce dernier maître de chant, j'appris à fort
bien découper une tête de veau, mais je ne fis aucun
progrès comme chanteur.

» On me parla d'un autre professeur qui, disait-on,
faisait merveille au moyen d'une méthode mystérieuse.

» Je me disposais à aller chez lui pour lui demander
les secrets de son art, lorsque j'appris que depuis
longtemps déjà les voisins de ce maître de chant en-
tendaient, à des heures régulières, des gémissements
douloureux qui permettaient de croire qu'on était sur
la trace d'un crime.

» Le commissaire, qui avait, comme tout le monde,
entendu des plaintes, pénétra, ceint de son écharpe,
chez le criminel et audacieux professeur. Celui-ci n'opposa point de résistance et ouvrit la porte de son appartement. On vit alors des chanteurs libres, prenant
librement une leçon de chant d'après la méthode de
ce maître. Ils se tenaient aux quatre coins de la chambre, la face tournée contre le mur. Dans cette position, ils poussaient ensemble des *mi* naturels en haut,
Basses, barytons et ténors donnaient cette même note
à *mezzo voce*, qui, entendue à distance, avait produit,
pour les voisins, l'effet de gémissements lamentables.
Pour ce maître de chant, l'art tout entier consistait
dans l'émission du *mi* naturel. »

M. Oscar Comettant termine son article en disant :

« Si la perte de sa voix n'eût mis fin à son odyssée vocale, notre amateur eût pu encore se donner le plaisir d'aller chez certain professeur de notre connaissance qui, croyant qu'il est de toute utilité de comprimer l'épigastre pour développer la voix, s'assoit sans façon sur ses élèves pendant qu'ils chantent. Un jour j'allai le voir; il était en train de donner une leçon à un homme; c'était un ténor. Pendant que le martyr chantait en suffoquant, le professeur, assis sur son estomac, fumait philosophiquement une cigarette.

» Enfin, un autre professeur de chant se borne à faire articuler le mot *Antoine* sur toutes les notes. Il prétend que quand on parvient à triompher de cet exercice, on n'a plus que très-peu de chose à apprendre.

» Nous le répétons, il n'y a rien que de vrai dans tout cela. Ces différents systèmes existent et sont très-sérieusement mis en pratique. Au besoin nous pourrions citer le nom des professeurs qui les ont inventés et propagés. Je suis heureux de le dire, au Conservatoire de Paris, on ne fait usage d'aucun de ces moyens bizarres pour développer la voix et apprendre à respirer (1). »

Ce qui manque aujourd'hui à la nouvelle génération chantante, ce sont de bons modèles et des maîtres expérimentés et consciencieux.

L'on n'a pas l'idée du nombre d'individus qui, à

____

(1) Oscar Comettant, *Musique et musiciens*, chez Pagnerre, Paris.

Paris et ailleurs, enseignent la musique vocale dont ils ignorent souvent les notions les plus élémentaires, et parlent de tout *ex professo* sans avoir jamais rien appris.

Dans des laboratoires lyriques, de soi-disant maëstri préparent et acheminent à la carrière théâtrale des disciples sans avenir, qui, plus tard, aspirant euxmêmes au professorat, produisent à leur tour une génération de chanteurs morts-nés.

C'est dans ces écoles d'insanités vocales que les directeurs dans l'embarras viennent embaucher les sujets dont ils ont besoin pour reconstituer leur troupe en désarroi. De là ce spectacle navrant d'hécatombes de chanteurs, comme il y en a tant chaque année sur les principales scènes de la province, où des compagnies entières tombent sous de bruyantes manifestations.

Disons, pour terminer, que depuis la découverte de tant de moyens infaillibles pour donner de l'organe aux individus qui n'en ont pas, les voix sont tout aussi rares qu'auparavant.

O puissance du *refoulement*, de l'*abaissement* et de l'*échappement !*

CHAPITRE X.

UNE LEÇON DE CHANT DE L'AVENIR.

Reste à parler des professeurs charlatans. Veut-on que nous donnions ici un échantillon de leurs procédés et de leur savoir-faire ? Nous allons essayer.

— Mais, s'écrie Gridandini (c'est le nom du professeur charlatan) en s'adressant à l'élève, vous ne chantez que du poumon gauche.

— Du poumon gauche ?

— Oui, et je regrette vivement que les portes du Conservatoire soient fermées aujourd'hui dimanche, sans cela je vous aurais fait voir l'écorché qui est dans ma classe, et.....

— Vous avez un écorché dans votre classe ?

— Certainement, sans cela comment ferions-nous pour apprendre le mécanisme du chant à nos élèves. Je vous aurais fait voir aussi un larynx desséché.

— Un larynx desséché ?

— Autrefois, pour enseigner le chant, il ne fallait que savoir chanter ; mais depuis une vingtaine d'années cet art a pris un tel développement que pour être bon professeur de chant, il faut avoir suivi un cours d'anatomie pratique.

— Quel homme ! il a dans sa classe un écorché et un larynx desséché !

— Mais, d'après ce que je viens d'entendre, je parierais que l'inertie de votre poumon droit provient de l'élévation de vos pensées et de la profondeur de vos idées, et de ce qu'étant naturellement observateur, vous êtes absorbé par la contemplation des objets extérieurs, d'où il résulte que vous pensez beaucoup trop et que vous ne parlez pas assez, état de choses fort dangereux pour un chanteur, car, l'appétit n'étant pas excité par l'exercice, et partant les aliments étant moins alibiles, l'estomac fonctionne mal, le sang s'appauvrit, et voilà pourquoi... vous ne chantez que du poumon gauche.

— Comment remédier ?

— Rien de plus facile. Je vais d'abord vous casser la voix.

— Hein !

— Pour vous en faire une plus belle. Quand on veut construire, ne faut-il pas d'abord déblayer la place ?

— C'est vrai.

— Cela fait, je vous révélerai les secrets merveilleux de ma méthode, et bientôt, grâce aux sons *appoggiati sul petto*, à l'émission palatale et à la respiration diaphragmatique, vous enfoncerez Tacchinardi, Donzelli, Rubini *e tutti quanti*.

— Comment ! j'enfoncerai M. Tuttiquanti ?

La respiration diaphragmatique *seule* décuple les

moyens. Ah! ah! vous entendrez alors! Ce ne seront plus des poumons que vous aurez dans l'estomac, mais un véritable soufflet de forge.

— Quel bonheur! j'aurai un soufflet de forge dans l'estomac!

C'est à peu près ainsi que s'expriment certains maëstri, *grands professeurs, mais qui n'exécutent pas.* et dont les doctrines nous font songer malgré nous au bon Lafontaine, à sa mouche du coche, à sa montagne en travail qui accouche d'une souris. Leurs préceptes, nous ne saurions trop le répéter, ne sont qu'une phraséologie ridicule, qui peut bien abuser quelques esprits naïfs, mais qui ne saurait conduire à un résultat sérieux.

Leur ignorance et leur vanité ne justifient que trop la première phrase de ce chapitre. Toujours plus préoccupés du salaire qu'ils exigent que des succès de leurs élèves, succès qu'ils n'ont jamais connus, leur méthode peut se résumer invariablement dans ce triste mot : Rien, Rien, Rien.

CHAPITRE XI.

VERDI.

Voyons maintenant ce qui se fait en Italie. A tout seigneur tout honneur : commençons par Verdi.

Parmi les amateurs de la musique italienne, il y en a peu qui ne se soient préoccupés plus ou moins de l'espèce de révolution que le genre aujourd'hui en honneur en Italie lui a fait subir, et de l'influence qu'il a eue sur les voix chargées de l'interpréter.

Disons-le, le chef de cette nouvelle école, le signor Verdi, paraît ignorer entièrement l'art de faire valoir l'organe humain, encore moins celui de le ménager.

Rossini, tant qu'il s'en est tenu au style fleuri, Rossini, qui chantait, et qui chantait bien, savait par cela même, mieux qu'aucun compositeur, faire chanter les autres, et les *Davide*, les *Nozzari*, les *Galli*, la *Colbrand*, la *Fodor*, la *Malibran* et tant d'autres, se formèrent à son école. Mais, ou nous nous trompons fort, ou ces artistes ne se seraient jamais immortalisés sous le règne de Verdi. On chercherait vainement les chanteurs que celui-ci a créés ; combien on pourrait en citer, au contraire, que l'interprétation de ses œuvres a ruinés en peu d'années !... Une basse peut-elle impunément chanter dans le registre du baryton, un baryton dans celui du ténor, etc. !... Et ces éclats stentoréens, dont le maëstro Verdi est si prodigue, et ces duos à l'unisson dont il abuse, et le chant *spianato* qu'il a remplacé par le *slancio* à jet continu, ont-ils eu pour résultat d'assouplir et de bonifier l'organe vocal ?... Hélas ! non ... Aussi ne trouve-t-on plus de bons chanteurs en Italie. Il n'en saurait être autrement toutes les fois que l'on verra dominer un genre qui ne demandera point d'études préliminaires, et que tout individu, possesseur de poumons robustes et de quelques notes aiguës, peut aborder avec confiance.

Pourvu qu'un Orphée d'atelier possède quatre ou cinq notes bien sonores, bien vibrantes, dans le registre élevé de la voix, cela suffit ; il se dit :

— Tiens ! si je *me faisais* chanteur !

Et sans connaissances musicales, sans instruction ni éducation, il se fait artiste, comme il se ferait... épicier.

Qu'est devenu aujourd'hui le vrai chant italien que Pergolèse et Marcello avaient conçu, que Cimarosa et Rossini avaient porté à son plus haut degré de perfection, et dont Bellini et Donizetti avaient conservé les traditions précieuses !

La musique italienne s'est faite raisonnée et philosophique. Y a-t-elle gagné? Il nous semble que non, car en perdant le charme mélodique qui constitue son essence, elle n'a pas pour cela acquis les pro-

portions grandioses et savantes de la musique allemande. Mais ce que nous pardonnons le moins aux
compositeurs modernes, c'est la contexture de leurs
opéras. Nous ne pouvons dire ce que nous souffrons
en entendant des chanteurs dont la gorge se resserre
à mesure qu'ils avancent dans leur rôle, et qui, pour
prix de leurs efforts douloureux, ne récoltent souvent
que des murmures de mécontentement, tandis que
les maëstri, auteurs de leurs souffrances, sont portés
aux nues par les partisans du nouveau. En vérité, il
y a des compositeurs que l'on devrait condamner à
chanter leur musique.

Disons aussi que les librettistes italiens, qui font de
continuels emprunts à notre littérature, choisissent
de préférence nos drames les plus noirs, et se plaisent encore à en renforcer la teinte. Nous ne nous
souvenons pas, pour notre part, d'avoir vu un seul
opéra italien qui ne se terminât par quelque empoi-
sonnement assaisonné de plusieurs coups de poignard.
Or, de tels libretti doivent exercer une pernicieuse
influence sur le génie des compositeurs, et c'est sans
doute aux monstruosités des *paroliers* italiens que
l'on doit attribuer en partie ces cris, cette furie mé-
lodramatique, enfin toutes ces horreurs vocales que
nous subissons aujourd'hui.

S'il est vrai, comme on le prétend, que les *Huguenots* aient été en France une Saint-Barthélemy de
ténors, ne pourrait-on pas dire aussi que les œuvres
de Verdi ont été les *Vêpres siciliennes* de l'art du chant
en Italie?...

Il y a seulement une quarantaine d'années, les

grands chanteurs abondaient dans le monde artistique. Où sont aujourd'hui leurs successeurs? Où trouver des modèles? Nous constatons avec regret que,
sous ce rapport, l'Italie est dans la même situation
que la France sa voisine, et, il faut bien le dire,
Verdi n'a pas peu contribué, pour sa part, à amener
ce triste résultat.

Après avoir lu ce qui précède, il n'en faut pas conclure que nous désapprouvions absolument les allures
du chef actuel de l'école italienne.

Verdi est un compositeur d'un grand mérite, et
s'il nous fallait énumérer ici toutes les beautés de premier ordre renfermées dans ses œuvres, ce chapitre
n'y suffirait pas, c'est un volume qu'il nous faudrait
écrire.

Selon nous, ce maëstro n'a pas justifié tout ce qu'on
a dit ou écrit en France contre lui; en revanche, il
peut revendiquer, à bon escient, tous les enthousias-
mes dont il est l'objet en Italie.

Mais pourquoi Verdi a-t-il déplacé les registres de
toutes les voix? A nos yeux, voilà son crime!

Depuis que, malgré lui, Verdi s'est trouvé mêlé à
la politique de son pays, le zèle de ce maëstro pour la
composition s'est un peu ralenti.

Son nom a longtemps servi de ralliement aux pa-
triotes italiens :

V.   E.   R.   D.   I.

c'est-à-dire :

VITTORIO   EMANUELE RE   D'   ITALIA.

CHAPITRE XII.

Il n'est pas de chanteur en France ou à l'étranger qui ne connaisse, au moins de réputation, le signor Lamperti, *maestro di bel canto*. Chaque année, bon nombre d'artistes, déjà consommés dans leur art, partent de tous les points de l'Europe et se rendent à Milan dans le but de se perfectionner sous la direction de celui qui a eu pour élèves une partie des célébrités italiennes, françaises ou allemandes de notre époque. Cette réputation européenne est bien justement acquise au professeur Lamperti, et si jamais il se décide à quitter Milan, cette ville perdra une partie de son importance artistique, en cessant d'être un but de pèlerinage pour les chanteurs de tous les pays qui s'y rendent à peu près comme les chrétiens à Jérusalem ou les musulmans à la Mecque. Personne ne dirige avec plus de soin que Lamperti ces études préliminaires si importantes, et, il faut bien le dire, trop négligées en France, qui consistent à poser la voix et à la développer sans jamais la forcer; personne plus que lui n'excelle dans l'art de colorer, de nuancer une phrase musicale et d'en faire jaillir des effets inattendus ; personne enfin n'a plus d'imagination pour orner et varier un thème.

Lamperti fait *appoggiare la voce sul petto*, et diriger la voix de tête (chez les femmes) vers les fosses nasales et leurs sinus.

Massini fait émettre le son sur la diphthongue *oua*, et, en sa qualité d'inventeur du *système de la respiration diaphragmatique*, il fait prendre *il fiato* diaphragmatiquement, cela va s'en dire. Les professeurs Masset, Faure, Grosseth et Fournier, à Paris, enseignent d'après cette méthode.

Panizza, qui d'ordinaire séjourne six mois à Milan et six mois à Londres, appartient à l'ancienne école, dont il a conservé religieusement les traditions. Au mérite d'avoir eu Barroilhet pour élève et d'avoir beaucoup entendu, Panizza joint celui d'avoir *tout* retenu.

Mazzucato, qui, après Lamperti passe pour l'un des meilleurs professeurs de chant qu'il y ait en Lombardie, Mazzucato, disons-nous, développe la voix de ses élèves à l'aide du dissyllade *volo*, précédé d'un miaulement ou *legato* de bas en haut et de haut en bas, qui ressemble assez au cri de douleur d'une femme en mal d'enfant.

Le maëstro Buzzi donne aussi d'excellentes leçons de chant ; mais sa spécialité est la composition, et ce n'est qu'exceptionnellement qu'il sort de sa sphère. Nous nous souvenons d'avoir assisté, au théâtre de la Scala, à Milan, à la première représentation d'une

œuvre de ce maître : *Il convito di Baldassare*, opéra
en quatre actes, qui renfermait plusieurs passages à
grand effet et que la foule applaudissait *con furore*.
Le maëstro Buzzi débutait alors dans la carrière, et
il a tenu, dit-on, ce qu'il promettait.

Dans ces derniers temps, un artiste lyrique de beaucoup de mérite s'est retiré du théâtre et est allé se
fixer à Milan, où il a fondé une école de chant et de
déclamation lyrique : nous voulons parler de Corsi,
baryton au talent sympathique, à la fois chanteur et
tragédien, l'un des rares artistes italiens qui possédât
le feu sacré et le sentiment vrai de la situation dramatique. Elevé à l'école du bien-dire et de la tradition, toujours en scène, attentif à ce qui se disait ou
se faisait autour de lui, le jeu de sa physionomie
laissait facilement transpirer les sentiments dont son
âme était animée ; aussi était-il toujours le personnage rêvé par l'auteur. Par ces motifs, l'enseignement de Corsi est l'un des plus suivis de toute
l'Italie.

Quant au signor Romani, maëstro florentin, dont
le nom était venu jusqu'à nous bien avant notre premier voyage par delà les Alpes, nous nous abstien-
drons de toute appréciation à son égard, n'ayant eu
qu'une seule occasion de juger de son mérite.

C'est ce maëstro qui fut chargé en 1853, par l'impresario Giacone, directeur du Théâtre-Regio, à Turin, d'italianiser le *Prophète*.

Le signor Romani ne fit pas les choses à demi :
la plume d'une main et les ciseaux de l'autre, il ne
supprima pas moins de dix à douze morceaux, airs,

duos, récits, chœurs, etc., *tagliatures* qui provoquèrent de la part de Rossini la boutade que voici. Quelqu'un lui ayant demandé, à Paris, si le *Prophète* avait obtenu du succès en Italie, l'illustre compositeur répondit :

— Heu! on avait coupé tout ce qu'il y avait de bon (1) !

Nous dirons, dans le chapitre suivant, ce qui se passa à Turin lors de la première représentation du *Prophète;* c'est fort curieux, et cela nous paraît valoir la peine d'être lu.

---

(1). Le même dit à un de ses amis, qui lui conseillait de composer une œuvre nouvelle pour l'Opéra de Paris :

— J'attends que les juifs aient fini leur sabbat !

On sait que Meyerbeer appartenait au rite israélite, et que l'auteur de la *Juive*, Halévy, était un coreligionnaire.

CHAPITRE XIII.

LE PROPHÈTE, OPÉRA EN 5 ACTES.

Scribe, l'auteur du libretto du *Prophète*, nous apprend que la donnée de cet opéra lui a été fournie par Voltaire, et qu'il s'est inspiré du passage suivant de son *Essai sur les mœurs*, tome IV, page 280.

« En 1530, les anabaptistes désolèrent l'Allemagne au nom de Dieu. Le fanatisme n'avait point encore produit dans le monde une fureur pareille. Tous ces paysans qui se croyaient prophètes, et qui ne savaient rien de l'Ecriture, sinon qu'il faut massacrer sans pitié les ennemis du Seigneur, se rendirent les plus forts en Westphalie, qui était alors la patrie de la stupidité. Ils s'emparèrent de la ville de Munster, dont ils chassèrent l'évêque. Ils voulaient d'abord établir la théocratie des Juifs et être gouvernés par Dieu seul; mais un nommé Mathieu, leur principal prophète, ayant été tué, un garçon tailleur (d'autres disent cabaretier), nommé Jean de Leyde, né à Leyde en Hollande, assura que Dieu lui était apparu et l'avait nommé roi : il le dit et le fit croire.

» La pompe de son couronnement fut magnifique ; on voit encore de la monnaie qu'il fit frapper ; ses armoiries étaient deux épées dans la même position que les clés du pape. Monarque et prophète à la fois, il fit partir douze apôtres qui allèrent annoncer son règne dans toute la basse Allemagne, proclamant la communauté des biens et des femmes.

» Ce roi-prophète eut une vertu qui n'est pas rare chez les bandits et chez les tyrans : la valeur. Il défendit Munster contre son évêque, Valdec, avec un courage intrépide pendant une année entière... Enfin, en 1536, il fut pris les armes à la main par une trahison des siens... »

Si l'on met en regard le sujet de la pièce et les idées qui avaient cours en 1849, époque à laquelle le *Prophète* fut joué à Paris pour la première fois, l'on conviendra que l'œuvre de Scribe et de Meyerbeer avait tout l'air d'une pièce de circonstance. En effet, bien que plus d'une année se fût écoulée depuis l'avénement de la République, l'effervescence révolutionnaire était loin d'être calmée, et le socialisme lui-même ne laissait pas que d'effrayer bien des gens ; aussi le trait suivant, en passant par la bouche du comte d'Oberthal, dans le premier acte du *Prophète*, n'était pas perdu :

> Oui, c'est maître Jonas, mon ancien sommelier !
> Il me volait mon vin, dont il se disait maître !

Ce n'était pas la première fois, du reste, que Scribe tirait parti des événements pour traiter et transporter sur la scène certains sujets de circonstance.

Le mariage du comte de Rossi, ambassadeur de Prusse, avec Mlle Henriette Sontag, artiste du Théâtre-Italien, lui avait inspiré la donnée de l'*Ambassadrice*, opéra-comique en trois actes d'Auber. La *Camaraderie*, comédie en cinq actes, n'eut en vue, sous le règne de Louis-Philippe, que de défendre certain ministre en butte à la malveillance des partis. Plus tard, tandis que les tables tournantes, le magnétisme et le somnambulisme étaient en faveur, Scribe produisit *Haydée*, dont le principal personnage, Lorédan, se lève, marche, agit et parle en dormant.

Quoi qu'il en soit, le scenario du *Prophète* abondait en situations dramatiques ou musicales propres à faire valoir le talent du compositeur et à donner un libre essor à son génie.

L'opéra de Meyerbeer fut répété à satiété, et le maëstro surmena à tel point ses chanteurs, qu'au lendemain de la première représentation de son œuvre, les interprètes, exténués, sollicitèrent de leur directeur un repos de huit jours, qui leur fut accordé. Ce fait est sans précédents dans les annales du théâtre !...

Cet incident n'eut point de suites fâcheuses, au contraire : cette fois encore l'opinion publique se prononça en faveur de Meyerbeer, et proclama que l'illustre compositeur venait de produire un nouveau chef-d'œuvre.

Le succès obtenu par le *Prophète* sur la scène de l'Opéra devait attirer, et attira, en effet, l'attention des impresarii italiens. Une voix secrète leur disait qu'avec l'œuvre de Meyerbeer ils retrouveraient peut-être ce filon perdu, cette mine précieuse si heureu-

sement exploitée par le célèbre impresario Lanari (1).
C'est pour cela sans doute que l'administration du
théâtre de la Pergola qui, la première en Italie, avait
monté jadis *Robert le Diable* et les *Huguenots*, s'empressa de faire représenter le *Prophète*. L'année suivante, le 25 octobre 1853, le même ouvrage fut joué
à Turin, sous la direction de Giacone, sur le Théâtre-
Regio.

Le *Prophète* n'était pas fait pour un public italien ;
et pour l'approprier à son goût, il fallut au préalable
y pratiquer de nombreuses coupures. Malheureusement, lorsqu'on s'imaginait ne supprimer que des
notes, on enlevait en même temps des paroles essen-
tielles à l'intelligence du drame. On pourra en juger
en lisant le compte rendu fidèle de la première représentation du *Prophète*, à Turin ; nous l'extrayons
de la *Revue et Gazette des théâtres*, dont nous étions
le correspondant officiel pendant notre séjour en Italie, sous le pseudonyme de Francueil :

Premier acte. — On applaudit un peu le chœur de
la révolte, ainsi que les couplets qui suivent, dont les
paroles françaises sont : *Un jour dans les flots de la
Meuse.*

Deuxième acte. — On coupe la moitié des récits du
Songe, le premier couplet de la délicieuse romance
chantée par Jean, et presque tout le finale.

____

(1) Il y a vingt-cinq ans à peine, Lanari goûtait les douceurs du
farniente dans sa villa, au milieu de laquelle il avait fait bâtir un magnifique château appelé *Robert le Diable*, par reconnaissance pour
l'opéra de ce nom, dont les représentations l'avaient enrichi.

Troisième acte. — On coupe le chœur : *Victoire*, etc., etc. L'acte commence par les couplets de Zacharie, qui ont été très-applaudis, bien que la suppression du chœur qui les précède leur fasse perdre beaucoup de leur intérêt et de leur à propos. Puis viennent les danses, après lesquelles on attaque tout de suite le trio bouffe, dont on a supprimé la moitié. Il est impossible de pousser plus loin l'inintelligence et l'absurde que dans cette coupure. Les deux anabaptistes sont en train de chanter, de boire et de trinquer, quand soudain apparaît le Prophète. Celui-ci s'écrie : *Oberthal!..* Puis, s'adressant à Zacharie et à Jonas, il ajoute : *Laissez-nous!..* Les deux anabaptistes ne se le font pas dire deux fois ; ils se sauvent très-penauds sans doute d'avoir été surpris faisant bombance avec l'ennemi qu'on ne leur a pas permis de reconnaître.

Le chœur : *Par toi, Munster nous fut promis,* et la scène où le Prophète impose silence aux mutins, sont également supprimés. L'hymne : *Roi du ciel...* termine l'acte. Le soleil, ayant bien fonctionné, a été applaudi. Cet acte, ainsi défiguré du commencement à la fin, est d'un ridicule achevé.

Quatrième acte. — Le chœur d'introduction : *Vive le Prophète ! vivent les soldats!* ne se chante pas. Les morceaux qui suivent, la complainte de la *Mendiante* et le duo avec Berthe ont produit un certain effet.

Vient enfin la scène sublime du Couronnement, et c'es ici que Meyerbeer a eu le plus à souffrir de la collaboration. Quatre tambours entrent dans l'église, battent aux champs à tour de bras, et c'est là, je vous assure, un effet d'une couleur peu locale. Après quelques instants de ce tintamarre, commence enfin la véritable marche de Meyerbeer, qu'on exécute néanmoins beaucoup trop vite. Le défilé a lieu ; mais comme le personnel en est fort nombreux, on est obligé de recommencer la marche, laquelle est cette fois instrumentée de la manière suivante : d'abord un supplément de grosse-caisse pour imiter le canon ; plus, trois cloches d'un assez gros calibre carillonnant dans un autre ton que celui de l'orchestre.

Au lieu d'être interprété par les artistes *soli*, le *Domine salvum fac régem* est chanté par tous les choristes, et c'est la musique militaire de *la banda* qui exécute l'accompagnement composé expressément pour l'orgue.

Ce morceau magnifique, empreint d'un vrai sentiment religieux, change tellement de caractère en passant par des tuyaux d'ophicléides et de clarinettes, qu'en l'écoutant vous croiriez entendre passer un régiment allant à la parade ; voilà ce qu'on a fait de cette belle page musicale. Le finale et la scène du magnétisme ont été respectés.

Cinquième acte. — L'air de la prison ayant été supprimé à la seconde représentation, parce qu'il n'avait produit aucun effet à la première, il ne reste plus pour cet acte que le duo entre Jean et Fidès, le trio entre les mêmes et Berthe, et le *Brindisi*. Cette cinquième partie de l'œuvre de Meyerbeer se trouve ainsi métamorphosée en un véritable acte italien ; et, pour que la fin de l'ouvrage soit digne du reste, le palais s'écroule sur les trois anabaptistes et une douzaine de danseu-

ses, leurs concubines, toutes accroupies aux pieds
du Prophète qui pose en statue sur son estrade. Les
invités ont eu le temps de s'éloigner... Les coupables
sont seuls punis, et la morale est satisfaite. Ouf!...

Telle est l'analyse exacte du libretto et de la musique du *Prophète*, revus et corrigés, ainsi que la mise
en scène, par le signor Romani. C'est ce maëstro, si
nous avons bonne mémoire, qui, dans une autre
occasion, *arrangea Robert le Diable*, et intercala le
Bal de Gustave, d'Auber, dans le cinquième acte des
Huguenots.

C'est ainsi qu'en Italie on respecte les chefs-d'œuvre de l'étranger. En France et en Allemagne, on
admet tous les genres, hors le genre ennuyeux ; mais
les Italiens n'aiment que la musique italienne.

De la part des artistes, l'exécution du *Prophète* a
été irréprochable, et a atténué les outrages prodigués
à la partition. Dire que la signora Rosina Stolz a
moins de voix qu'elle n'en avait à l'Opéra n'est pas
lui faire injure ; mais rendons-lui justice en ajoutant
qu'elle a joué avec infiniment de talent le beau rôle
de Fidès.

Le signor Benedetti (connu en France sous le nom
d'Octave) tient le rôle de Jean de Leyde avec beaucoup de dignité et le chante avec une grande perfection. Sa voix a été trouvée des plus agréables, en
dépit de quelques sons de fausset dont les Italiens
sont déshabitués, mais dont l'emploi est de rigueur
dans un rôle écrit pour Roger. Sa romance du
deuxième acte a été couverte d'applaudissements, et il
a partagé avec la signora Stolz une ovation unanime.

La signora Finetti (*Bertha*) tire tout le parti possible d'un rôle ingrat. Sa jolie voix de *soprano sfogato* et son aplomb de bonne musicienne l'ont servie admirablement.

Dans l'intérêt des cantatrices, il serait à désirer que la partie de Berthe fût réduite à sa plus simple expression. On y a bien opéré quelques *tagliatures*, mais ce n'est pas encore assez.

Nestor Roqueplan, qui a eu l'honneur de monter le *Prophète* à l'Opéra, a écrit quelque part :

« Ce rôle de Berthe fut créé par Mme Castellan, une chanteuse de mérite, qui se laissa engager, sur l'indication de Meyerbeer, avant de connaître ce rôle farouche ; quand elle le connut, elle le trouva détestable, dangereux, criard, sans effet et meurtrier.

» Elle avait raison, tellement raison, que toute chanteuse qui est à mesure de faire ses conditions d'engagement stipule d'habitude qu'elle ne chantera pas Berthe.

» Je dis à Meyerbeer l'opinion de Mme Castellan.

» — C'est vraiment extraordinaire, me dit le maëstro. Je n'y comprends rien. Mais vous, est-ce que vous trouvez que c'est un mauvais rôle ?

» — Oh! non !

» — A la bonne heure.

» — Oh! non, ce n'est pas un mauvais rôle, c'est une mauvaise action. »

Se faire applaudir dans un rôle aussi effacé que celui de Zacharie n'était donné qu'à Vialetti, artiste français, que nous avons retrouvé à Turin, enrichi d'un *i* à son nom, et de quelques notes de plus dans sa belle voix. Cet artiste est aujourd'hui, sans contredit, l'une des premières basses que nous ayons en Italie ; aussi ne serez-vous pas étonné d'apprendre qu'il est engagé à la Fenice de Venise cet hiver, et au Théâtre-Impérial de Vienne, pour *la primavera*.

Battaglini (*Oberthal*), Ferta et Stecchi, premier et deuxième anabaptistes, ont été exacts.

Les patineurs manquaient d'aplomb sur leurs roulettes. Les danses ont produit peu d'effet. En revanche, les chœurs ont marché avec beaucoup d'ensemble, ce qui rend inexcusable le collaborateur qui en a coupé trois des plus beaux. Pour être juste, nous dirons que l'orchestre a parfaitement fonctionné et que l'honneur en appartient au maëstro Romani, qui cette fois a été à la hauteur de sa tâche ; et ici, son mérite est d'autant plus grand, que l'orchestre, suffisant en nombre, est en général composé d'éléments peu satisfaisants.

Avant de terminer cet article, rendons pleine et entière justice à l'impresario Giaccone, qui n'a rien épargné pour monter le *Prophète* avec tout l'éclat que cet ouvrage exige. Les décors et les costumes sont dignes de Paris.

CHAPITRE XIV.

La physiologie n'a pas encore dit son dernier mot sur le phénomène de la phonation ; aussi ce qu'on peut dire de mieux à cet égard, jusqu'à ce que la science ait prononcé en dernier ressort , c'est que l'organe vocal est essentiellement phonique , et que la sonorité est en lui comme les esprits vitaux sont dans le sang.

L'appareil de la phonation se compose de trois parties principales , savoir : les poumons , qui reçoivent et rejettent l'air ; le larynx, qui renferme les cordes vocales ; et la bouche où retentit le son.

Beaucoup de chanteurs s'imaginent que l'œsophage et le tube vocal ne forment qu'un seul et même conduit, tandis que ces deux organes sont parfaitement distincts. L'œsophage, par où passent les aliments, et le larynx , par où circule l'air atmosphérique que nous respirons, n'ont absolument rien de commun. L'œsophage est situé derrière le larynx, tandis que celui-ci, qui fait partie de l'arbre aérien , se trouve placé en avant du cou, sur le parcours des voies respiratoires.

Ce point étant désormais éclairci, reprenons le cours de nos investigations.

Les poumons sont à la voix humaine ce que le souflet est à l'orgue, et l'air qui passe à travers le larynx est le véhicule du son. Sans air, point de bruit. Si l'air atmosphérique est raréfié, le son diminue d'intensité ; s'il vient à manquer tout à fait, on n'entend plus rien. Dans les régions alpestres, à la cime des plus hautes montagnes, l'atmosphère étant très-légère, la voix est sans portée, l'écho reste muet. On distingue dans le *son-sensation* trois qualités, savoir : l'*intensité*, la *hauteur* et le *timbre*. L'*intensité* s'obtient par une forte impulsion de la respiration ; la *hauteur*, par la tension des cordes vocales ; le *timbre* résulte d'éléments divers qui échappent à l'analyse, et l'on peut avancer, sans trop de hardiesse, qu'il n'y a pas deux individus sur la terre dont le timbre de la voix soit identique, pas plus qu'on ne trouve deux visages parfaitement semblables. Autant d'individus, autant de timbres particuliers.

Le larynx se compose de pièces cartilagineuses mobiles reliées entre elles par des ligaments. Ces pièces sont mues par des muscles animés par des nerfs.

Les cordes vocales, placées dans l'intérieur du larynx, où elles adhèrent et font saillie, se divisent en cordes vocales supérieures et cordes vocales inférieures ; ces dernières sont seules affectées à l'acte de la phonation, et l'espace qui sépare celles-ci de celles-là constitue la glotte.

Lorsqu'on pratique une ouverture à la trachée-artère, au-dessous du larynx, l'aphonie se produit aussitôt ; si, au contraire, on pratique une incision au-dessus de la saillie vulgairement appelée pomme d'Adam, la voix subsiste encore.

C'est la tension des cordes vocales et le raccourcissement progressif du larynx qui produisent la série des divers tons de la gamme ascendante, et non point, comme on l'a cru longtemps, les modifications apportées à la force du courant d'air. L'on doit pouvoir donner un son élevé avec une faible impulsion, et un son grave avec une forte poussée.

La glotte est l'organe essentiel de la phonation. L'air chassé des poumons agite les lèvres inférieures de la glotte et les fait vibrer. Les dimensions de la glotte varient selon l'âge, le sexe et les divers genres de voix. Son développement s'effectue à l'époque de la puberté, tandis qu'en vieillissant elle revient sur elle-même.

L'épiglotte, chez l'homme du moins, prend part à la production du son, mais ses principales fonctions consistent à fermer hermétiquement l'orifice du larynx au moment de la déglutition, et à se relever presque aussitôt pour donner passage à la respiration momentanément interrompue. Le rossignol n'a point d'épiglotte.

Lorsqu'un atome d'aliment ou une parcelle de liquide s'introduit accidentellement dans le larynx et obstrue la voie laryngienne, il en résulte des suffocations plus ou moins considérables. Ces sortes d'accidents, qui sont assez fréquents, n'arrivent que lorsque l'épiglotte, qui agit à la manière d'un couvercle, ne ferme pas hermétiquement l'orifice du tube vocal.

La bouche et la langue jouent un rôle assez important : de l'ouverture plus ou moins grande de la bouche et de la position de la langue dépend, la plupart du temps, une bonne ou mauvaise émission de la voix.

Le diaphragme, qui est un muscle situé à la base des poumons, joue un rôle plus important encore. En effet, c'est lui qui commande à tous les organes qui concourent à l'acte de la respiration. L'air frais, en pénétrant dans l'appareil respiratoire, oblige le diaphragme à se contracter : cette contraction presse les poumons de bas en haut, et le va-et-vient de l'air qui en résulte fait vibrer les lèvres inférieures de la glotte et engendre le son.

« Le problème de la phonation, » dit M. Béclard, « est donc très-compliqué, et il est impossible de ne pas remarquer que les expériences qui ont été faites sur le larynx humain laissent toujours après elles quelque chose d'indéterminé, attendu que l'on n'a jamais pu obtenir sur le cadavre que la tension *passive* des cordes vocales. »

En effet, qui est-ce qui expliquera, par exemple, pourquoi telle voix vous séduit, vous émeut et vous plonge dans une véritable extase, tandis que telle autre, non moins belle, déduction faite du mérite de l'exécutant, vous laisse froid et n'a point d'action sur vos sens ? Les chanteurs eux-mêmes ne le savent pas. Tout cela est un mystère dont nous ressentons les effets sans qu'il nous soit possible d'en déduire les causes.

La voix humaine occupe le premier rang dans le domaine multiforme des instruments de musique ; et cette prééminence se manifeste non-seulement par la qualité du son, la richesse et la variété du timbre, mais encore, et surtout, parce que l'organe vocal possède une propriété qui lui est spéciale, dont il a le monopole exclusif : nous voulons parler de la voix articulée, c'est-à-dire du verbe ou de la parole, cet agent puissant d'intellectuelle communication.

Le don de la parole n'est pas le seul privilége que la nature ait octroyé à la voix humaine. Compagne inséparable de l'homme, instrument vivant et unique en son espèce, puisqu'elle tient de l'instrumentiste et qu'elle est aussi l'instrument, la voix peut être sollicitée à volonté et par conséquent amenée à se faire entendre en tous lieux et à toute heure de la journée, tandis que les autres membres de la grande famille symphonique ne peuvent se produire ni dans les mêmes conditions, ni aussi facilement, surtout l'orgue, qui, à l'inconvénient de ne pouvoir se déplacer, joint le désavantage de ne pouvoir se manifester sans le secours de deux auxiliaires, l'organiste et le souffleur.

Si cette assertion avait besoin d'une démonstration, ou plutôt d'une confirmation, le passage suivant des œuvres de M. Félix Clément (1), malgré son originalité spirituelle, serait bien de nature, croyons-nous, à convaincre nos lecteurs.

____

(1) *Histoire de la musique religieuse*, par M. Félix Clément, p. 68.

« L'étude de la nature nous révèle des harmonies inconnues et comme une reproduction dans chaque être, chaque espèce, chaque genre, chaque ensemble d'idées ou de faits, des lois primordiales qui ont présidé à leur sortie du chaos. Si, nous plaçant au point de vue du naturaliste, nous suivons l'échelle des êtres ou objets terrestres depuis l'homme jusqu'au caillou, nous voyons s'amoindrir et disparaître successivement un certain nombre de facultés et de propriétés dans chacun d'eux. C'est ainsi que, passant de l'homme doué d'une âme, substance immatérielle et miroir de la Divinité, au règne animal proprement dit, nous ne trouvons plus, dans ce dernier, que quelques faibles traces de mémoire et de réflexion, et encore dans les espèces les plus perfectionnées. Nous arrivons ensuite au règne végétal, qui ne nous offre plus qu'une vie passive, privée de locomotion et d'instinct. Enfin, si nous descendons encore plus bas, le sol que nous foulons, le sable, la pierre, le métal dont nous nous servons, les minéraux, en un mot, nous présentent le spectacle de l'inertie et de l'insensibilité la plus complète.

» Ne retrouvons-nous pas cette classification dans les instruments que l'homme a inventés et construits dans le but d'exprimer les pensées les plus mystérieuses et les plus intraduisibles ? Nous voulons parler des instruments de musique. Ce qui est réel et non pas seulement ingénieux dans l'analyse des rapports de l'homme avec le cheval, du cheval avec le mollusque', du mollusque avec le peuplier, le roseau, le lierre, des arbres et des plantes avec le silex, le marbre et le cuivre, sera aussi réel et non moins ingénieux dans la comparaison de la voix humaine avec les instruments de musique. En effet, les instruments à cordes, tels que le violon, le violoncelle, la harpe, etc., dans lesquels l'élément animal joue le principal rôle, puisque le son est produit par des cordes à boyau qui ont eu vie, expriment avec plus de sympathie que les autres la pensée humaine, et agissent plus vivement et d'une manière plus sensible sur notre organisation. Les instruments, qui, comme le hautbois, les bassons, les flûtes, empruntent au règne végétal leurs éléments constitutifs, rendent un son d'une grande douceur qui reproduit assez bien la voix humaine, mais dont l'action sur nos sens est moins directe et moins puissante que celle qui résulte des instruments à cordes. Les effets qu'ils produisent sont à leur tour plus efficaces, plus variés, plus accessibles à l'intelligence que ceux que l'on obtient à l'aide des instruments dont la facture appartient au règne minéral, comme les cors d'harmonie, les cornets à pistons, les trombonnes, etc., les instruments en verres ou à cordes métalliques, comme l'harmonica, le piano, etc. Il faut plus d'effort pour faire parler ces instruments; les sons qu'on en tire sont d'autant moins sympathiques qu'ils s'éloignent plus de la voix humaine, et ils ne peuvent même que difficilement l'accompagner. Le tambour, les timbales, les cymbales et les cloches semblent devoir être exceptées de cette classification; d'ailleurs ils n'agissent pas sur nous d'une manière musicale, mais acoustique.

» D'où provient l'action si différente sur nous du

son du violon et de celui de l'orgue ? Pourquoi le premier excite-t-il les mouvements des passions, tandis que l'autre les calme et les apaise ? C'est que la nature du son, les émissions, les procédés de ses vibrations sont différents. Dans le violon, l'artiste fait le son directement. Son doigt n'est pas tellement immobile sur la corde qu'il ne lui communique quelques-uns des battements de son cœur, quelque chose du jeu de ses nerfs ; l'archet qu'il promène sur les cordes imprime aux sons les plus purs des ondulations multipliées qui leur donnent des nuances expressives et pénétrantes. Il n'est pas jusqu'à la place qu'occupe cet instrument sur le sein de l'homme qui ne contribue à lui faire produire un effet puissant et des sensations physiques chez les auditeurs émus, captivés et charmés. La mobilité et l'inégalité intelligente du son peuvent donc être considérées comme les causes de ces impressions humaines, sensuelles, et nullement religieuses. Dans l'orgue, au contraire, le tuyau sonore est immobile ; l'ouverture qui donne passage au son ne se dilate ni ne se rétrécit pendant son émission ; l'air qui y est introduit arrive d'un lieu assez éloigné pour qu'il n'y ait aucune secousse, aucun mouvement vibratoire inégal. Le son se répand avec suavité ; qu'il soit doux comme ceux des jeux de fond, les flûtés, les bourdons, ou fort comme ceux de la bombarde, de la trompette et du cornet, il a un caractère d'impassibilité qui contribue à mettre l'âme dans un état de recueillement et de méditation. »

Nous concluons donc, de ce qui précède, que la voix humaine occupe la première place dans la hié-

rarchie instrumentale, et que les plus habiles virtuoses, quel que soit l'instrument dont ils jouent, s'ef-
forcent *tous* d'imiter le timbre de l'organe vocal.

La voix humaine est en communication directe avec
tout l'organisme, et une solidarité étroite existe entre
elle et l'âme; aussi se prête-t-elle admirablement à
l'interprétation de tous les sentiments : elle exprime
avec un égal succès la colère, la tendresse, la douleur, la folle gaieté, la vengeance, etc. (Pour plus de
détails, voir le chapitre intitulé : *Duprez*).

La voix peut plus encore. A un moment donné,
par la seule force de la volonté de l'exécutant, il
s'opère, dans la qualité du son, comme une sorte de
transfusion musicale; l'âme passe dans l'organe, elle
s'y insinue victorieusement et lui communique le feu
sacré, foyer ardent d'où jaillit l'étincelle qui, comme
par un fil électrique, va enflammer les spectateurs,
et, s'emparant du système nerveux, exalte la foule
jusqu'à la volupté, jusqu'à l'extase, jusqu'à la fré-
nésie !

CHAPITRE XV.

DE L'ORNEMENTATION DU CHANT.

Tous les musiciens savent que ce qui porte le nom de point d'orgue et de fioriture appartient de droit au chanteur.

Une fois entré dans le domaine brillant de la fantaisie, il peut, à son gré, remplacer un trait par un autre, en créer de nouveaux, en tant qu'il se conformera, bien entendu, au style du morceau.

Par exemple, le rôle de Rosine du *Barbier de Séville* est chanté indistinctement, tant en France qu'en Italie, par les soprani et les contralti. Or, toutes les cantatrices que nous avons entendues s'inspiraient du thème, mais elles variaient l'ornementation à l'infini, chacune dans l'intention de faire valoir son étendue particulière.

Les compositeurs laissent d'autant plus de marge aux chanteurs, que ce n'est que dans les points d'orgue, les fioritures et les variations que ces derniers peuvent faire valoir une agilité dont la spécialité diffère selon les individus. Les uns excellent dans les sons piqués, ceux-ci dans les trilles, ceux-là dans les gammes chromatiques.

Enfin, s'il était nécessaire de faire de la scolastique pour donner plus de poids à nos assertions, nous dirions que les professeurs les plus célèbres, tels que Mme Damoreau, Ponchard, Bordogni, etc., reconnaissent les règles suivantes dans l'ornementation du chant :

1° A la la fin d'un *andante* ou d'un *allegro*, on peut se permettre un point d'orgue dont l'invention est laissée au goût du chanteur ;

2° Un point d'orgue est de rigueur, au milieu d'un grand air, lorsqu'il s'agit de ramener le motif de l'*allegro* déjà entendu ;

3° Un motif ne se répète jamais une seconde fois sans variantes.

Dans le premier chapitre de sa méthode de chant, Mme Damoreau dit :

« Mon répertoire à l'Opéra, était, dans le principe, assez borné. Faute de pouvoir varier mes rôles autant que je l'aurais voulu, je m'imaginai de varier les traits de mon chant.

. . . .

» Cette faculté de varier les traits, si féconde qu'elle soit en applaudissements, ne doit cependant pas être poussée trop loin ; il faut que les ornements soient rhythmés, appropriés au genre et au mouvement du morceau, et toujours subordonnés aux paroles. Défiez-vous de ces fusées de notes inintelligentes, sans caractère et sans couleur, à l'aide desquelles la médiocrité chantante s'efforce si souvent d'éblouir le public, et n'oubliez pas, je le répète, que les fioritures doivent toujours être subordonnées aux paroles; qu'enfin, ce n'est pas varier une phrase musicale que de la dénaturer et la rendre tout à fait méconnaissable.

» Cette partie de l'art ouvre un vaste champ à l'étude. »

Nous engageons vivement les artistes à faire leur profit des observations qui précèdent. En agissant ainsi, ils n'auront pas à redouter d'être critiqués par les connaisseurs, et l'on ne pourra pas dire d'eux ce que les contemporains disaient du célèbre baryton Martin.

Le critique Geoffroy, attaché à la rédaction du *Journal de l'Empire*, étant mort deux jours après la première représentation de *Joconde*, le compte rendu de l'opéra de Nicolo fut confié à Charles Nodier qui, le 10 mars 1814, publia un long article sans signature, dont nous extrayons les lignes suivantes :

« Martin chante Joconde à merveille, et il le **dit** fort bien. Le musicien doit lui avoir quelque obligation de vouloir bien respecter son chant, ou plutôt de ne le broder jusqu'ici que de quelques ornements qui n'en cachent pas encore le fonds. Malheureusement, j'écris à la quatrième représentation, et je n'oserais pas répondre qu'à la cinquième les commentaires n'eussent étouffé le texte. Martin n'a qu'un défaut : c'est de savoir un air charmant et qu'il met à toutes les paroles du monde. Les habiles artistes qui composent de la musique pour son théâtre ont presque toujours le droit de lui dire ce que lui dit Robert : « *Chacun est bien aise de placer son mot.* » Quelqu'un demandait dernièrement comment Martin avait chanté un air de fureur : « *Comme il chante tout !* » répondit un enthousiaste de bonne foi. Eh ! mon Dieu ! oui, *comme il chante tout !* c'est précisément de cela qu'on se plaint. »

Ce n'est pas toujours pour le vain plaisir d'innover ou de varier un thème que les chanteurs opèrent des changements dans leurs rôles ; le plus souvent c'est la possession d'un organe rebelle ou naturellement limité qui les oblige à en user ainsi : ne pouvant aborder de front certaines difficultés vocales, grâce aux artifices de la méthode, ils passent à côté de l'obstacle.

Certes, pendant le cours de notre carrière artistique, qui ne compte pas moins de vingt-deux années d'activité, nous avons entendu des chanteurs de beaucoup de talent, néanmoins quelques-uns seulement parmi eux étaient capables de remplacer un trait par un autre, et savaient souder les morceaux d'une phrase musicale tronquée, décapitée.

En général, les chefs d'orchestre, violonistes pour la plupart, sont peu propres à ce travail d'arrangement ; aussi, lorsqu'ils viennent en aide à quelque chanteur inhabile, leurs retouches, fort bien écrites pour leur instrument, sont ordinairement mal *doigtées* pour la voix.

Il n'est dont pas si facile qu'on le croit de *pointer* un rôle et de l'arranger à la taille de certaines individualités artistiques.

Parmi les meilleurs *arrangeurs* connus, nous citerons Marié et Chollet, ce dernier surtout dont les remaniements heureux, dans le *Maître de Chapelle*, dans *Zampa*, dans *Fra-Diavolo*, etc., ouvrages écrits tantôt trop haut, tantôt trop bas pour sa voix, attestaient une grande habileté et un véritable savoir.

Semblable au chirurgien qui fait de l'autoplastie et refait un nez à son client avec la peau du front, l'arrangeur émérite, avec les tronçons épars de la phrase musicale qu'il vient de tailler, doit pouvoir reconstruire celle-ci de manière à ce qu'elle ait encore quelque chose de sa première physionomie, de son tour mélodique primitif.

Le chant fleuri, aujourd'hui démodé, se prêtait merveilleusement à la substitution d'un trait par un autre; le chant *spianato*, au contraire, dans lequel domine l'expression et le sentiment, ne s'accommode point de formules.

Ah! si les Garat, les Martin, les Elleviou, les Ponchard revenaient en ce monde, combien ils seraient surpris, eux, vocalistes émérites, interprètes hors ligne de tant de chefs-d'œuvre, de voir que l'art du chant consiste aujourd'hui à faire la note, la grosse note.

Ainsi le veut la mode !

Puisque le nom de Garat se trouve sous notre plume, nous allons commencer par lui la série de nos biographies artistiques.

CHAPITRE XVI.

Garat est assurément le chanteur le plus étonnant que la France ait produit. Il naquit à Ustaritz, dans le département des Basses-Pyrénées, le 25 avril 1764, et révéla de bonne heure les plus heureuses dispositions pour le chant. Sa mère, qui avait une belle voix, lui donna les premières leçons. Mais ce n'est que plus tard, lorsque sa famille eut quitté Bayonne pour venir se fixer à Bordeaux, qu'il eut occasion de développer les brillantes facultés dont la nature l'avait doté. Garat se rendait tous les soirs, en compagnie de quelques jeunes bordelais de son âge, au café de la Comédie, attenant à la nouvelle salle de spectacle. C'est dans l'arrière-salle de cet établissement que Beck, chef d'orchestre du Grand-Théâtre, l'entendit pour la première fois : il comprit tout de suite ce qu'il était permis d'espérer d'une organisation si extraordinaire, et il ne douta pas qu'il n'eût devant lui un sujet de l'ordre le plus élevé, capable d'éclipser un jour les plus grandes renommées lyriques. Il s'établit en-

tre Garat et Beck les relations les plus amicales, et
ce dernier se plut à développer chez son jeune ami le
sentiment musical, le goût, l'expression, la correc-
tion et l'élégance du style, la science délicate des
nuances ; en outre, il lui enseigna la manière d'opérer
la fusion des divers registres de la voix, et l'art de
chanter sans effort, qui est le plus sûr moyen de
charmer et de plaire. Garat reçut de ce chef habile
les premières notions de musique, mais en cachette,
son père, avocat distingué, s'opposant de toutes ses
forces à ce que son fils, qu'il destinait au barreau,
cédât à l'entraînement de son irrésistible vocation.
Sous prétexte de faire son droit, mais, en réalité,
pour se soustraire à la surveillance de son père qui
le contrariait dans ses penchants, Garat partit pour
Paris vers la fin de l'année 1780. A peine arrivé, il
n'eut rien de plus pressé que de se lier avec les
artistes les plus distingués de la capitale, ce qui ne
dut pas être difficile à celui que l'enthousiasme de
ses concitoyens surnomma plus tard l'*Orphée moderne*.
Bientôt, enfreignant les ordres de son père, il cessa
d'étudier le Digeste et Cujas, pour se livrer exclusivement à la culture et au perfectionnement de son
organe. Pendant son séjour à Bayonne, ayant reçu
d'un certain maëstro italien, nommé Lamberti, quelques leçons sur le mécanisme de la voix, l'étude de
la vocalisation fut un jeu pour lui : trilles, traits as-
cendants et descendants, gammes chromatiques, ar-
péges, etc., il se rendit familières toutes les difficultés de l'art du chant et les vainquit en quelques mois.
La position honorable que son père occupait à Bor-

deaux lui avait ouvert les portes de quelques salons
aristocratiques de Paris. Il s'y fit entendre, et son
organe enchanteur, son talent prime-sautier et tout
d'instinct, y excitèrent des transports enthousiastes.
Ses succès firent du bruit à Paris; le comte d'Artois
en parla à Versailles; aussi la reine témoigna-t-elle
le désir de le connaître. M. de Vaudreuil dépêcha
immédiatement un courrier à Garat, et le lendemain
12 janvier 1783, un carrosse à six chevaux vint le
prendre à son domicile pour le conduire à Versailles.
Le jeune virtuose chanta d'abord un duo avec la
reine, puis un second avec l'Empereur, frère de la
reine; puis il se fit entendre seul. Sa voix flexible,
son chant expressif et passionné, firent merveille devant cette brillante assemblée toute chamarrée de
croix, d'ordres, de plaques et de cordons. Après lui
avoir adressé ses félicitations, la reine pria Garat de
terminer la séance par quelque joyeuseté musicale.
Garat, qui saisissait à la première audition les défauts
d'un chanteur, et qui excellait, en les exagérant, à
les mettre en relief et à leur donner du piquant, se
mit à contrefaire les principaux artistes de l'Opéra,
entre autre Legros, qui lui en garda rancune, comme
on le verra par la suite. Cette facétie amusa beaucoup
la royale compagnie, et, pour témoigner sa satisfaction au jeune virtuose, le comte d'Artois (depuis
Charles X) l'attacha à sa personne en qualité de secrétaire particulier. Garat n'eut garde de refuser cet
emploi, car son père, pour le punir de lui avoir déso-
béi et de s'être soustrait à son autorité, avait cessé de
lui envoyer la pension mensuelle qu'il lui servait.

Garat, qui hantait la bonne compagnie et qui avait contracté l'habitude de faire figure, fut très-sensible à cette disgrâce ; aussi s'était-il vu forcé d'avoir recours aux expédients pour se sustenter. L'offre du comte d'Artois arrivait donc fort à propos, et jamais emploi ne fut accepté ni avec plus d'empressement, ni avec autant de reconnaissance.

Garat, en voyant que la fortune lui souriait, s'empressa d'écrire à son père pour lui annoncer la faveur dont il était l'objet ; mais loin de répondre à cette respectueuse attention, le père fit parvenir à son fils une missive dont la teneur ne témoignait guère en faveur de ses sentiments paternels. Tout semblait donc fini entre Garat et son père, lorsque le comte d'Artois, accompagné de son secrétaire, arriva inopinément à Bordeaux. Celui-ci fit parvenir aussitôt un billet à sa mère pour l'informer de son arrivée, et la chargea en même temps de lui ménager une entrevue avec son père. Ni les prières de sa femme ni les supplications de ses amis, rien n'y fit ; le vieillard courroucé fut inflexible et sa porte demeura close pour son fils.

Beck ayant été informé de la présence de son ancien élève dans les murs de Bordeaux, Beck, qui était alors dans une position fâcheuse, s'empressa d'aller trouver Garat pour le prier de vouloir bien chanter une bluette dans un concert qu'il se proposait de donner à son bénéfice. Garat hésitait... Touché de la situation de l'habile chef d'orchestre, il lui promit enfin son concours ; mais à une condition : c'est qu'au préalable on obtiendrait l'adhésion de son père. Le bénéficiaire crut que c'en était fait de son concert : il était dans l'erreur. En apprenant qu'il s'agissait pour son fils de faire une bonne action, l'irritable vieillard s'amenda, et, sans se faire prier le moins du monde, il accorda son consentement. Bien mieux, sa femme finit par obtenir de lui qu'il irait au concert annoncé, pour y entendre son fils. Garat ayant été instruit de ce qui se passait, pensa, avec raison, que le plus fort était fait, et un secret pressentiment lui dit que son père finirait par se laisser attendrir, ce qui eut lieu en effet. Lorsque le vieil avocat se trouva en présence de son fils ; lorsqu'il entendit sa voix si douce, si flexible, et si pénétrante surtout ; subissant, comme tout le monde, le charme de cet organe enchanteur, il se sentit ému jusqu'au fond des entrailles. Le reste se devine : après le concert, le père et le fils se jetèrent dans les bras l'un de l'autre, et leur réconciliation fut des plus touchantes et des plus sincères.

Il semblait alors que Garat eût atteint le dernier degré de la perfection ; néanmoins un nouveau sujet d'émulation vint encore stimuler son zèle, et lui fit accomplir de nouveaux progrès. Certes, la Mara et la Todi, chanteuses admirables, dont la rivalité fit tant de bruit et divisa longtemps les Parisiens en deux camps, avaient produit sur lui une vive impression ; cependant ce qu'il ressentit alors ne fut rien en comparaison de ce qu'il éprouva lorsqu'il entendit pour la première fois la *troupe de Monsieur*, qui débuta à Versailles en 1789. Cette compagnie renfermait dans son sein les chanteurs les plus célèbres de l'Italie ;

ils firent sensation à Paris et à Versailles, et il n'y eut qu'une voix pour proclamer leur supériorité sur tous les virtuoses qui les avaient précédés. Mandini et Viganoni, Mmes Morichelli et Banti, etc., étaient les principaux sujets dont se composait cette fameuse troupe des *bouffons*, comme on les appelait alors. Assidu à leurs représentations, Garat se passionna pour l'étude de la langue et du chant italien. Il apprit par cœur les airs qui produisaient le plus d'effet, et saisit tous les artifices des bouffons, depuis leurs inflexions jusqu'aux traits et points d'orgue dont ils ornaient leur chant. Bientôt, égalant ses modèles, les surpassant même, son style fut un mélange heureux de la belle diction française et de la vocalisation italienne. Il composa de nouveaux points d'orgue, et oubliant ceux qui lui venaient d'autrui, il cessa d'imiter pour créer ; il redevint lui-même, c'est-à-dire un talent original, et désormais il ne tira plus rien que de son propre fonds. Il recula enfin les bornes de l'art, dont les attributs sont : puissance, liberté, infini. A partir de ce jour Garat fut un chanteur inimitable ; il n'a jamais été égalé.

La Révolution ayant éclaté sur ces entrefaites, le secrétaire particulier du comte d'Artois se vit obligé de chercher des ressources dans son gosier, et c'est à cette circonstance, peut-être, que Garat dut sa célébrité, la cour ayant jusque-là accaparé son talent au détriment de sa renommée. Aussi, Demoustier, qui l'entendit, faisant allusion à l'ascendant que l'éminent virtuose exerçait sur la foule, put-il dire, après avoir raconté, dans ses *Lettres à Emilie*, l'aventure

d'Arion, sauvé par un dauphin qu'il avait attiré par
les accords de sa lyre :

> Grâce au peuple amateur de l'empire des flots,
> Ce prodige qui nous étonne
> Se renouvellerait sous les murs de Bordeaux,
> Si Garat, en chantant, tombait dans la Garonne.

Le comte d'Artois ayant pris le chemin de l'exil, et
la France n'ayant des oreilles que pour écouter
l'hymne révolutionnaire de Rouget de Lisle et les
appels guerriers de la trompette, Garat, comprenant
que le moment n'était pas propice pour l'exercice des
arts libéraux, accepta les offres du célèbre violoniste
Rode qui avait conçu le projet de passer en Angleterre
pour y donner des concerts. Des vents contraires forcèrent les deux virtuoses d'atterrir à Hambourg, et c'est
dans cette ville que Garat apprit la fin tragique de
la reine Marie-Antoinette.

— Pauvre femme, dit-il, comme elle chantait faux !

Il ne prononça que ces mots pour toute oraison
funèbre.

Beaucoup d'émigrés français s'étant fixés à Hambourg, Rode et Garat y obtinrent de grands succès ;
toutefois ce dernier n'y resta pas longtemps. Craignant qu'un trop long séjour à l'étranger ne le com-
promît, il rentra en France vers la fin de 1794. C'est
l'époque où, passant par Le Havre et Rouen, pour se
rendre à Paris, sa présence fut signalée au théâtre de
cette dernière ville (1).

(1) Le Théâtre des Arts, qu'on appelait alors Théâtre de la Montagne.

— Garat ! voilà Garat ! Il se cache au parquet ! cria en le désignant du doigt un individu qui siégeait aux troisièmes loges.

Une fois reconnu, les interpellations se croisèrent dans tous les sens.

— A bas Garat !

— A la lanterne l'aristocrate !

— Non, qu'il chante !

— Oui, qu'il chante !

— La *Marseillaise !*

— Oui, la *Marseillaise !* la *Marseillaise !* qu'il chante la *Marseillaise !*

Appréhendé au corps par quelques hommes du peuple, Garat fut amené d'autorité dans la loge des Municipaux (celle que le général occupe aujourd'hui), et on le somma de chanter l'hymne demandé. Garat s'avança sur le bord de la loge, et, s'adressant au public, il dit :

— Messieurs...

— Il n'y a plus de Messieurs, cria-t-on de toutes parts ; il n'y a que des citoyens.

— Citoyens, reprit Garat, je sais l'air de la *Marseillaise,* mais j'ai oublié les paroles.

— On te les donnera , repartit une voix du parterre.

Pendant qu'un scribe improvisé jetait sur le papier l'hymne patriotique de Rouget de Lisle, un homme en blouse, s'approchant de Garat, lui posa un bonnet phrygien sur la tête, orné d'une énorme cocarde tricolore, et le lui enfonça jusqu'au nez, à la satisfaction du public, qui se livra à l'hilarité la plus bruyante, tandis que le chanteur manifestait son indignation par un mouvement de colère qu'il ne put réprimer.

L'orchestre ayant fait entendre la ritournelle de la *Marseillaise*, Garat, un cahier à la main, entonna aussitôt l'hymne révolutionnaire. Tout alla bien jusqu'à la fin de la troisième strophe ; mais arrivé à la quatrième commençant par ces mots : *Tremblez, tyrans !* Garat eut la malencontreuse idée de montrer le poing au parterre, qui, voyant dans ce geste une provocation outrageante, poussa des clameurs furibondes. L'hymne ne put être achevé, Garat fut arrêté et incarcéré à Yon (Saint-Yon), comme on disait alors. C'est dans cette prison d'Etat qu'il composa la romance intitulée l'*Ermite*, l'une de ses plus jolies productions musicales. Un mois après il recouvra la liberté (1).

Garat était l'original le plus original de tous les originaux. Qui n'a pas entendu parler des excentricités de Garat, *Gaat* l'incroyable, le muscadin, le merveilleux, le mirliflor ? S'il eût vécu de nos jours, Garat aurait été le dandy, le fashionable, le lion, le gandin, le gentleman, le cocodès, le petit crevé, le gommeux par excellence. Il avait la prétention de donner le ton et d'imposer la mode : il l'imposait peut-être quelquefois, mais il la subissait souvent ; en ce dernier cas, il l'exagérait, et avec sa manie de viser à l'originalité, il n'atteignait qu'au ridicule.

---

(1) Selon M. Manyer, doyen des musiciens du grand théâtre de Rouen, c'est le *Troubadour*, et non point l'*Ermite*, que Garat composa pendant sa détention à Saint-Yon.

Voici la description exacte du costume qu'il portait certain soir, sous le Directoire : bottes à revers, culotte collante en peau de daim, gilet blanc à la Robespierre, frac à queue de morue, manchettes et jabot en dentelle, breloques et lorgnon, boucles d'oreille, cravates blanches superposées, derrière lesquelles se perdait son menton ; faux-col menaçant le ciel et ressemblant assez aux défenses d'un éléphant, perruque à oreilles de chien, badine, et chapeau de fantaisie.

C'est dans ce costume, tiré à quatre épingles, que Garat fut arrêté par une patrouille, un soir qu'attardé dans les rues de Paris, il avait oublié sa *carte de sûreté*. Il fut conduit au poste de la Madeleine.

Quelques maisons seulement s'élevaient alors çà et là dans l'espace compris entre l'église de la Madeleine et le parc de Monceaux. Cela paraîtra peut-être surprenant à ceux qui n'ont pas connu Paris en 1794, mais leur étonnement serait bien plus grand encore si, rétrogradant d'une soixantaine d'années, nous leur montrions, vers 1734, une ferme et un ruisseau rue Grange-Batelière, non loin de la nouvelle salle de l'Opéra. Le ruisseau des Arcans a disparu ; mais il coule toujours sous la rue de Provence.

Revenons au poste de la Madeleine où nous avons laissé Garat.

— Qui es-tu ? lui demanda l'officier de service (1).

— Je suis Garat.

— Garat ?

______

(1) Le sous-lieutenant Martin, plus tard colonel du 21ᵉ de ligne.

— Le célèbre chanteur, fit en se rengorgeant le muscadin attardé.

— L'ancien secrétaire du ci-devant comte d'Artois ?

— Lui-même.

— Quelle preuve peux-tu m'en donner ?

— Aucune en ce moment.

— En ce cas, jette-toi sur ce lit de camp jusqu'à demain matin, ou chante-moi quelque chose pour établir ton identité.

Soit que Garat fût pressé de rentrer chez lui, soit qu'il fût effrayé par la perspective de passer la nuit au corps de garde, toujours est-il qu'il s'empressa d'obéir : il chanta la *Gasconne*, morceau passé inaperçu au théâtre, et qu'il mit à la mode en relevant les paroles d'une pointe d'accent gascon, et en brodant sur le thème des variations délicieuses (1).

Après une épreuve aussi concluante, l'officier qui commandait le poste s'empressa de délivrer un laisser-passer à Garat, qui détala aussitôt en se dandinant sur la pointe des pieds.

Garat se fit entendre en 1795 aux célèbres concerts

---

(1) Le célèbre baryton Martin ayant intercalé la *Gasconne* dans les *Visitandines*, bien des personnes s'imaginent que ce morceau fait partie de la partition de Devienne, tandis qu'il est tiré d'*Une soirée orageuse*, opéra de Dalayrac. Nous inspirant de la tradition parvenue jusqu'à nous grâce à Despéramons, ancien élève de Garat, nous avons récemment publié la *Gasconne* et les variations des second et troisième couplets. La *Gasconne* se vend, à Paris, chez Prilipp, boulevard des Italiens, 19, et à Toulouse. chez Martin, rue de la Pomme, 72.

de Feydeau, rendez-vous obligé de ce que Paris renfermait de plus élégant, et de la fine fleur du dilettantisme. L'effet qu'il y produisit ne peut guère se décrire. « C'était la voix d'un ange, » dit un contemporain, « et ses accents trouvaient un écho dans tous les cœurs ! » Ce n'est pas tout ; Garat était le génie du chant personnifié, et il possédait, au suprême degré, ce sixième sens (la *bosse*, le *la*) dont parle R. Topffer, dans son *Essai sur le beau dans les arts.*

L'année suivante, Garat s'éloigna de Paris pour se faire connaître en province. Etant de passage à Toulouse, où il était engagé pour donner une série de concerts, il soumit en plein foyer la proposition suivante à M. Lassave, l'un des musiciens les plus distingués du théâtre du Capitole :

— L'accompagnateur doit-il suivre servilement le virtuose, ou celui-ci doit-il se conformer au mouvement de l'accompagnateur ?

— L'accompagnateur doit suivre le chanteur, mais...

— Ta, ta, ta ! s'écria Garat en faisant une pirouette.

— Mais, poursuivit M. Lassave sans se déconcerter, si le chanteur est musicien, musicien dans l'acception du mot, c'est l'inverse qui doit avoir lieu.

— Ah ! à la bonne heure ! fit le célèbre et original virtuose.

Garat, qui n'était pas très-bon lecteur, mais qui avait une organisation exceptionnelle, puisqu'on disait de lui qu'il était *la musique même*, Garat, disons-nous, chantait avec une précision extrême. Il anticipait, ralentissait, se balançait coquettement dans la mesure, mettait en relief telle phrase, laissait dans l'ombre tel passage, et de ses contrastes, combinés avec un art infini, faisait jaillir des effets inattendus, sans que, pour cela, ni le mouvement ni la mesure en fussent jamais altérés.

Il serait à désirer que cet exemple fût souvent imité. Malheureusement, tout le monde n'est pas organisé comme Garat, et la plupart de nos jeunes chanteurs ne connaissent les notes que de... *réputation*.

Dans le courant de l'année 1796, le Directoire ayant chargé Sarrette (1) de réorganiser le Conservatoire de Musique, cet excellent administrateur parvint, non sans peine, à attacher Garat à l'Ecole, mais le nouveau professeur de chant n'entra en fonctions qu'en 1798.

Nous demandions un jour à M. Auber, contemporain de Garat, si la renommée qui s'attachait à son nom était réellement fondée.

— Garat! fit l'illustre compositeur, c'était Rubini avec de l'esprit.

Garat était assurément un habile virtuose, et pourtant, d'après ceux qui ont été à même de l'apprécier, le professeur égalait le chanteur, le distançait peut-être.

« Il avait sur tous les autres professeurs un ascendant réel et reconnu. C'était par lui que les études du

---

(1) Trois ans auparavant, en 1793, Sarrette avait été jeté en prison parce qu'un élève de la classe de cor avait joué sur son instrument l'air de *Richard Cœur de Lyon* :

O Richard, ô mon roi ,
L'univers t'abandonne.

chant étaient complétées, et il en devait être ainsi,
car il y avait entre les autres et lui une distance incommensurable. C'était l'organisation la plus merveilleuse qu'on eût rencontrée ; il apportait la même perfection dans tous les genres, les Gluck, Piccini,
Sacchini, Grétry, Mozart, Cimarosa, toute l'école italienne et jusqu'aux romances françaises, aux boléros
espagnols ; c'était l'exécution la plus parfaite qu'on
pût entendre. Ses élèves sont ceux qui l'ont le mieux
connu et apprécié. Une fois à sa classe, les jours où
il était en train, c'était le silence, le recueillement le
plus absolu ; il entrait avec élan dans la démonstration des morceaux qu'il faisait dire aux élèves ; on
l'écoutait avec enthousiasme, on cherchait à reproduire ses exemples et ce n'était pas tout de suite
qu'on y arrivait. Emporté qu'il était quelquefois par
le mérite et le style du morceau qu'il enseignait, il
oubliait qu'il était en toilette pour aller dîner chez
l'impératrice Joséphine, ou chez la reine Hortense,
et déchirait jabot et manchettes de dentelle, de sorte
qu'il était obligé de rentrer chez lui pour faire une
nouvelle toilette (1). »

Garat était sévère, exigeant ; il intimidait ses élèves ;
ils avaient peur de lui, à ce point que beaucoup d'entre eux manquaient sa classe ou se faisaient porter
malades pour éviter ses rebuffades. Quoi qu'il en soit,
malgré sa sévérité, peut-être même à cause de sa sévérité, c'est à son école que se formèrent une foule

---

(1) Extrait de la biographie inédite de Ponchard, écrite par lui-
même.

de sujets qui se sont fait un nom dans le monde des
arts. Roland, Nourrit père, Despéramons, Ponchard,
Levasseur, Cœuriot, Mmes Barbier-Valbonne, Branchu,
Duret, Boulanger, Rigaut et bien d'autres, sont les
disciples qui fondèrent la réputation de Garat comme
professeur de chant, et propagèrent, pendant près de
quarante ans, les saines traditions de son école.

Le temps approchait où Garat allait cesser de se
produire en public, et, comme s'il eût pressenti cet
événement, il se fit entendre maintes fois dans le
courant de l'année 1800, entre autres aux concerts de
la rue de Cléry, à la cérémonie funèbre que le Conservatoire dédia à Piccini, et à l'Opéra, le soir où
éclata la machine infernale dirigée contre le premier
consul Bonaparte (24 décembre 1800).

Garat obtint ce soir-là un succès étourdissant dans
l'air de la *Création*, de Haydn : *Dieu fit à son image*,
etc. Il chanta magistralement le récit et la première
partie de ce morceau admirable, tandis qu'il mit à la
disposition de la seconde partie, dont nous reproduisons plus bas les paroles, tout ce que sa voix avait
de plus suave, pour peindre en traits de chant imita-
tifs, et la grâce touchante d'Eve et son innocence
native.

Trois génies sublimes ont pris pour sujet la création : Michel-Ange, Moïse, Haydn ; et c'est à ce dernier que les doctes ont décerné la palme.

«   .   .   .   .

      .   .   .   .

Pour charmer le sort qui l'attend ;
De lui, pour lui, naît à l'instant

> Sa compagne fidèle :
> Son cœur innocent, tendre et doux,
> Charmé de son époux,
> S'agite, et son regard l'appelle. »

C'est dans l'exécution de cette seconde partie que
la plupart des virtuoses qui se sont essayés dans l'air
de la *Création* nous ont paru faibles. Ponchard, qui
possédait la tradition de ce morceau classique, ne
reproduisait qu'imparfaitement, dit-on, la *maestria*
et la grâce qu'y déployait son maître, tandis qu'à son
tour, Duprez, malgré son immense talent, n'aurait
pu se mesurer avec Ponchard dans l'interprétation
de ce même air; aussi ne produisit-il sur nous qu'un
effet relatif lorsqu'il le chanta à la cour, le 4 mai
1841, lors des fêtes qui eurent lieu à l'occasion du
baptême du petit-fils du roi Louis-Philippe (1).

Bientôt après, le comte Garat ayant été élevé aux
premières charges de l'Etat, son neveu s'engagea,
dit-on, moyennant une rétribution annuelle, à ne
plus laisser figurer son nom sur aucune affiche de

____

(1) Deux incidents regrettables marquèrent le concert du 4 mai 1841,
auquel assistaient le roi et la reine des Belges, et qui eut lieu dans
la galerie de tableaux du Louvre. Les lustres, les girandoles et les
candélabres dont la galerie était éclairée finirent par répandre une
telle chaleur qu'on pouvait à peine respirer. Sous l'empire de cette
température tropicale, le timbalier de l'Opéra, Schneitzhœffer, fit
entendre un roulement de timbales, qui aurait duré jusqu'à la fin de
la symphonie, si son ami Toulou ne lui eût enlevé les baguettes.
Habeneck lui-même, se sentant gravement indisposé vers le milieu
de la séance, se vit forcé de remettre son bâton de mesure à Girard,
chef d'orchestre de l'Opéra-Comique. Le lendemain et les jours suivants, jusqu'au rétablissement d'Habeneck, Sa Majesté eut la gra-
cieuseté d'envoyer prendre des nouvelles de l'habile chef d'orchestre.

concert. Que ce fait soit vrai ou controuvé, toujours est-il qu'à partir de 1801 Garat cessa de se faire entendre, et que s'il se départit quelquefois de la détermination qu'il avait prise, ce ne fut qu'en faveur de quelques salons privilégiés, où l'approbation d'un auditoire choisi le dédommagea sans doute des bravos enthousiastes que lui prodiguait la foule.

Lorsqu'il devait chanter dans un salon, tout ce qui ne répercutait pas le son, tout ce qui était contraire à l'expansion des ondes sonores, tentures, rideaux, tapis, il fallait tout enlever; mais dès qu'il se faisait entendre, l'on était grandement dédommagé, et l'on oubliait bien vite ses exigences pour ne songer qu'au plaisir de l'écouter. Un amphitryon au courant des habitudes de Garat, devait, dès qu'il le voyait disposé à chanter, arrêter le balancier de la pendule. Si la sonnerie eût retenti pendant qu'il exécutait un morceau, il aurait pris son cahier sous le bras, et se serait retiré immédiatement pour ne plus revenir.

Il est à présumer que la convention intervenue entre l'oncle et le neveu fut rompue lors des événements politiques de 1814, car, trois ans plus tard, nous retrouvons Garat, en compagnie d'Herliska et de Mme ***, donnant des concerts à Toulouse, dans l'ancienne salle de spectacle, dont on voit encore quelques vestiges, place du Capitole n° 1.

Voici le compte rendu du premier concert, extrait du *Journal de Toulouse*, numéro du 4 novembre 1817 :

« Charmant, délicieux, enchanteur! Est-ce Orphée qui demande aux enfers sa chère Eurydice? Est-ce

Apollon, adoucissant les rigueurs de son exil, et rassemblant autour de sa lyre les bergers du roi Admète? C'est peut-être mieux encore, c'est Garat. Quels doux accents, quelle voix agréable et touchante, quel gosier pur et facile! Jamais on ne mit dans son chant plus d'expression et de grâce, plus de force et de douceur, plus d'âme et de sensibilité! Garat chante, si je puis le dire, de tout son corps. Il anime, il vivifie la pensée du compositeur, se pénètre de son génie et l'embellit encore en lui prêtant le sien. Mais c'est surtout dans la romance qu'il déploie dans son chant la plus abondante richesse. Quelle suave mélodie, quels sons harmonieux, quelle admirable facilité! Si, comme on le dit, c'est le chant du cygne, il faut convenir que ces derniers accents laisseront parmi nous de longs souvenirs.

» Depuis longtemps, Toulouse n'avait pas vu un si brillant concert et une aussi belle réunion d'amateurs des deux sexes (1). »

Un soir, un cliquetis de cristaux et de cuillères s'étant fait entendre pendant que Garat chantait le rondeau des *Visitandines* : *Enfant chéri des dames*, il s'arrêta tout court, et dirigeant ses regards vers la loge d'où partait le bruit, il s'écria :

— Je n'aime pas le carillon quand je chante.

Quelques jours plus tard, le public se fâchant contre lui parce qu'il se faisait trop attendre, le régisseur vint annoncer :

_____

(1) Pour de plus amples détails, voir le compte rendu du deuxième concert, *Journal de Toulouse*, 8 novembre 1817.

— M. Garat est en train d'essayer sa vingtième cravate.

Une autre fois, un spectateur l'ayant interpellé pour qu'il chantât *Atala*, romance qui avait alors beaucoup de vogue, il s'avança sur le bord de la rampe, et dit :

— Je n'ai pas l'habitude de chanter des complaintes.

L'auteur d'*Atala*, Lafont, violoniste distingué, mort accidentellement non loin de Tarbes, le 14 août 1839, fut, dit-on, très-sensible à cette critique.

Nous allons maintenant emprunter à M. Fétis ce qui nous reste à dire sur Garat, et nous lui faisons d'autant plus volontiers cet emprunt, que cette dernière citation aura l'avantage de donner plus d'autorité aux détails qui précèdent, et de clore dignement notre étude biographique.

« Jusqu'à l'âge de près de cinquante ans, Garat excita l'étonnement et l'admiration ; les artistes étrangers les plus célèbres avouaient que la réunion de tant de qualités supérieures était ce qu'ils avaient entendu de plus prodigieux. Telle était l'opinion de Marchesi et de Crescentini ; Paccini et Sacchini la partageaient. Réunissant tous les registres de voix dans sa voix singulière, ayant une égale flexibilité dans toute son étendue ; doué d'une inépuisable fécondité pour les fioritures, qu'il faisait toujours de bon goût et appropriées au caractère du morceau ; ayant la plus belle prononciation qu'on ait jamais eue ; enfin possédant une verve et une sensibilité extraordinaire, il maniait tous les styles avec une

égale perfection. Nul n'a possédé la tradition de
Gluck aussi bien que lui ; nul n'a été plus entraînant
dans le pathétique, plus élégant dans le demi-caractère, plus comique dans le bouffe. Qui ne l'a pas
entendu dans son brillant ne se doute pas de la perfection qu'on peut mettre même dans le chant d'une
romance. Il en avait composé de charmantes qui ont
eu beaucoup de vogue : telles sont celles de *Bélisaire*,
Je t'aime tant, *Le Ménestrel*, etc. On a dit souvent
qu'il n'était pas musicien : il est vrai qu'il ne lisait
pas avec facilité à première vue. Il avait besoin de
déchiffrer seul et lentement à son piano, ou d'entendre une fois le morceau dont il voulait prendre
une idée; mais telle était sa facilité, qu'il en saisissait à l'instant le caractère et les proportions, et qu'il
le chantait avec un fini qu'on aurait cru ne pouvoir
être le résultat que de longues études. D'ailleurs, les
qualités principales du musicien, la justesse d'oreille
et le sentiment de la mesure étaient chez lui dans
une perfection qui tenait du prodige. *Quel dom-
mage*, disait un jour Legros, *que Garat chante sans
musique ! — Sans musique !* s'écria Sacchini; *Garat
est la musique même.*

» Dans les dernières années de sa vie, il perdit sa
voix, et cette perte l'affligea sensiblement. Il ne pouvait s'accoutumer à l'idée de décroître. Le souvenir
de sa renommée, loin de charmer sa vieillesse, était
un tourment pour lui, parce qu'il était encore avide
de succès qu'il ne pouvait plus obtenir. Il cherchait
à se faire illusion, et chantait encore; mais il n'était
plus que l'ombre de lui-même. L'aspect d'un beau

talent dans la décrépitude n'inspirait plus que la pitié de ses amis. Il s'en aperçut enfin ; la conviction que tout était fini pour lui altéra sa santé et finit par lui donner la mort, le 1er mars 1823, à l'âge de cinquante-neuf ans. »

De son vivant, Garat ne brillait pas précisément dans l'accomplissement de ses devoirs comme professeur de chant ; il était fort inexact. Le jour de son enterrement, son corps n'étant pas rendu à l'église bien après l'heure indiquée dans le billet de faire part, Cherubini, qui était alors inspecteur du Conservatoire de Musique, dit à son voisin :

— Je reconnais bien là Garat ; il se fait attendre même après sa mort.

CHAPITRE XVII.

Jean Elleviou, premier ténor du théâtre de l'Opéra-Comique, naquit à Rennes le 14 juin 1769. Une circonstance fortuite décida sa vocation. Un soir, dans une maison particulière où quelques jeunes gens se réunissaient pour jouer la comédie, un des acteurs vint à manquer. Elleviou le remplaça à l'improviste, et se fit remarquer, non pas précisément par la manière dont il joua le rôle, puisqu'il n'avait pas eu le temps de s'y préparer et qu'il n'avait ni acquis ni talent, mais par des avantages qui lui étaient propres, c'est-à-dire par la régularité de ses traits, l'élégance de sa tournure et la distinction de ses manières. Enivré par ce premier succès, Elleviou rechercha désormais toutes les occasions de jouer la comédie; bientôt même, dédaignant les triomphes faciles qu'il obtenait dans la compagnie d'amateurs inexpérimentés, il rêva des succès plus grands et eut l'idée de se faire comédien. Il n'attendait qu'une occasion pour mettre son projet à exécution, lorsqu'elle s'offrit à lui tout naturellement.

Le père d'Elleviou, chirurgien en chef de l'hôpital de Rennes, s'était flatté de l'espoir que son fils suivrait la même carrière que lui, et que plus tard il le remplacerait, sinon dans le poste honorable qu'il occupait, du moins auprès de sa nombreuse clientèle. Malheureusement, le jeune étudiant en médecine éprouvait une répulsion invincible pour l'anatomie; et un jour qu'il s'était absenté de l'amphithéâtre, le vieux praticien l'ayant grondé plus vivement que de coutume, le disciple récalcitrant saisit ce prétexte pour quitter furtivement le toit paternel et se rendit à Paris, où, sur sa bonne mine, le directeur du théâtre de La Rochelle l'engagea pour jouer *les amoureux* dans le vaudeville et la comédie. Le nouvel artiste dramatique était sur le point de débuter, lorsque l'Intendant de la province le fit arrêter et jeter en prison. Il n'en sortit que sur la promesse qu'il fit à son père, qui était venu le chercher, de ne jamais paraître sur un théâtre.

De retour dans la maison paternelle, le jeune Elleviou se montra plus docile; et, deux ans plus tard, son père croyant fermement qu'il était revenu de ses erreurs, et voulant d'ailleurs distraire son esprit et faciliter son travail, l'envoya à Paris pour y terminer ses études. Mais, à peine débarqué dans la capitale, le démon du théâtre s'emparant de nouveau de son âme et l'ambition du succès s'imposant à son cœur de toute sa puissance, l'Esculape en herbe renonça à la médecine pour se consacrer exclusivement au culte de Thalie, selon le style du temps.

Elleviou débuta à la Comédie-Italienne, le 1er avril 1790, dans le rôle d'Alexis, du *Déserteur*. Son organe était alors celui d'une basse-taille, qui se métamorphosa plus tard en voix de ténor.

Ce phénomène de transformation vocale est fort rare, en tant qu'il s'agit, pour l'organe, de passer de la condition de basse-taille à l'état de *ténorino;* mais il se manifeste souvent dans le sens inverse, c'est-à-dire de haut en bas, car la voix, prenant du corps avec l'âge, tend à abandonner les altitudes de la portée musicale pour se réfugier dans les régions plus tempérées des cinq lignes et des quatre espaces. En voici maintes preuves :

Narbonne, qui possédait une voix de haute-contre admirable, ayant été engagé dans les chœurs de l'Opéra, s'éveilla un matin (1767) avec une voix de basse profonde. Plus tard, ce chanteur passa à la Comédie-Italienne, où il remplit avec distinction l'emploi de première basse. Louis Paccini, bouffe de beaucoup de talent, éprouva le même accident, tandis qu'à la suite d'une longue maladie, Galli, virtuose qui brillait dans tous les genres, passa du registre du ténor à celui de la basse. De nos jours enfin, Tesseyre, que nous nous souvenons d'avoir entendu à l'Opéra, où il chantait les grands rôles du répertoire, s'endormit ténor et se réveilla baryton. Douze heures avaient suffi pour opérer une telle révolution.

Mais c'est surtout aux confins de l'adolescence que

l'organe vocal se transforme et accomplit de merveilleuses évolutions. Dès que la puberté se révèle chez un jeune garçon, sa voix blanche et tout en dehors se voile, et, de claire et limpide qu'elle était, devient sourde et rauque pour s'affirmer plus tard en voix plus ou moins sonore de ténor, de baryton ou de basse : ce travail mystérieux et occulte de la voix virile s'appelle *la mue*, et a pour effet d'abaisser l'organe de l'enfant d'une octave.

Quelque extraordinaire qu'il paraisse, ce phénomène est moins remarquable que celui qui a lieu lorsqu'on fait subir à l'organe l'application de certain procédé. Ce procédé, fort en usage en Italie dans le courant du dix-huitième siècle, consistait à tarir les sources de la séve génératrice dans la personne de jeunes garçons, pour conserver à jamais le timbre juvénil à leur organe; mais là ne s'arrêtaient pas les effets de cette opération barbare et d'autant plus révoltante qu'elle était contraire à la loi divine, qui prohibe les mutilations : le signe distinctif de la toute-puissance de l'homme ne se manifestait pas chez le sujet sur qui elle avait été pratiquée; son menton était vierge de tout duvet, et ses traits restaient efféminés.

Disons-le à l'honneur de Clément XIV : ce fut ce pape, humain autant que philosophe, qui, le premier, proscrivit l'usage de la castration dans ses Etats, et s'opposa à ce qu'on fît désormais d'un homme une voix, le service de la chapelle Sixtine dût-il en souffrir.

Revenons à Elleviou. Sa voix de basse-taille était

voilée et d'une étendue fort limitée ; aussi, lors de
ses débuts, le succès ne répondit-il pas à son attente ;
néanmoins, l'administration de la Comédie-Italienne
l'admit au nombre de ses pensionnaires. Bientôt
après, grâce à des études de chant bien dirigées, son
organe se modifia considérablement, si bien qu'en
1792 la métamorphose fut complète, et qu'il put
désormais aborder avec avantage des rôles écrits pour
voix de ténor.

> « D'abord, il s'y prit mal, puis un peu mieux, puis bien ;
>   Puis enfin, il n'y manqua rien. »

Sur ces entrefaites, l'étranger ayant envahi le sol de
la patrie, et la République française étant en danger, le
Comité de salut public promulgua la fameuse loi sur
la réquisition. Tout ce qu'il y avait d'hommes valides
en France fut enrôlé et dirigé vers les frontières ;
mais Elleviou ne resta pas longtemps sous les dra-
peaux : une puissante recommandation le ramena
bientôt à Paris, où il eut la malencontreuse idée de
se mêler de politique. Traqué par la police, l'artiste
muscadin se réfugia à Strasbourg, et c'est dans cette
ville qu'il se perfectionna dans l'art de chanter et
qu'il cessa d'être acteur passable pour devenir excellent comédien. De cette époque (1795) date l'aurore
de sa renommée.

Un *ordre de début* l'ayant ramené à la Comédie-
Italienne, il y séduisit le public, non moins par
l'expression naturelle de son jeu et la pureté de sa
diction que par le charme de sa voix qui pénétrait

l'âme et l'enivrait des plus agréables sensations. Mais, de même que les Athéniens s'étaient lassés d'entendre appeler Aristide *le juste*, le public inconstant et frondeur se fatigua des succès qu'Elleviou obtenait tous les soirs. Aussi, bien que cet artiste eût *créé* avec distinction le rôle principal dans *Gulnare*, *Zoraïme et Zulnare*, *Trente-et-quarante*, le *Prisonnier*, *Adolphe et Clara*, *Maison à vendre*, le *Calife de Bagdad*, etc., et qu'il eût prouvé, dans le *Cabriolet jaune*, l'*Irato*, *Picaros et Diego*, et le *Tableau parlant*, qu'il pouvait interpréter tous les genres, la critique n'en persista pas moins à ne voir en lui qu'un comédien et un chanteur agréables. Piqué de ces restrictions, Elleviou résolut de n'aborder dorénavant que des rôles où dominait le sentiment : il joua successivement l'*Ami de la maison*, *Zémire et Azor*, *Richard Cœur-de-Lion*, le *Roi et le fermier*, *Félix*, etc., et, dans ces divers ouvrages, où les scènes pathétiques abondent, l'artiste censuré se montra plein d'âme et de sensibilité, et prouva surabondamment qu'il avait plus d'un ton dans sa gamme, plus d'une couleur sur sa palette. Plus tard enfin, dans *Joseph* et dans *Jean de Paris*, rôles d'un caractère si différent et spécialement écrits pour lui, il révéla des qualités si supérieures, que la critique, désarmée, vaincue par l'évidence, fit patte de velours et devint caressante d'acerbe qu'elle avait été. A partir de ce moment, Elleviou, plus maître de ses moyens, fut le chanteur à la mode, le favori des dames, l'idole du public, l'acteur à *great attraction !* Avec un spectacle *creux*, pourvu que l'artiste en vo-

gue parût dans une seule pièce, l'administration
théâtrale pouvait compter sur une magnifique recette.
Comme influence attractive, le nom d'Elleviou sur
l'affiche primait tous les autres noms, même celui
de Martin, le célèbre baryton, dont la royauté artistique ne s'affirma qu'après la retraite de son camarade, et lorsque lui-même eut interprété le beau
rôle de *Joconde*, primitivement destiné à Elleviou.
Une brouille entre ce dernier et Etienne, l'auteur du
libretto, provoqua cette substitution dans la distribution des parties.

L'aventure suivante, dont nous garantissons l'authenticité, prouverait qu'Elleviou était plein de suffi-
sance et qu'il ne supportait pas facilement qu'on lui
donnât des conseils.

On répétait un opéra nouveau, et X***, l'auteur
du libretto, ne savait comment faire pour dire à
l'artiste trop susceptible qu'il n'avait pas compris son
rôle. Voici comment il s'y prit pour en arriver à ses
fins : il alla trouver Martin, qui avait un rôle dans
sa pièce, et après lui avoir exposé le motif de sa
visite, il le pria de vouloir bien lui servir de com-
père à la première occasion.

— Voyez-vous, fit X*** à la répétition du lendemain en s'adressant à Martin, vous n'avez point saisi
le caractère de votre personnage : vous le faites
railleur et je le veux sans malice; vous le faites caus-
tique et je lui veux de la bonhomie; enfin, en passant par votre bouche, certaines expressions se chan-
gent en traits acérés, ce qui oblige M. Elleviou à
vous répondre sur le même ton et à se montrer sar-

castique à son tour, ce qu'il ne ferait certainement pas si vous lui donniez la réplique dans le sens que je viens d'indiquer.

Dès le lendemain, le demi-dieu, qui n'était pas dépourvu d'intelligence, modifia son jeu : il avait compris.

Grisé par le succès, Elleviou, — ou plutôt *l'Empereur*, comme l'appelaient ses détracteurs, — était plein de morgue, tranchait du grand seigneur, et il en imposait à tel point aux employés subalternes, qu'un jour ayant manqué de mémoire en scène, le souffleur y mit des formes pour le tirer d'embarras.

— M. Elleviou, dit-il en se découvrant respectueusement, *je crois* que vous vous trompez.

— Eh bien, fit le comédien en réprimant son envie de rire, souffle-moi, imbécile !

Elleviou avait fait d'excellentes études. Pour occuper les loisirs que lui laissaient ses congés périodiques, il écrivit les livrets de trois opéras, le *Vaisseau amiral*, *Delia et Werdikan* et l'*Auberge de Bagnères*, qui furent représentés sur la scène de Feydeau.

En 1801, les artistes des théâtres de Favart et de Feydeau s'étant réunis pour ne former qu'une seule et même troupe, Elleviou devint l'un des cinq administrateurs de la nouvelle compagnie. Mais, pourquoi ne le dirions-nous pas? Sociétaire, directeur et auteur, il usa et abusa de sa triple qualité pour se créer une position dorée au sein de ses camarades, et, si l'on n'eût mis un frein à son ambition, il aurait absorbé à lui seul la subvention que l'Etat octroyait au théâtre de l'Opéra-Comique.

Vers la fin de sa carrière, Elleviou gagnait environ 84,000 fr. d'appointements par an ; et, en 1812, il éleva ses prétentions jusqu'à la somme de 120,000 fr. Mais Napoléon s'opposa formellement à ce que le Comité fît de nouvelles concessions à ce sociétaire orgueilleux et cupide. Froissé par un refus, Elleviou donna sa démission et se retira du théâtre l'année suivante. On assure qu'un mot de Napoléon contribua aussi à lui faire prendre cette détermination, et ce mot, le voici :

Un soir que Napoléon était au spectacle et qu'on jouait les *Maris garçons*, opéra dans lequel Martin et Elleviou, sur le retour, représentaient deux jeunes officiers de hussards, quelqu'un ayant demandé à l'Empereur s'il était satisfait, Napoléon répondit :

— Je n'ai vu que deux ventres et deux...

Un incident marqua la première représentation des *Maris garçons;* Elleviou fut sifflé à son entrée en scène. Chenard, qui jouait dans la pièce, s'avança sur le bord de la rampe, et dit en s'adressant au public :

— Messieurs, si l'entr'acte s'est prolongé outre mesure, c'est moi qui en suis cause et non point M. Elleviou ; je suis seul coupable.

Et le parterre applaudit chaudement.

Elleviou parut pour la dernière fois sur la scène de l'Opéra-Comique, le 10 mars 1813, dans *Adolphe et Clara*, le *Tableau parlant* et *Félix*. Nous empruntons à la *Gazette de France* le compte rendu de cette représentation :

« Samedi, 13 mars 1813. — La représentation de

retraite d'Elleviou a été très-brillante, mais moins nombreuse qu'on ne l'aurait cru. Le prix des places quadruplé a un peu refroidi la bienveillance de cette partie du public qui calcule plutôt ses moyens que sa reconnaissance. Les bureaux ont été ouverts toute la soirée, et ce n'est pas sans plaisir que nous avons vu ces agioteurs de billets, qui spéculent sur la curiosité publique, dupés cette fois-ci de leur calcul : ils se sont vu obligés de donner leurs billets au prix coûtant. Cependant la salle était bien remplie, sans encombre ; la société était choisie, et plusieurs applications flatteuses ont été faites avec beaucoup de grâce par le parterre. On assure que le produit de la recette a été de 23,000 fr. Elleviou, en se retirant, a reçu des témoignages non équivoques de bienveillance, et ses camarades se sont empressés de lui donner publiquement des marques d'amitié dans le chœur final de *Félix*, où ils ont tous voulu paraître. »

La génération chantante actuelle, qui n'a foi qu'en elle et doute de la valeur artistique des réputations éteintes, veut-elle que nous lui fassions connaître l'opinion d'un illustre maître sur Elleviou ? Cédons la parole à Auber.

« Elleviou raffolait de la musique de Rossini, et lorsque apparut le *Barbier de Séville*, il en fit son étude de prédilection. Je me souviens encore, — c'était en 1817 ou 1818, — avec quelle merveilleuse facilité il exécutait les vocalises de l'air du 1er acte ; c'était la perfection même ! »

A quelque temps de là, Elleviou, qui venait de contracter un brillant mariage, fit l'acquisition du

beau domaine de Roncières, près de Tarare, dans le
département du Rhône, où il se retira définitivement,
et où les honneurs ne tardèrent pas à le venir trouver. Il fut nommé successivement maire de sa commune, membre du Conseil général, chevalier de la
Légion d'honneur, etc., etc.

Une dizaine d'années plus tard, le hasard ayant
réuni Elleviou et Scribe dans le même hôtel, aux
eaux thermales de Bade ou de Spa, l'auteur dramatique crut faire plaisir à l'ex-premier ténor de l'Opéra-
Comique en lui parlant de ses anciens succès, de ses
triomphes passés ; mais, à sa grande surprise, son
interlocuteur laissa échapper des signes visibles de
contrariété. Scribe s'empressa de donner un autre
tour à la conversation.

Enfin, en 1842, électeur et éligible, Elleviou bri-
gua les honneurs de la députation. Il était venu à
Paris pour y solliciter l'appui du gouvernement qui
l'avait agréé pour son candidat et lui avait promis de
le patronner dans l'un des colléges électoraux du
département du Rhône, lorsqu'un journal, ayant
attaqué sa candidature, l'ex-artiste dramatique se
rendit rue Saint-Marc, au siége de l'administration de
la feuille agressive, où il eut une vive altercation avec
l'auteur de l'article injurieux. Elleviou, rouge de
colère, prit congé de la rédaction ; mais à peine
était-il au bas de l'escalier qu'il tomba pour ne plus
se relever, foudroyé par une attaque d'apoplexie.

Le lendemain, la famille du défunt envoya à tous
les artistes de l'Opéra et de l'Opéra-Comique une
lettre de faire part ainsi conçue :

« Mme veuve Elleviou née J*** , et sa famille, ont l'honneur de vous faire part de la perte douloureuse qu'ils viennent de faire en la personne de M.

Jean ELLEVIOU,

maire de X*** , membre du Conseil général de Z*** , chevalier de la Légion d'honneur, etc., etc. »

Quant à la qualification d'artiste dramatique, il n'en était nullement question. Nous avons appris depuis que ce fut Mme Elleviou qui, partageant les idées de son mari, s'opposa à ce qu'on mentionnât cette qualification dans la lettre de faire part. Justement froissés, les délégués des artistes dramatiques décidèrent qu'on s'abstiendrait d'assister à la cérémonie funèbre. Et, le lendemain (6 mai 1842), les obsèques d'Elleviou eurent lieu sans pompe et... *sans cortége.*

En frappant Elleviou rue Saint-Marc, presque sur le seuil du théâtre de l'Opéra-Comique, ne semblait-il pas que la mort eût voulu châtier dans son orgueil l'artiste qui reniait son passé? Et pourtant, à ce passé dont il repoussait la solidarité, Elleviou devait gloire, fortune, considération, honneurs!

CHAPITRE XVIII.

En 1808, deux jeunes gens, venus de Lyon à Paris, dans l'espoir d'être admis pensionnaires du Conservatoire de Musique, se trouvaient, par suite de leur imprévoyance, dans l'impossibilité absolue de déjeuner avant l'heure de leur examen, circonstance d'autant plus inquiétante que déjà, la veille, ils avaient dîné de mie de pain détrempée dans de l'eau. En attendant le moment solennel qui allait décider de leur avenir, l'un et l'autre erraient à l'aventure dans les rues de la capitale, interrogeant du regard les cieux incléments qui ne faisaient pleuvoir aucune espèce de manne, lorsque, par un hasard providentiel, ils rencontrèrent la seule personne qu'ils connussent à Paris, un horloger avec lequel ils avaient fait route depuis Auxerre. Dans l'espoir que leur ancien compagnon de voyage les inviterait à déjeuner, les deux amis n'eurent rien de plus pressé que d'amener la conversation sur le sujet le plus intéressant pour eux, c'est-à-dire sur la réfection; mais ils ne purent réussir à se faire comprendre. Ce que voyant, ils prirent l'initiative et invitèrent eux-mêmes le fabricant de pendules, un secret pressentiment leur disant que celui-ci solderait le montant de la dépense lorsqu'on leur présenterait l'addition ; et, en effet, les choses se passèrent ainsi qu'ils l'avaient prévu.

Voici le menu de ce repas mémorable, dont les frais s'élevèrent à la somme de 2 fr. pour trois personnes, et qui fut servi chez le plus proche marchand de vins, rue de *la Verrerie*, à l'enseigne des *Barreaux-Verts :*

1° Pain chaud, 2° artichauds crus, 3° vin blanc.

Quelle nourriture pour des chanteurs !... Cependant, deux heures après, les convives de l'horloger étaient reçus au nombre des élèves que le gouvernement héberge, nourrit, habille et instruit, dans le but de peupler de sujets capables les théâtres lyriques de la capitale. L'un de nos jeunes gens se nommait Vialon ; l'autre, dont l'audition avait eu lieu dans l'air de *Richard Cœur-de-Lion : Si l'univers entier m'oublie*, s'appelait Louis-Antoine-Eléonore Ponchard (1).

______

(1) Dans sa *Biographie universelle des musiciens*, Fétis donne à Ponchard les prénoms de Jean-Frédéric-Auguste, et fixe la date de sa naissance au 8 juillet 1789.

Avant de publier ce livre, nous avons voulu savoir qui avait raison, et voici la réponse que nous avons reçue :

« Mon cher Laget, c'est vous qui avez raison. Mon père s'appelait » Louis-Antoine-Eléonore, et est né le 31 août 1787. Votre ancien » camarade et ami bien dévoué, Ch. Ponchard. Paris, le 6 août 1873. »

Ce dernier, né à Paris le 13 août 1787, avait juste
six ans lorsque les événements de 93 forcèrent son
père à s'éloigner de Pont-le-Voy, où il professait la
musique. Après avoir habité successivement plusieurs
villes de la province, le chef de la famille (1), Antoine
Ponchard, se fixa en dernier lieu à Lyon, où son fils
exerça plus tard, au théâtre des Célestins, pour la
somme de 500 fr., par an, les triples fonctions de
répétiteur de ballet, d'alto et de timbalier, emplois
qu'il quitta pour venir tenter la fortune à Paris.

Reçu pensionnaire du Conservatoire, le 15 juillet
1808, le jeune Ponchard fut placé dans la classe du
célèbre Garat, l'illustre professeur de Nourrit père,
de Levasseur, de Duret, Cœuriot, de Mmes Branchu,
Rigaut, Boulanger, etc., etc.

Deux ans après son entrée à l'Ecole de Musique, le
nouveau ténor se fit remarquer dans les divers concours qui eurent lieu dans cet établissement ; voici la
nomenclature des récompenses qu'il y obtint :

1810.
- 1er prix de chant,
- 2e prix de tragédie lyrique,
- 2e prix de comédie lyrique.

1811.
- 1er prix de comédie lyrique,
- 2e prix d'harmonie (2).

---

(1) Antoine Ponchard, successivement professeur de musique,
maître d'école, percepteur, choriste, chef d'orchestre, directeur de
spectacle, et, en dernier lieu, maître de chapelle à Saint-Eustache,
fonctions qu'il remplissait lorsqu'il mourut à Paris.

La bibliothèque du Conservatoire de Musique possède quelques
messes et motets d'Antoine Ponchard.

(2) L'année où Ponchard remporta un deuxième prix d'harmonie
fut également celle où Halévy obtint un accessit.

Enfin, le 16 juillet 1812, à l'âge de vingt-cinq ans, Ponchard débuta à Feydeau dans les deux rôles les plus importants du répertoire : Cliton, de l'*Ami de la maison*, et Pierrot, du *Tableau parlant*.

Si nous nous en rapportons aux journaux du temps, entre autres à la *Gazette de France*, dont nous allons reproduire ici quelques extraits, le succès du jeune artiste fut complet.

« M. Ponchard, pour son début, ne pouvait choisir un rôle plus difficile que celui de Cliton, qui est un véritable Tartufe, déguisé sous les formes plus agréables d'un de ces êtres hétéroclites qui n'avaient d'ecclésiastique que le costume. Il faut une grande habitude du monde et beaucoup d'art pour rendre ce personnage à deux faces : or, c'est ce que l'on ne pouvait guère attendre d'un très-jeune homme qui paraissait pour la première fois sur le théâtre. La surprise n'a donc pas été médiocre de voir M. Ponchard, dans sa scène d'entrée avec la mère de son élève, mettre dans son débit toutes les intentions tirées non moins du caractère même du personnage que des paroles qu'il avait à réciter dans cette scène.

« Dès qu'il s'est trouvé seul avec la jeune personne, sa déclamation s'est animée, sans sortir toutefois de ce patelinage auquel il ne doit renoncer qu'après avoir osé révéler ses prétentions. Le public a paru vivement frappé d'une intelligence aussi rare, et l'on peut croire que M. Ponchard confirmera l'opinion favorable qu'il a donnée de ses dispositions naturelles. Il leur a dû ce premier succès, plus encore qu'aux leçons de ses premiers maîtres; ce qui est précisément le contraire de ce que l'on observe chez la plupart des débutants.

» Comme chanteur, il avait une tâche non moins effrayante à remplir que comme acteur. Le premier air de son rôle : *Dans la brûlante saison*, et le second : *Ah! je triomphe de son cœur*, sont, pour plusieurs motifs, extrêmement difficiles à chanter. Le jeune débutant l'a senti ; et, ce qui est assez particulier, après avoir remporté des prix de chant dans une école célèbre, il s'est montré beaucoup plus timide pour chanter que pour réciter. Ces airs sont écrits très-hauts ; ils demandent un grand développement de voix, et M. Ponchard n'avait plus à sa disposition qu'une partie de la sienne.

» Du rôle de l'hypocrite Cliton à celui du folâtre Pierrot, la nuance est un peu forte. Il n'a point paru cependant qu'il en ait plus coûté à M. Ponchard pour changer aussi brusquement de ton et de manières que pour troquer son habit violet et rond d'abbé contre les longues manches et la fraise du valet du beau Léandre. Il a chanté l'air de la tempête avec goût et intelligence ; mais la timidité qu'il avait montrée dans la première pièce a repris encore trop d'empire sur lui en ce moment. Il a été beaucoup plus maître de sa voix dans le délicieux duo : *Je brûlerai d'une ardeur éternelle!*... Des applaudissements unanimes lui ont témoigné tout le plaisir qu'il y a fait. Redemandé enfin après la représentation, M. Ponchard a dû trouver dans ces encouragements de nouveaux motifs de zèle, et l'espérance de pouvoir un jour faire honneur à l'excellente éducation musicale qu'il a reçue. »

Enfin, le 23 juillet, à propos de *Zémire et Azor*, ouvrage dans lequel Ponchard fit son second début, le même journal s'exprime ainsi :

« M. Ponchard n'a encore paru que dans trois opéras, et ce sont trois ouvrages de M. Grétry. C'est une preuve évidente de la confiance qu'ont les maîtres qui l'ont formé dans son intelligence et son goût. La musique de cet illustre artiste se distinguant presque toujours par les intentions les plus spirituelles ou par la naïveté de l'expression, l'acteur qui serait intérieurement dépourvu lui-même de tact et de goût blesserait et irriterait son auditoire par des contresens perpétuels. M. Ponchard n'a point ce reproche à redouter : il est impossible, au contraire, de se mieux pénétrer du sens de son auteur. L'extrême sensibilité qu'il a déployée dans l'air enchanteur : *Du moment qu'on aime*, lui a valu un suffrage plus flatteur et bien plus rare que les applaudissements qui lui ont été prodigués à plusieurs reprises : il avait porté l'attendrissement dans tous les cœurs. Il a mis le comble à ce triomphe par la manière véritablement touchante dont il a débité le couplet où Azor demande à Zémire la permission d'accompagner ses pas, et lui promet de s'éloigner si elle l'ordonne. Il est bien peu d'acteurs, même parmi ceux qui ont le plus d'habitude de la scène, qui disent les vers aussi bien que M. Ponchard. Les personnes qui l'ont entendu ne trouveront sans doute aucune exagération dans cet éloge. »

Sur ces entrefaites, Elleviou ayant pris son congé annuel, pendant son absence le débutant remporta de nouveaux succès dans les ouvrages suivants : *Lucile*, *les Evénements imprévus*, *Richard Cœur-de-Lion*, *Félix*, *Sargine*, *Aucassin et Nicolette*, *On ne s'avise jamais de tout*, *les Visitandines*, *l'Amant jaloux*, *Paul et Virginie*, *la Fausse Magie*, *l'Opéra-Comique*, et *Ninette à la Cour*.

La *Gazette de France* ajoute, à propos de l'interprétation de ces divers ouvrages :

« M. Ponchard s'est soutenu avec plus d'égalité, quoiqu'il soit impossible que tous les rôles lui aient été pareillement favorables. Il a reparu samedi dans un de ceux où il a été le plus à portée de faire briller deux avantages qui le distinguent éminemment : une âme pleine de sensibilité et dè chaleur, et un goût très-pur. C'est le rôle si difficile d'Azor, où il faut se montrer au même degré acteur et chanteur. Deux jours auparavant, M. Ponchard avait obtenu les suffrages des juges les plus éclairés dans *Félix*. On ne peut réunir plus d'intelligence à plus d'expression : personne, sans en excepter les talents les plus exercés, personne ne dit et ne phrase mieux que ce jeune acteur. En un mot, le reproche le plus grave que j'aie entendu faire à M. Ponchard, c'est de n'avoir pas 5 pieds 6 pouces (1). »

Voici maintenant la liste des principaux rôles créés par Ponchard : Danville dans la *Journée aux aventures*, dernier opéra de Méhul, dans lequel Ponchard chantait le rondo final avec un immense succès ; le comte Roger du *Chaperon-Rouge*, Raleigh de *Leices-*

____

(1) La *Gazette de France* du 3 août 1812.

ter, Linsberg de la *Neige*, Roger du *Maçon*, Victor du *Concert à la cour*, et Georges de la *Dame Blanche*, le plus beau fleuron de sa couronne artistique.

Lorsqu'une œuvre paraît pour la première fois sur la scène, il est assez difficile, selon nous, de séparer l'acteur de l'auteur, et de décider équitablement quelle est la part de succès ou d'insuccès qui revient à chacun.

En attendant qu'un tribunal compétent ait prononcé sur la matière, voici quel est l'usage consacré au théâtre : à la première représentation d'un opéra, si la pièce n'est pas acclamée, c'est le compositeur qui s'est trompé ; s'il n'est question que d'une *reprise* et que l'ouvrage n'ait point de succès, c'est le chanteur qui a tort.

L'on sait, cependant, combien le prestige du talent ou l'incapacité des interprètes contribue à la réussite ou à la chute d'un ouvrage ; combien une bonne ou une mauvaise exécution influe sur le jugement et les décisions du public ; combien, enfin, un trait est brillant ou incolore exécuté par un larynx exercé ou par un organe trivial. Or, le mérite de Ponchard se manifesta avec tant de véhémence dans l'interprétation de la *Dame Blanche*, que la foule, enthousiasmée, ne sachant pas distinguer à qui du chanteur ou du compositeur revenait la plus grande part du succès de l'œuvre, associa la renommée de Ponchard à la gloire de Boïeldieu.

Vers la fin de sa carrière, Ponchard créa encore un rôle, rôle capital s'il en fut jamais, celui de Masaniello dans l'opéra de ce nom.

L'interprétation de ce dernier ouvrage provoqua
chez Ponchard une maladie de voix qui résista plusieurs années à tous les remèdes et dont il se guérit
naturellement dans un voyage qu'il fit dans le midi
de la France, tout en donnant des représentations, en
acceptant toutes les invitations qui lui étaient offer-
tes, et en buvant du vin *à couper au couteau*, comme
dit quelque part J.-J. Rousseau.

A son passage à Toulouse, il fut l'objet d'une manifestation des plus flatteuses de la part de quelques habitués du Grand-Théâtre, amis des artistes et
amateurs passionnés de la bonne musique : ces messieurs organisèrent un banquet en son honneur.

Au dessert, François Deschamps, alors professeur
au Conservatoire de Musique, offrit au héros de la
fête une magnifique couronne que saluèrent les
applaudissements réitérés des convives. Au même
instant, les portes latérales, qui donnaient accès dans
un salon de compagnie, s'ouvrirent spontanément,
et les élèves du Conservatoire, secrètement réunis,
chantèrent plusieurs morceaux appropriés à la circonstance.

Au retour de cette excursion en province, Ponchard,
impatient de prouver qu'il avait recouvré tous ses
moyens, se produisit (20 avril 1834) à l'un des concerts du Conservatoire, où il chanta l'air des *Abencerages*. L'illustre chanteur fut acclamé par le public,
applaudi par les musiciens, rappelé plusieurs fois
par la salle entière.

Lorsqu'on demandait à Ponchard s'il se souvenait
de cette mémorable séance, il avouait franchement

qu'elle lui rappelait l'un des plus beaux jours de sa vie. Et cet aveu n'avait rien de surprenant, car n'est pas applaudi qui veut par le public de la Société des Concerts : bien des réputations légitimement acquises sont venues se briser dans la salle des Menus-Plaisirs, et nous pourrions citer tels instrumentistes célèbres qui, fiers d'avoir triomphé une fois, s'en sont tenus là de peur d'être moins heureux à une seconde audition (1).

Ponchard interprétait également bien et les rôles légers et ceux où dominait le sentiment, car on n'avait pas encore admis les classifications modernes qui assignent à chaque artiste une spécialité distincte : dans ce temps-là on n'avait de talent qu'à condition d'interpréter tous les genres. Sa voix, qui péchait peut-être un peu par la puissance, acquérait une grande valeur par la manière dont il la dirigeait, car jamais organe humain ne fut esclave plus docile de celui qui le possédait. L'anecdote suivante tendrait même à prouver que pour le goût, l'agilité et le fini de l'exécution, Ponchard l'emportait sur son camarade Martin,

---

(1) Dans son *Histoire de la Société des Concerts,* société dont nous sommes membre, par acte passé par-devant Mᵉ Bonnaire, notaire à Paris, M. Elwart a commis, page 209, une erreur qui nous concerne et que nous tenons à relever.

Trompé sans doute par la similitude du nom, le savant professeur a avancé que notre ami Henri Laget avait chanté, au concert du 6 mars 1842, le solo du « fragment de *la Flûte enchantée,* musique de Mozart. »

Notre homonyme n'étant venu à Paris, pour la première fois, qu'en 1844, est-il besoin de dire, qu'en 1842, c'est nous qui avons chanté le solo du fragment en question ?

qui pourtant, sous ces divers rapports, jouissait d'une grande renommée. Voici l'anecdote :

Le lendemain de son premier début sur la scène de l'Opéra-Comique, le ténor L***, ayant rencontré Martin dans la rue, l'aborda en ces termes :

— Eh bien, maître, avez-vous été content de moi, hier?

— Oui, répondit le célèbre baryton d'un ton peu convaincu et d'un air à moitié satisfait; cependant tu ne chantes pas encore comme Ponchard.

— Je le crois bien, exclama L***; si j'avais son talent, je serais le premier chanteur de l'Opéra-Comique.

Ponchard était « supérieur à Martin par le goût et la sobriété du style (1). »

En outre, il était, sinon comédien, du moins bon acteur : il disait juste, il avait de l'entrain ; en un mot, c'était un grand artiste, et ç'eût été un sujet vraiment accompli, si, pour la taille et pour la figure, il avait été plus favorisé de la nature. Ces imperfections natives étaient d'autant plus saillantes, que ses camarades Elleviou, Gavaudan, Lafeuillade et Lemonier étaient le type le plus parfait de la beauté physique, et qu'ils se costumaient d'une manière irréprochable.

Ajoutons encore, pour ne rien céler au lecteur, que la prononciation de Ponchard était entachée de grasseyement, et que quelques critiques, tout en rendant justice à son goût exquis, et à l'excellence de

(1) P. Scudo, *Revue des Deux-Mondes.*

sa méthode, dans ce qu'elle avait de gracieux et de coquet, lui ont reproché certaines mièvreries vocales, un peu d'afféterie, pour tout dire en un mot.

Le 2 janvier 1837, alors qu'il était dans la force d'un talent destiné à survivre aux années, Ponchard quitta le théâtre pour se livrer à l'enseignement du chant, genre d'occupation qui lui était déjà familier, car sa carrière de professeur avait commencé peu après ses premières études : dès 1810, il tenait déjà la classe de son maître Garat, et en 1816 il en fut nommé titulaire. Après sa retraite de la scène, il forma de nombreux élèves, parmi lesquels on compte : Alexis Dupont, Valère, Dabadie aîné, Hébert, Andrieux, Thyanni, Guillot (professeur de chant), Poultier, Obin, Faure, Mmes d'Hennin, Prévost, Cambardi, et une infinité d'autres.

Professeur le plus célèbre du Conservatoire, Ponchard n'était pas perdu pour le public, car on admirait encore en lui, dans les airs de *Joseph*, de *Stratonice*, des *Abencerages* et de *Piquillo*, le premier chanteur de concerts de l'époque.

Il y a peu d'années encore, quoique avancé en âge, il se faisait entendre de loin en loin dans certaines solennités artistiques, notamment au banquet annuel qui a lieu pour l'anniversaire de la naissance de Molière, où on le couronnait comme si la fête se donnait en son honneur. Ce n'est qu'à la suite d'une fluxion de poitrine, qui mit ses jours en danger, que, sur l'ordonnance expresse de son médecin, l'illustre chanteur se condamna à un silence absolu. Mais il restait encore en lui le vieillard plein de distinction, d'aménité, de gaieté douce, d'esprit fin et délicat dont on recherchait la conversation comme une bonne fortune, car Ponchard fut toujours homme du monde par-dessus tout.

Lorsqu'il exerce sa profession, l'artiste de mérite est comme un foyer ardent qui échauffe, éclaire, ranime et vivifie ; mais dès qu'il s'éloigne de la scène, que reste-t-il de ses travaux ? Rien qu'un souvenir vague et confus, presque toujours dénaturé par la tradition.

A ces divers points de vue, la retraite prématurée de Ponchard, sinon comme artiste, du moins comme professeur, fut on ne peut plus regrettable, car nous sommes de ceux qui croient fermement que de belles œuvres, un compositeur illustre ou un chanteur émérite élèvent le niveau de l'art, et, à un moment donné, exercent une influence décisive sur ses destinées.

Nous avons oublié de dire que le 1ᵉʳ mai 1845, le roi Louis-Philippe, à l'occasion de sa fête, nomma Ponchard chevalier de la Légion d'honneur, de cet ordre qui a été institué pour récompenser tous les genres de mérite. Plus tard, Guillaume III, roi de Hollande, lui conféra l'insigne de la Couronne de Chêne.

Ponchard est mort à Paris, le 7 janvier 1866, d'une paralysie compliquée d'une bronchite ; il était âgé de soixante et dix-neuf ans.

Puisse cette esquisse biographique prouver que le souvenir de notre cher maître est à jamais gravé dans notre mémoire, et que nous n'avons pas oublié non plus le zèle et les soins dévoués qu'il nous prodiguait lorsque nous étions pensionnaire du Conservatoire de Musique !

CHAPITRE XIX.

Dans un travail publié en 1860 dans la *Revue con-temporaire*, Halévy prétend que la présence de Du-prez dans la salle de l'Opéra, un soir qu'on jouait la *Muette*, troubla Nourrit au point de l'empêcher de terminer la représentation. L'illustre biographe ne se serait-il pas trompé, par hasard, sur la cause réelle de cette indisposition subite? La vraisemblance, il est vrai, plaide en faveur de la version d'Halévy, mais nous avons pour nous le témoignage même de Nourrit, une lettre de lui, empreinte, au plus haut degré, du caractère de la véracité. Voici cette lettre :

« *A monsieur Féréol, à Saint-Denis-en-Val, près d'Orléans.*

» Paris, le 19 octobre 1836.

» Mon cher ami, ce que tu vas lire va bien te sur-prendre; mais pour que ta surprise n'arrive pas trop tôt et ne nuise pas au jugement que tu dois porter sur l'affaire dont je viens t'entretenir, je vais procéder par ordre : l'exposition d'abord, puis la péripétie, enfin le dénouement. Mais commence par ne pas t'effrayer, et sache d'avance que le bonheur de ma famille et le mien sont la morale de mon histoire.

» Tu as peut-être su par les journaux que Duprez venait d'être engagé à l'Opéra. Sais-tu ce que c'est que Duprez? Il est possible que non : je vais donc te le dire. Duprez est un homme de talent, élève de Choron, et qui chantait à l'Odéon. A cette époque, Duprez n'avait pas de voix, mais il chantait avec une méthode délicieuse et un sentiment musical qui révélait une grande et belle organisation. Duprez a été en Italie, où, après avoir végété quelques années dans les théâtres de deuxième et de troisième ordre en chantant les ténors de demi-caractère, il a fini par se faire une voix colossale dont il tire de grands effets, assure-t-on. Il n'est pas devenu ce qu'on appelle en France bon comédien, mais il a pris l'habitude de la scène et se remue assez pour qu'on dise de lui : c'est un acteur chaleureux.

» Après de grands succès en Italie, Duprez a désiré revenir en France, et l'Opéra était le seul théâtre qui pût lui convenir. Mais comme il était le premier en Italie, il ne pouvait consentir à être le second à Paris. Il a donc fallu, pour l'engager, que la direction de Paris lui offrît une place convenable. Mais on ne pouvait lui faire cette place qu'en me dérangeant un peu de la mienne; il fallait qu'il pût s'asseoir à côté de moi dans le fauteuil que j'occupe seul depuis quinze ans, et j'ai dû me gêner pour cela. Avant de signer avec lui, Duponchel m'a fait part de ses intentions ; les raisons qu'il m'a données étaient bonnes ; il a grande confiance en moi, mais je puis tomber malade, et l'Opéra devrait fermer ses portes si j'étais un mois dans mon lit (Cependant je dois dire, en passant, que jusqu'à présent l'Opéra et moi nous nous sommes bien portés, l'un portant l'autre ; demandez plutôt à M. Véron).

» Voici le plan que Duponchel m'exposa : par son traité avec Duprez, il s'engage à lui faire monter la moitié des ouvrages nouveaux ; l'autre moitié m'est destinée ; chacun des deux aura son tour ; de cette manière, j'aurai moins de fatigue, et la direction de l'Opéra pourra dormir tout à son aise. Ce n'est pas tout : un ouvrage nouveau ne se monte pas chez nous en quinze jours, et pour ne pas payer Duprez six mois sans rien faire, il faut qu'il débute ; là-dessus j'offre tous les rôles de mon emploi, que je mets à sa disposition ; grands remercîments de Duponchel ; mais ce n'est pas encore tout.

» Duprez, pour éviter, dit-on, toute comparaison, toute lutte, veut que je ne touche plus au rôle qu'il a choisi pour début, et ce rôle est Arnold, de *Guillaume Tell*. Il est aisé de faire comprendre à Duponchel que cela n'est pas juste. Quelques membres de la commission près de l'Opéra réclament, en ma faveur, contre cet article de l'engagement de Duprez, et il est convenu que, puisque je mets dans cette affaire tant de bons procédés, Duprez aura à s'entendre avec moi, et qu'il ne sera fait que ce que je voudrai.

» Duprez vient me voir, et, après une explication
de bonne camaraderie, il a dû sortir content de moi.
Tout va bien jusque-là; les journaux vantent mon
désintéressement, ma loyauté; moi-même je me monte
la tête; je vois dans cette rivalité qui m'arrive un
nouvel élément pour stimuler mon amour de l'art;
je devrai à cette lutte des progrès que je n'eusse pas
faits peut-être dans la position tranquille que j'occupe
depuis trop longtemps sans attaques; enfin, je faisais
le plus beau rêve du monde. Il est vrai que ce n'était
qu'un rêve; je m'en suis aperçu en me réveillant, et
voici comment.

» Le premier rôle que j'ai eu à jouer, depuis cette
affaire, a été Arnold; le stimulant sur lequel j'avais
compté ne me manqua pas, et jamais je n'ai chanté
ni joué mon rôle comme ce jour-là; jamais non plus
le public n'avait tant applaudi, si bien qu'on vint me
dire que Duprez, qui était dans la salle, ne voulait
plus débuter par *Guillaume Tell* (C'était une politesse
pour moi, et voilà tout).

» Le second rôle qui me fut demandé fut Masaniello; je savais qu'il avait joué ce rôle en Italie, et le
susdit stimulant vint encore me chatouiller, et, la
moutarde me montant au nez, je voulus faire plus
que je n'avais fait jusqu'alors. Je commençai aussi à
m'apercevoir que ma famille et mes amis se préoccu-
paient de la lutte qui venait de s'engager, et cette
découverte me fit comprendre que ma position n'était
plus la même.

» Le jour de la *Muette*, il y avait beaucoup de monde
qui, certainement, n'était venu que pour moi, car la

Muette, depuis deux ans que je ne la joue plus, avait
vu baisser ses recettes de 2 ou 3,000 francs. Il me
fallait répondre à cet empressement et j'avais la tête
passablement montée. Malheureusement, ma voix
n'était pas aussi bien montée que ma tête, ou du moins
mon excitation était telle, qu'il a suffi d'une légère
contrariété pour que je ne fusse plus maître de mes
moyens. Voici ce qui m'arriva :

» En entrant en scène, le public me dit, par quelques applaudissements, qu'il est bien aise de me voir;
mais voilà que messieurs les claqueurs (à qui sans
doute j'avais été recommandé gauchement par la direction pour me remercier de tout ce que je venais de
faire pour elle), les claqueurs donc redoublèrent, en
y joignant des cris de *bravo*, qui indiquaient trop
bien la source d'où ils partaient. Le rouge alors me
monta à la figure; je fus honteux de cette stupide
ovation, et j'ai dit tout haut mon mécontentement à
mes camarades qui étaient en scène.

» L'impression fut si fâcheuse pour moi, qu'un
instant j'ai eu un éblouissement qui m'empêchait de
voir, et quand je voulus chanter, toutes les cordes
du médium étaient voilées. Je sentis alors que je ne
pourrais pas achever mon rôle, car, plus je chantais,
plus je m'enrouais, et ce n'est qu'avec beaucoup
d'adresse que j'ai pu finir l'acte ; mais il m'a été
impossible de continuer, et c'est Wartel qui a dit les
deux derniers actes.

» Depuis, je me suis reposé, et ma voix est
tout à fait rétablie. Mais, pendant ce temps, les réflexions me sont arrivées en foule ; j'ai compris que

mon avenir à l'Opéra n'allait plus ressembler à mon passé, et voici le calcul que j'ai fait.

» Il n'est pas sage que je compte chanter plus de quatre ans encore. Malgré l'augmentation que m'offre Duponchel, je ne pourrais pas mettre plus de 100,000 fr. de côté pendant ces quatre années, car ma dépense doit toujours être en rapport avec mes appointements. J'ai toujours pensé me retirer d'assez bonne heure, pour pouvoir faire une grande tournée en province, dont le produit ne doit pas être moindre de 100,000 fr.; j'en ai gagné 17,000 dans mon dernier mois. Or, pourrai-je faire dans quatre ans cette somme, comme je l'entends? Aujourd'hui, tout mon répertoire est nouveau; les opéras avec lesquels je fais de l'argent aujourd'hui seront usés dans quatre ans, et d'ici là je ne monterai que la moitié des ouvrages que donnera l'Opéra. Le hasard peut faire que les ouvrages que je jouerai ne soient pas ceux qu'il conviendra à la province de monter. Depuis cinq ans, *Robert le Diable* et la *Juive* sont les deux seuls opéras que la province nous ait pris. Mon répertoire actuel sera donc usé, et j'ai la chance de n'avoir pas d'ici là de création heureuse, car les provisions de l'Opéra ne m'offrent rien de rassurant à cet égard, sans compter que j'aurai certainement perdu de ma puissance morale, car j'aurai cessé d'être le seul et le premier, et tu connais l'attrait de la nouveauté pour le public.

» Tu dois déjà comprendre où je veux en venir. Eh bien! oui, après m'être tâté le pouls, je suis demeuré convaincu que je n'avais rien à gagner dans une lutte où je risque de tout perdre. Je ne saurais être plus que le premier, et je ne dois pas m'exposer à n'être que le second. Ne va pas te récrier sur mes craintes ; je vais te dire sur quoi elles reposent.

» D'abord, par la nature de son talent, Duprez me coupe l'herbe sous le pied, et voici comment : il n'arrive pas avec des moyens jeunes, une voix fraîche, et ne peut pas se charger des rôles que j'étais prêt d'abandonner. Le développement de force qu'a pris ma voix depuis quelques années me portait vers les rôles énergiques, et c'est justement dans des effets de vigueur que Duprez est remarquable. Il arrive tout exercé, tout fait, dans la route où je voulais entrer, et, pour que nous trouvions chacun notre place, il faut que je demeure relégué dans les amoureux roucoulants. Grand merci !

.   .   .   .

» ... Mon engagement finit au mois de juin, et même au mois de mars, et, par les règlements, j'ai droit à ma pension après quinze ans. J'ai de plus ma représentation de retraite, qui m'est assurée par mon engagement. Eh bien ! je quitte l'Opéra pour toujours, et après ma grande tournée départementale, que je ne cesserai qu'avec mes 100,000 fr. mis de côté, je me retire et me livre à toutes les études qui peuvent m'ouvrir une carrière nouvelle.

» C'est trois années que je gagne pour mon avenir ; et d'ailleurs, comme il faut tout prévoir, si, après les débuts de Duprez, l'Opéra ne pouvait pas marcher sans moi, j'aurais la meilleure position du monde pour y rentrer, et, dans le cas contraire, tu avoueras qu'il vaut mieux que je m'en aille d'avance. Ce parti n'a été pris par moi qu'avec l'assentiment *complet* de tous mes amis, l'*assentiment sans objection*, et femme, mère, père, frère et sœur, tous s'en réjouissent et ont été les premiers à me donner leur approbation. La tienne me manque encore, mais je crois pouvoir y compter. J'ai toujours dit, quelles que fussent mes idées d'avenir, que je ne quitterais pas ma position à l'Opéra, mais que si cette position me quittait, moi je quitterais l'Opéra sans regrets, et c'est ce que je fais aujourd'hui. J'ai confiance dans l'avenir, et, pour le mériter, j'ai du courage et de la force. Depuis que ma décision est arrêtée, je suis plus heureux et je le suis surtout du bonheur et de la tranquillité de tout ce qui m'entoure : c'est leur inquiétude qui m'a ouvert les yeux sur ma position ; je m'arrête et te laisse réfléchir sur cette grave affaire. J'attends ta réponse avec impatience.

» *N. B.* C'est Rossini qui a fait l'engagement de Duprez. Il aime tant l'Opéra ! ! ! »

Le lendemain de son indisposition dans la *Muette*, Nourrit déclara à M. Duponchel qu'il quitterait l'Opéra à l'expiration de son engagement, ce qu'il fit en effet.

Puisque l'administration ne demandait pas mieux que de le conserver, Nourrit aurait dû rester ; car, un maréchal de France l'a dit :

Qui quitte la partie la perd.

Malheureusement l'illustre ténor avait la tête montée. Ni prières, ni supplications pour le retenir, il ne voulut rien entendre et il persista dans sa résolution. A partir de ce moment, il parut plus tranquille et ne s'occupa plus que de sa représentation de retraite qui eut lieu le 1ᵉʳ avril 1837. Quelques jours après, il quitta Paris pour aller donner des représentations en province, où il fut accueilli avec enthousiasme; mais bientôt, pendant son séjour à Marseille, un violent enrouement l'ayant assailli en scène, il en résulta une affreuse crise qui le força de revenir à Paris, où, entouré de soins, il parvint à se rétablir. D'après Georges Bénédit, voici ce qui se serait passé lors de la représentation qui donna lieu à cette crise :

« Saisi d'un enrouement désastreux, Nourrit avait lutté vaillamment pendant trois actes, lorsque, au moment de son grand air : *Rachel, quand du Seigneur*, etc., la fatigue, la crainte et l'émotion paralysèrent complétement sa voix, cette voix naguère si étendue et dont les notes, pures et vibrantes dans l'octave supérieur, avaient tant de charme et de puissance. Pâle et tremblant de douleur, il se frappa le front, fit un geste de désespoir et sortit dans une agitation inexprimable. Craignant les suites d'un tel accident sur le caractère de Nourrit, dont j'étais devenu le compagnon presque inséparable depuis son arrivée à Marseille, je quittai sur-le-champ ma place et j'arrivai dans la loge de Nourrit en même temps que M. Xavier Boisselot... Hélas! plus de doute, notre malheureux artiste était fou!... Je n'oublierai de ma vie cette effroyable scène. L'œil en feu, le visage égaré, Nourrit marchait à grands pas, frappait les murs avec violence et poussait des sanglots qui déchi-

raient le cœur... Dans cet affreux désordre, il ne put
nous reconnaître.

» — Qui êtes-vous?... Que me voulez-vous? Laissez-
moi...

» — Ce sont vos amis qui viennent vous voir...

» — Mes amis... c'est impossible... Si vous êtes
mes amis, tuez-moi... Ne voyez-vous pas que je ne
puis plus vivre, que je suis perdu, déshonoré!

» En disant ces mots, il courut vers la fenêtre avec
une impétuosité foudroyante. Nous nous précipitâ-
mes vers lui, et, le saisissant avec force, nous l'en-
traînâmes vers un fauteuil où, brisé par les efforts
d'une lutte inégale, il se laissa tomber sans résistance
dans un accablement profond. La crise fut longue;
ranimé par les soins du docteur Forcade, Nourrit
ouvrit les yeux, et, voyant la consternation muette
qui régnait autour de lui, il nous demanda pardon
avec la candeur et la timidité d'un enfant qui vient
de commettre une faute. Nous profitâmes de cette
réaction momentanée pour l'engager à reparaître.
Il y consentit avec résignation. Le public, instruit
de l'événement de l'entr'acte, l'applaudit avec enthousiasme. Puis, à la fin du spectacle, nous re-
conduisîmes notre ami à l'hôtel de la Darse, où nous
le quittâmes après l'avoir tranquillisé et en lui pro-
mettant de revenir le lendemain. Le lendemain, en
effet, de très-bonne heure, je fus le premier au rendez-vous; Nourrit vint à moi avec empressement
comme pour me remercier de mon exactitude.

» — Eh bien, lui dis-je, en affectant de sourire,
comment avez-vous passé la nuit?

» — Bien mal, je n'ai pas dormi et j'ai beaucoup pleuré ; dans ce moment encore je faisais un appel à toutes mes forces morales pour combattre de sinistres pensées. La vie m'est insupportable, mais je connais mes devoirs ; j'ai de bons amis, une femme, des enfants que j'aime et à qui je me dois ; et puis je crois à une autre vie. Avec ces idées-là on peut triompher de soi-même... mais je crains tout de ma raison ; si un moment elle m'abandonne, je sais que c'est fait de moi. Cette nuit, assis à cette place, j'ai demandé à Dieu le courage dont j'ai besoin en me fortifiant par de saintes lectures... Tenez, voyez vous-même.

» Je pris le livre qu'il me désignait sur la table : c'était l'*Imitation de Jésus-Christ.* »

Nourrit aurait dû comprendre alors que l'heure de la retraite avait sonné pour lui et qu'il était temps de se reposer ; mais possédé du démon du théâtre, il mit sur le compte d'une indisposition passagère les défaillances de sa voix, et comme s'il eût voulu donner raison au dicton anglais : *Vedere Napoli e poi morire !* il conçut alors le projet d'aller incessamment en Italie. De retour à Paris, les médecins lui ayant conseillé de se reposer, de se distraire, le ténor convalescent se persuada que le moment était on ne peut plus opportun pour mettre son projet à exécution, et c'est sous l'empire de cette idée qu'il écrivit une seconde lettre à M. Féréol. Après avoir entretenu son ami d'un gros rhume qui l'obsédait, Nourrit ajoute :

« En toute autre circonstance, cette disposition m'aurait fort ennuyé, fort impatienté, puisqu'elle me fait manquer de belles affaires et que, maintenant, je n'ai pas de temps à perdre pour gagner force argent. Mais quand je t'aurai dit ma dernière détermination, mes projets, mes espérances, tu verras que tout est pour le mieux dans le meilleur des mondes.

» Je t'ai laissé sous la dernière impression que m'avait faite Duprez dans la *Muette*. Je l'ai revu depuis dans les *Huguenots* et dans *Guillaume Tell*.

» Décidément, pour un certain développement de talent, soit comme jeu, soit comme chant, l'Opéra est trop spacieux. Passé la première banquette du parterre, les finesses de voix ne s'entendent pas, les délicatesses d'intention ne peuvent se comprendre, et la physionomie ne se voit pas. Tout cela, je l'avais deviné instinctivement, et aujourd'hui, j'en suis profondément convaincu ; aussi, quoi qu'il arrive, je dis plus que jamais que je ne rentrerai pas à l'Opéra.

» Maintenant, il faut te dire un autre effet qu'a produit sur moi Duprez, et celui-là est de quelque importance. Pour t'éviter toute explication préalable et ne pas te faire attendre un instant de plus, je vais te répéter les paroles qui sortirent de ma bouche le lendemain du jour où j'entendis Duprez pour la première fois : *décidément, je veux aller en Italie.*

» J'avais passé toute ma nuit à ruminer ce projet, et je m'y suis arrêté d'autant plus volontiers que, depuis deux ans, je combats tous les conseils qui me poussaient vers ce parti extrême, et qu'avant de voir le beau côté de l'affaire, j'ai eu tout le temps d'en étudier le mauvais. Ce n'est pas un coup de tête que je fais, et j'espère que tu approuveras les raisons qui me déterminent. Je dois d'abord te dire que cette résolution a comblé de joie tous les miens. C'était, depuis longtemps, leur secret désir, et comme ils ont encore plus d'amour-propre pour moi que je n'en ai moi-même, tous mes triomphes de province ne les satisfaisaient qu'à demi, et c'est dans une carrière plus vaste, plus élevée, qu'ils veulent me voir briller.

» Cependant aucun d'eux n'avait osé me le dire, sentant bien qu'il fallait, de ma part, une profonde conviction pour prendre un tel parti. Peut-être cette pensée t'est-elle venue aussi à toi, et, comme eux, tu n'as pas voulu me la dire ; en tout cas, je vais te donner mes raisons.

» D'abord tu peux bien te douter que le métier que je fais de parcourir la province m'est insupportable. Voyager avec mes enfants est impossible, voyager tout seul est bien pénible ; et tout cela pour faire de la mauvaise besogne. L'argent que je gagne n'est pas une compensation assez forte à tous les ennuis d'une telle vie. J'avais cru un instant que ma présence et mes soins pourraient améliorer l'exécution musicale dans les villes que je parcourais. Chimère ! Tous mes soins n'ont réussi qu'à me fatiguer, à me faire per- dre du temps et de l'argent, et à ennuyer tous ceux à qui j'espérais faire perdre leurs mauvaises habi- tudes ; les théâtres sont encore plus malades en pro- vince qu'à Paris, et c'est un triste spectacle que la vue de toutes ces entreprises, vivant au jour le jour, et sans aucune chance d'avenir.

» Revenir à Paris, et accepter les propositions de l'Opéra-Comique, qui sont superbes, voilà ce que beaucoup de gens désirent et me conseillent, mais je n'y ai pas le moindre cœur ; ce serait venir chercher une lutte que j'ai voulu éviter, et en me plaçant sur un plus mauvais terrain que celui que j'ai abandonné. Je crois bien qu'il y a là pour moi de belles chances, car l'Opéra se désorganise un peu plus chaque jour, et puis la vogue de Duprez baisse et sa voix se fatigue.

» Les auteurs qui l'ont d'abord soutenu, voyant qu'on les rend responsables du peu d'effet qu'il produit dans leurs ouvrages, viendraient tous à moi, je le crois ; mais, je te le répète, je n'y ai pas de cœur.

» Voilà maintenant ce qui me pousse vers l'Italie. Rubini se retire l'année prochaine, et la place du premier ténor d'Italie est à prendre. Je veux essayer d'aller la conquérir. Par quelques études faites dans le genre italien, j'ai pu me convaincre qu'avec une langue aussi sonore, aussi musicale, ma voix doit augmenter d'intensité, de volume et de souplesse.

» D'ailleurs, je pars avec le seul désir de me rendre compte par moi-même de l'état des théâtres, du goût du public, et de ce qu'il y aurait à faire dans ce pays. Quand j'aurai entendu leurs meilleurs ouvrages, leurs meilleurs artistes, je me déciderai alors définitivement, et, pour ne pas m'abuser, je dois te dire que je me fais d'avance les difficultés immenses. Jusqu'à présent, l'Italie a été pour moi comme un fantôme effrayant ; il faut absolument que je le voie de près, et peut-être alors je n'en aurai plus peur.

» Dans tous les cas, ce voyage ne peut que me faire du bien ; d'abord les médecins me le conseillent ;

c'est un moyen de mettre fin à cette toux qui ne veut
pas me quitter depuis plus de deux mois, et comme
ils sont d'avis, en tout cas, que je me repose cet hiver,
c'est une bonne façon de l'employer sans me fatiguer
la voix.

» Ensuite, il est impossible qu'avec mes idées
d'avenir sur les arts, je ne retire pas quelque connaissance utile de ce pays qui est la patrie des arts,
et, en dernier lieu, si je dois revenir à Paris, soit
Italien, soit Français, ce voyage ne va-t-il pas me
donner une plus grande valeur aux yeux de tous ces
jobards parisiens, qui ont tant de goût pour tout ce
qui n'est pas de leur pays?

» C'est donc un parti bien pris, et dès que les médecins me le permettront, je ferai mes paquets sans
rien dire à personne, car je veux éviter les cancans,
les suppositions, les *si*, les *car*, les *mais*, etc. C'est
quand je serai à Rome ou à Naples que je veux qu'on
sache que je dois faire un voyage en Italie. Une autre
raison, que je ne te disais pas ! Je pars avec un excellent compagnon de route, le cousin Barthélemy, le
voyageur par excellence, le Juif-Errant. Avec lui, je
suis sûr de voir tous les coins et recoins de l'Italie,
et sans me donner grand mal.

» Eh bien, cher ami, voilà du nouveau! Voilà de
quoi penser ! Pour le moment, cependant, ce n'est
qu'un voyage d'agrément, un voyage de santé, une
façon de ne pas perdre tout à fait deux mois de repos qui me sont ordonnés. Depuis que je me suis
arrêté à ce parti, je suis tout à fait content de moi;
mon courage a doublé, et je vois plus clair dans

l'avenir. Avec l'italien, mes ressources s'agrandissent, et c'est toute l'Europe que j'ai à exploiter. Jusqu'à présent, j'ai passé pour un bon acteur, et chanteur par-dessus le marché ; je veux tâcher d'être un parfait chanteur, acteur par-dessus le marché. »

Voilà qui est parfaitement clair : dans la première lettre, Nourrit établit que ce ne fut point la présence de Duprez dans la salle de l'Opéra qui provoqua chez lui l'indisposition qui l'empêcha de terminer la *Muette*; dans l'autre, on y voit que c'est l'ambition bien naturelle, mais tardive, de conquérir la place laissée vacante par le départ de Rubini qui le décida à aller en Italie.

Porteur de nombreuses lettres de recommandation, Nourrit ne sut d'abord s'il irait se fixer à Rome ou à Naples ; la fatalité lui fit donner la préférence à cette dernière ville. C'est là, quatorze mois après avoir quitté l'Opéra, que nous le trouvons occupé du soin de se faire une nouvelle position, c'est-à-dire en train de devenir *chanteur italien*, comme il disait lui-même.

Avant de débuter au théâtre San Carlo, où il fut engagé, Adolphe Nourrit, dont la voix était gutturale et pointue, s'efforça, sous la direction du maëstro Donizetti, de ramener ses sons élevés dans le médium et de se créer ainsi une *vraie* voix de poitrine. Ne trouvant pas de rôle à sa convenance dans le répertoire italien, il s'inspira de Polyeucte, fit sur ce sujet le canevas d'un opéra en trois actes, et se réserva de jouer le principal personnage. Il livra le scenario à Camerano et à Donizetti, qui se mirent aussitôt à l'œuvre, et qui l'arrangèrent pour la scène italienne, l'un pour les paroles, l'autre pour la musique. Bientôt les rôles furent distribués aux artistes, et, quelques jours après, l'ouvrage fut mis à l'étude ; mais la fatalité qui poursuivait ce pauvre Nourrit devait, comme une meule impitoyable, broyer et mettre en poudre la parcelle de bonheur qui lui était échue en partage et qui pouvait être un germe fécond dans le champ du travail.

A la répétition générale, la censure intervint et défendit la représentation de *Polyeucte,* se fondant sur ce que Nourrit mettait trop de feu dans son jeu, au final du troisième tableau, lorsqu'il renversait les idoles, ce qui était contraire aux usages établis, d'un mauvais exemple, et en outre dangereux pour l'ordre public, surtout dans un moment où le peuple était véhémentement soupçonné d'avoir des velléités subversives.

Qui saura jamais ce que dut éprouver Nourrit, lorsqu'il apprit plus tard que Donizetti, qui n'avait pu faire représenter son *Poliuto* à Naples, était parti pour Paris avec l'intention avouée de faire représenter son œuvre sur la scène de l'Opéra ! Ainsi, non-seulement Duprez lui avait ravi sa place, mais c'était encore à son heureux rival qu'était réservé l'honneur de créer le rôle de Polyeucte, dans l'opéra de ce nom, qu'on intitula plus tard *les Martyrs.*

Mais il ne s'agissait pas de se livrer à des regrets stériles, il fallait aviser. A cet effet, Nourrit s'adressa à Mercadante, qui lui proposa de créer un rôle important dans son *Giuramento.* La proposition était trop belle pour qu'il ne s'empressât pas de l'accepter ; aussi se mit-il immédiatement à la disposition du maëstro, qui voulut bien se charger de lui apprendre le rôle.

Le succès couronna enfin les efforts de Nourrit. C'est lui-même qui nous l'apprend dans une lettre qu'il adressa à Hippolyte Bis quelques jours après la première représentation du *Giuramento* ; et cette lettre, la voici... Nous la reproduisons *in extenso*.

« A HIPPOLYTE BIS.

» Cher ami, — Faut-il te dire pourquoi je ne t'ai pas écrit plus tôt ? Faut-il te raconter tous les mauvais jours que j'ai eu à passer, toutes les luttes que j'ai eu à supporter contre moi-même et contre les autres avant d'arriver à ce but que je m'étais proposé et que je viens d'atteindre malgré toutes les difficultés de l'entreprise ?

» Tu as dû savoir par les miens une partie de mes ennuis, de mes chagrins, en apprenant les entraves que j'ai rencontrées pour me produire dans cette patrie des beaux-arts ; tu as pu deviner le découragement qui s'est emparé de moi quand je me suis vu aux prises avec une censure ridicule, une censure qui doit tuer avant peu tout ce qui reste d'art dramatique dans ce pays. Ma première pensée, mon premier désir avaient été de débuter dans ton *Guillaume Tell;* mais Dieu sait comment ils l'ont arrangé ! le mot *patrie* n'y est pas prononcé une seule fois, et le banal *traditore* a remplacé partout le tyran ou l'oppresseur.

Mais enfin, tel qu'il est, je m'en serais contenté. Des
conseils d'amis me détournèrent de ce projet.

» D'abord, il n'était pas présumable que la police,
qui, dans le temps où le roi se donnait des allures
libérales, avait défendu la représentation de ce chef-
d'œuvre, la permît, aujourd'hui que le royaume de
Naples est devenu une province autrichienne par le
fait du mariage du roi avec une fille du prince Charles ;
et, même quand on l'eût permis, ce n'eût été qu'à
condition que toute marque d'approbation serait inter-
dite. Il fallut donc penser à autre chose.

» Tu sais l'histoire du *Polyeucte*, des *Guèbres*, de
Lucrèce Borgia, d'*Elisa Fosco* ; enfin, tu sais que
quatre opéras m'ont été refusés, que j'ai perdu courage un instant, que je voulais rompre mon engagement, au risque de voir la carrière perdue pour moi à
jamais; enfin tu sais que j'ai tout surmonté et qu'un
plein succès a couronné ma persévérance. J'ai débuté,
le 15, par le *Giuramento*, de Mercadante (c'est une
imitation de l'*Angelo* de Victor Hugo), et ce public
napolitain, que l'on dit si froid, si difficile, qui passe
pour le juge le plus sévère de l'Italie ; ce parterre qui
fait et défait les réputations musicales, m'a applaudi
tout d'abord avec courtoisie, avec bienveillance, et
du premier coup m'a accordé un brevet de bon chanteur, de bon chanteur italien, et a adopté avec enthousiasme toutes les allures de mon jeu, malgré leur
nouveauté, je dirai même leur étrangeté. Cinq fois
j'ai été rappelé sur la scène pendant le cours de la
représentation, et les vieux amateurs napolitains disaient tout haut qu'ils n'avaient pas souvenance d'un

tel succès à Saint-Charles, pour une première apparition. J'ai joué cinq fois l'ouvrage, et cinq fois le succès a été le même.

» L'opéra aussi a fait grand effet, et son succès est une gloire pour notre école française : c'est un ouvrage pensé et écrit dans le système de musique que nous voulons en France ; c'est une alliance heureuse de la mélodie italienne avec l'harmonie allemande et la déclamation française. Le public de Naples a chaudement applaudi cette innovation , et il ne faudrait que deux ou trois opéras de ce genre pour fixer tout à fait son goût. Il est las de ce plaisir facile que procure la musique purement mélodieuse et toujours mélodieuse ; il veut des sensations plus vives , enfin il veut du drame musical. Mais comment faire du drame, même du drame musical , avec une censure qui ne permet pas de mettre en scène un roi méchant ni un roi malheureux, encore moins une reine ou une princesse vicieuse ; une censure qui vous défend de prononcer le mot de *Dieu*, qui ne veut pas non plus que vous parliez du *diable*, ni de l'*enfer*, ni du *ciel*, ni d'amour de la patrie, ni de foi religieuse, ni de passion quelle qu'elle soit ? On ne peut pas appeler *mon ange* celle qu'on aime ; il est interdit au décorateur de faire voir le bout d'un clocher. On met des caleçons verts aux danseuses et des bas blancs aux Grecs et aux Romains, voire même aux sauvages, si l'occasion s'en présentait. Et puis travaillez , hommes de génie, faites des chefs-d'œuvre avec cela ! J'oubliais de te dire que quand un acteur se permet de jouer avec trop de chaleur,

la police vient lui ordonner de mettre de l'eau dans
son vin, de même qu'elle défend au public d'applaudir plus d'une fois après chaque morceau.

» Tu penses bien que, malgré tout mon désir de
suivre la carrière italienne, il me sera difficile de
me faire à ce régime. Aussi, malgré toute la gloire
de mon succès et tout l'honneur qu'il y aurait pour
moi de coopérer à une rénovation de l'art musical et
dramatique de ce pays, je ne puis m'empêcher de
penser à la France, à notre belle France, tant dési-
rée pour nous, ses fils ingrats, notre France qui sera
toujours le premier pays du monde.

» Mais je ne veux pas trop me laisser aller à ces
pensées : j'ai encore quatre mois à passer ici, et il
ne faut pas que je me laisse gagner par le mal du
pays. Aimons la France et la liberté, mais sachons
vivre à Naples.

» Adieu, cher ami; quand tu auras un moment,
écris-moi, et ne prends pas exemple sur moi. Adieu,
je t'embrasse de cœur.

» Ton ami,

» AD. NOURRIT. »

Après le *Giuramento* de Mercadante, il chanta
l'*Elena da Feltre*, du même auteur; puis enfin le
rôle de Pollion, dans *la Norma*, rôle écrit trop bas
pour sa voix.

Infortuné Nourrit!... Qui lui eût dit, trois ans
auparavant, que cette gamme ascendante de la féli-
cité humaine, qu'il parcourait en s'abandonnant au
frémissant et rapide allégro, avait un lendemain si

prompt, et que le lendemain était un réveil amer.
Maintenant, hélas! hélas! touchait à la contre-partie de
cette vie féerique, et parcourait une tout autre gamme
qui n'avait ni fioriture ni pizzicato : il chantait piteu-
sement l'élégie sur l'air de « *Rendez-moi ma patrie,
ou laissez-moi mourir !* » avec force accompagnement de regrets superflus. Voilà la vie et ses vicis-
situdes : souvent l'eldorado du bonheur touche à
l'apogée des misères humaines, et l'on a besoin, il
faut en convenir, d'une bonne cuirasse d'airain pour
supporter toutes ces péripéties.

Nonobstant le travail opiniâtre auquel Nourrit
s'était livré pour modifier ce que le timbre de sa
voix avait de désagréable, il ne put toutefois dompter
entièrement la nature, et de temps en temps celle-ci
reprenait ses droits, de façon à prouver à l'artiste
qu'il n'était pas au bout de ses peines. Nourrit redou-
bla alors d'efforts, de travail ; mais il lui arriva ce
qui arrive à tous les chanteurs en pareille circonstance : le timbre de sa voix se durcit, bientôt même
son organe le trahit, et dès lors une sombre tristesse,
une noire mélancolie s'empara de tous ses esprits.

Le 6 mars, — deux jours avant sa mort, — se
trouvant chez Mᵐᵉ Eugénie Garcia, celle-ci lui présenta un album, en le priant de vouloir bien y tra-
cer quelques mots, un souvenir. Voici les vers que
Nourrit improvisa :

> Si tu m'as fait à ton image,
> O Dieu ! l'arbitre de mon sort,
> Donne-moi le courage
> Qu'il faut... donne-moi la mort;

Mon âme, en proie à la souffrance,
  Est près de succomber ;
Dans l'abîme où meurt l'espérance,
  Ah ! ne me laisse pas tomber.

A la lecture de ces vers , empreints d'une si profonde tristesse, chacun se récria.

— Bah ! fit Nourrit, c'est une romance, un air,
une cavatine d'un ténor infortuné ; on mettra cela en
musique.

Le lendemain, 7 mars 1839 , des chut ! s'étant
fait entendre dans le premier acte de la *Norma*, à la
fin du duo entre Adalgise et Pollion , Nourrit rentra
dans la coulisse la figure bouleversée, et ne proféra
que ces paroles :

— Chutez, mes amis, demain vous ne me chu-
terez plus !

En rentrant chez lui, il soupa tranquillement, se
montra bon et affectueux envers sa femme et ses
enfants , et rien ne faisait prévoir la déplorable résolution à laquelle il allait se laisser entraîner ; puis, à
l'aube du jour, abandonnant furtivement sa couche,
il se précipita du haut de son balcon dans la cour du
palais Barbaja, où il trouva la mort, le 8 mars 1839,
à cinq heures du matin ! Quand on apprit sa fin tragique à Paris, l'Opéra fit relâche ce jour-là. Plus tard,
ses restes mortels ayant été rapportés en France , on
lui fit des funérailles princières.

La mort de Nourrit fut une véritable perte pour la
scène française, et nous ferons remarquer, en passant, que c'est de cette époque que date à peu près
la décadence de l'art du chant en France.

CHAPITRE XX.

DUPREZ.

I

En France, le ténor est la clé de voûte de toute entreprise théâtrale ; il est l'astre heureux ou malheureux qui préside à la fortune ou à la ruine de son directeur tandis que les autres artistes gravitent autour de lui et lui tiennent lieu de satellites ; les Allemands, au contraire, ont une préférence marquée pour la voix de basse ; enfin les Italiens réservent leurs plus belles fleurs pour les *soprani sfogati*. Or, en sa qualité de ténor, Nourrit s'était créé à l'Opéra une position exceptionnelle ; mais Duprez fut engagé, et l'on sait ce qui arriva. C'est en 1837 que Duprez, après une absence de plusieurs années consacrées à l'étude du chant en Italie, contracta un engagement avec M. Duponchel, et vint débuter à Paris sur la vaste scène de la rue Lepelletier. Ce n'était pas trop assurément que de l'immense talent et de la belle voix de Duprez pour qu'on ne regrettât pas Nourrit, Nourrit le créateur de tant de chefs-d'œuvre, l'artiste éminent qui depuis seize ans trônait en maître à l'Opéra, où il s'était acquis les sympathies du public, des auteurs, de tout le monde enfin.

Le bruit des triomphes que Duprez avait obtenus à Naples et à Milan ayant précédé son arrivée dans la capitale, l'on n'a pas l'idée de l'empressement que le public mettait à connaître les particularités et jusqu'aux moindres détails de la vie privée du grand artiste ; aussi, lorsque l'administration théâtrale eut fixé le jour de son premier début, personne n'eut la patience d'attendre jusque-là pour le voir et l'entendre : tout ce que Paris renfermait de femmes à la mode, de mélomanes enthousiastes et d'amateurs distingués, s'empressa de solliciter de M. Duponchel la faveur d'une entrée pour assister à la répétition générale de *Guillaume Tell*, opéra dans lequel Duprez, transformé, devait se révéler au public parisien.

Ceux qui les premiers entendirent le débutant n'ont certainement pas oublié cette mémorable soirée !... Le lustre et tous les candélabres allumés, la salle pleine de monde, les coulisses encombrées d'employés subalternes, enfin, bien avant l'heure indiquée, les musiciens eux-mêmes à leur poste, prouvaient que la curiosité était vivement excitée.

L'ouverture fut enlevée et la répétition alla son train ordinaire pendant près de dix minutes. Mais tout à coup, sur la ritournelle qui précède l'entrée de Melchtal et de son fils Arnold, un long frémissement parcourut l'immense salle et le silence le plus pro-

fond lui succéda ; un instant après l'on vit apparaître, au fond du théâtre, sur le haut de la montagne,
celui qui était l'objet de tant d'empressement, celui
dont le nom était dans toutes les bouches, celui enfin
que la renommée avait proclamé célèbre parmi les
plus grands chanteurs.

Tous les regards étaient fixés sur l'illustre débutant ; tout le monde était attentif : on aurait entendu
une mouche voler.

Duprez s'avança alors vers la rampe, et de sa voix
mâle et puissante, il entonna le long récit qui sert
d'introduction au grand duo entre Arnold et Guillaume
Tell. Non, jamais aucun chanteur ne produisit une
impression plus grande, impression qui, à la péro-
raison du récit, provoqua une salve spontanée de
chauds applaudissements. Mais lorsque l'illustre ténor
attaqua cette phrase :

> O Mathilde, idole de mon âme!

oh ! alors les bravos partirent de tous les points de la
salle, et la répétition s'acheva au milieu d'un enthousiasme indescriptible. La foule, en s'écoulant,
s'écriait : C'est admirable! tandis que les partisans et
les amis de Nourrit disaient tout bas : Pauvre Adolphe ! A partir de cette mémorable séance (15 avril
1837), Duprez eut page et rang dans les annales de
l'Académie de Musique, et maria son auréole de gloire
à la couronne d'argent du directeur ; car notre époque regarde ces deux choses comme très-compatibles.

L'année suivante, Halévy écrivit pour le débutant

Guido et Ginevra, opéra en 5 actes, qui renferme l'air le plus meurtrier qui ait jamais été écrit pour voix de ténor.

Halévy nous a affirmé, dans le temps, qu'il avait primitivement composé, dans le ton de *si bémol majeur*, tout l'*andante* déjà si dur et si fatigant de ce morceau : *Quand renaîtra la pâle aurore*, et que ce fut sur les instances de Duprez qu'il ramena le motif un demi-ton plus haut. Cet air *vocicide* n'ajouta rien à la réputation de cet artiste ; en revanche, il fatigua considérablement sa voix.

L'on a prétendu bien souvent que le rôle d'Arnold, dans *Guillaume Tell*, était le triomphe de Duprez. Selon nous, — qui avons entendu le grand artiste dans tous les rôles de son répertoire, alors qu'il jouissait de la plénitude de ses moyens, — il était aussi complet dans Raoul des *Huguenots* et dans Eléazar de la *Juive*. En revanche, il était inégal dans *Robert* et dans la *Muette*. Cela se comprend. Ce qu'il fallait à Duprez, c'était un chant large, de belles mélodies bien développées. Or, dans *Robert*, le ténor n'a pas un seul air à chanter ; il ne procède que par phrases, qui, pour être bien rendues, demandent une voix franche, à l'émission spontanée : ce n'était pas par là que brillait Duprez ; à son entrée en scène, les premiers sons qu'il donnait étaient voilés ; sa voix avait besoin de s'échauffer. Si l'organe, qui est un don de la nature, avait pu se transmettre, que d'artistes auraient été incapables de se servir de l'organe de Duprez !... La voix de l'éminent ténor n'était vraiment belle qu'à la condition de la faire valoir, et, pour cela, il fallait posséder trois choses : son talent, ses poumons d'airain, et son gosier aussi solidement trempé que l'acier. Faute de l'une de ces trois conditions, l'on aurait couru grand risque de voir se renouveler l'aventure tant de fois citée de ce chevalier qui, voulant aller guerroyer, demanda son armure et son destrier ; mais lorsqu'il eut tout cela, et qu'il s'agit de combattre, il lui manqua... le courage.

Pour ce qui est de la *Muette*, Duprez paraissait avoir une prédilection pour Masaniello... On le voyait ; c'était peut-être par reconnaissance, car ce rôle lui rappelait ses plus beaux triomphes en Italie. Néanmoins, bien qu'il chantât sa partie d'une manière remarquable et fournît une voix colossale dans le duo du deuxième acte et dans le grand air du troisième, il ne répondit pas à l'attente générale dans l'interprétation de cette belle œuvre d'Auber.

D'une taille exiguë, les jambes un peu grêles pour un corps et une tête très-développés, marchant les pieds en dehors, comme les danseurs, le nouveau ténor se trouva presque écrasé par le souvenir du cachet que Nourrit avait donné à ce personnage de pêcheur napolitain appelé à devenir roi.

Masaniello, il est vrai, ne savait ni lire ni écrire, et signait ses décrets avec le pommeau de son épée ; mais n'importe : dès le premier acte, il aurait fallu laisser transpirer quelque chose du roi des troisième et quatrième actes, et c'est ce que ne faisait pas Duprez. Avec lui, Masaniello était un pêcheur peu poétique, c'était un lazzarone par trop réaliste.

La puissance de l'art ne réside pas dans la stricte

reproduction de la nature ; il est des cas, au contraire, où, sous peine d'être repoussant, il doit né-
gliger certaines conditions de fidélité matérielle. C'est
partir d'un faux principe et s'exposer à bien des déceptions que de procéder autrement.

« Mais qui n'a pas rencontré aussi tels peintres que
ce faux principe égare, et qui s'en font un bouclier
contre une critique juste et fondée? En voici un qui
a peint une scène de deuil et de misère : c'est un
vieillard, et, auprès de lui, morte dans sa couche
délabrée, une jeune fille qui était son soutien et qui
soignait ses vieux jours. Le sujet avait sa beauté :
cependant, le tableau, au lieu d'attacher, repousse ;
au lieu d'intéresser, fait peine. C'est que le peintre,
pour faire vrai, a fait réel. Au sentiment poétique qui
cherche une pensée, il a substitué la pure imitation
qui cherche une copie, et·, en atteignant au vrai, il
a touché au triste, au vulgaire, à l'ignoble, au taudis,
au cadavre. La critique détourne les yeux (1)... »

Le vrai peut quelquefois n'être pas vraisemblable.

Que d'artistes qui, croyant bien faire, exagèrent les
difformités de Glocester, dans *les Enfants d'Edouard*,
et de Triboulet, dans *Rigoletto*. En agissant ainsi, ils
commettent une faute grossière, car la vérité de l'art
n'est point la vérité de la nature.

Sur une scène de premier ordre, surtout, il vaut

____

(1) R. Töpffer, *Essai sur le beau dans l·s arts*, p. 129.

mieux élever que ravaler les sentiments du personnage qu'on est appelé à représenter (1).

II

Il est un fait qu'on ne peut nier, c'est que de tout temps les divers artistes qui se sont succédé sur la scène de l'Académie de Musique n'aient exercé une influence directe sur leurs confrères de la province, et que ceux-ci, à leur tour, n'aient agi de même, dans les villes où ils chantaient, sur les dilettanti ou les jeunes gens qui se destinaient à la carrière théâtrale. Cette sorte de pression s'est manifestée à toutes les époques; nous en trouvons la preuve dans le *Dictionnaire de musique* de J.-J. Rousseau :

« Le goût du chant, » dit-il, « consiste aussi beaucoup à donner artificiellement à la voix du chanteur le timbre, bon ou mauvais, de quelque acteur ou actrice à la mode ; tantôt il consiste à nasillonner,

(1) C'est ce qui nous fait dire que le rôle de Rebolledo, dans les *Diamants de la Couronne*, a été mal établi sur le théâtre de l'Opéra-Comique, à Paris. Il fallait faire de ce personnage un faux-monnayeur, s'imposant aux siens par la force morale, et, en conséquence, ne lui point mettre une serviette sur le bras, et ne le point obliger sans cesse, au premier acte, à en appeler à son poignard ; il fallait en faire un joueur de bonne compagnie, faisant sauter la coupe, et nullement déplacé dans les salons et en la société du comte de Campo-Mayor, lorsque, au deuxième acte, un accident le force à demander l'hospitalité au ministre de la justice ; enfin, il fallait en faire un seigneur *déclassé*, susceptible d'être réhabilité, et, partant, à même de justifier la confiance de la reine, lorsque, au troisième acte, celle-ci le nomme premier ministre de la police.

tantôt à canarder, tantôt à chevrotter, tantôt à glapir ;
mais tout cela sont des grâces passagères qui chan-
gent avec leurs auteurs. »

D'après ces données, il n'est pas étonnant qu'en
1835, qui était la belle époque de Nourrit, presque
tous les artistes chantassent en voix blanche, tandis
que, deux ans après, à l'arrivée de Duprez, chacun,
à son exemple, s'efforçait à l'envi de chanter en voix
sombrée. Ce fut une révolution radicale.

« Et tout ce mal, » dit M. Stéphen de la Madelaine,
« n'a pas été le résultat d'un certain nombre d'années,
mais de quelques mois, de quelques semaines. D'une
saison à l'autre, la France compta cinquante Duprez
au petit pied, qui sombraient à qui mieux mieux et
qui s'égosillaient à l'avenant... »

En effet, il surgit tout à coup une nuée de ténors,
astres nouveaux qui ne brillèrent qu'un jour, et qui,
loin d'imiter Duprez dans ce que sa méthode avait de
remarquablement beau, se mirent à le copier servilement dans ce que son système d'émission de la voix
avait de dangereux pour quiconque n'avait pas, comme
lui, étudié en Italie.

Dans le chapitre intitulé PHYSIOLOGIE DE LA VOIX
HUMAINE, nous avons dit que l'organe vocal exprimait
avec un égal succès la colère, la tendresse, la douleur, la folle gaieté, la vengeance, etc. Ces diverses
inflexions et altérations de la voix s'obtiennent à l'aide
de divers procédés qui consistent à faire prendre
au cartilage thyroïde, vulgairement appelé pomme
d'Adam, des positions déterminées et connues.

Les lois qui régissent la nature étant immuables, il

est évident que le thyroïde, *au repos*, occupe la même position chez tous les hommes; mais dès que ceux-ci parlent ou chantent, la pomme d'Adam se déplace, et c'est ce déplacement qui, en modifiant le timbre de la voix, constitue l'*accent*, lequel varie autant qu'il y a d'idiomes.

Entre les Italiens, les Anglais et les Français, etc., il n'y a donc pas seulement diversité de langage, il y a aussi diversité d'accent, et il n'est pas nécessaire, en entendant parler un étranger, de comprendre ce qu'il dit pour indiquer sûrement quelle est sa nationalité.

Les Italiens chantent et parlent en timbre sombre; les Français en timbre clair, qui est le timbre normal; les Allemands et les Anglais en timbre guttural. Chez ces derniers, le larynx accomplit un mouvement ascensionnel; chez les Français, il conserve sa position naturelle; chez les Italiens, au contraire, il accomplit un mouvement descendant et vient se fixer aussi bas que possible, d'où il résulte que chez les Italiens et chez les Anglais le larynx se meut en sens inverse.

Rien n'est plus aisé que de constater la réalité de ce fait, car on peut en faire l'expérience sur soi-même; il suffit, pour cela, de reconnaître la position du cartilage thyroïde (pomme d'Adam), et de suivre ensuite ses mouvements avec le doigt, en expérimentant les divers accents dont nous venons de parler.

Or, pendant son séjour en Italie, Duprez avait contracté l'habitude d'abaisser le thyroïde, c'est-à-dire de chanter en timbre sombre; aussi fit-il d'autant plus de sensation à Paris, que jusqu'alors tous les artistes français, à l'exemple de Nourrit, avaient chanté en timbre clair. Appuyant la voix sur le larynx, Nourrit était obligé, pour faciliter l'émission des sons élevés, de renverser sa tête un peu en arrière. Duprez, au contraire, baissait le menton et ne laissait voir que la partie inférieure de son cou.

L'on attribua d'abord à des circonstances bizarres (l'absorption de certain breuvage) la cause de la révolution vocale qui s'était opérée chez l'illustre chanteur, qui, de *ténorino* qu'il était primitivement, s'était transformé en ténor à la voix énergique et éminemment dramatique.

La vérité ne tarda pas à se faire jour, et les chanteurs savent maintenant à quoi s'en tenir à cet égard, beaucoup parmi eux ayant adopté aujourd'hui le système de la voix sombrée, qui consiste, nous venons de le dire, à fixer le larynx aussi bas que possible, à la manière italienne. Malheureusement, tandis que les chanteurs italiens n'ont qu'à ouvrir la bouche pour donner un son, et que leur organe se distingue par une incroyable facilité d'émission, qui est le signe caractéristique des belles voix, les artistes français, malgré leur désaffection envers l'ancien système, ne possèdent pas, à beaucoup près, les prérogatives vocales dont jouissent leurs compétiteurs. Le *sotto voce*, par exemple, est inconnu chez nous, tandis que les Italiens en tirent leurs plus grands effets. Nous passons bien du *forte* au *mezza-voce*, mais du *forte* au *sotto voce* (sous la voix), ce qui est bien différent, impossible!

Pourquoi l'insuccès chez nous et le succès chez

nos voisins ? Cela s'explique et se comprend parfaitement.

Plusieurs chanteurs français ont adopté, il est vrai, le système de la voix sombrée ; mais étant obligés de parler en timbre clair, il en résulte que les progrès qu'ils accomplissent au point de vue vocal sont aussitôt annihilés.

Voici, dans leur ordre hiérarchique, les langues qui se prêtent plus ou moins au développement de la phonation :

1° La langue italienne,
2°   —   turque,
3°   —   russe,
4°   —   espagnole,
5°   —   allemande,
6°   —   française,
7°   —   anglaise.

Obligé d'accommoder son système d'émission aux exigences de la langue et de la prosodie françaises, Duprez ne parvint que difficilement à donner de beaux sons avec l'émission normale de l'A. En revanche, les voyelles I, U, et le monosyllabe OU, si difficiles à émettre pour tous les chanteurs français dans le registre élevé de la voix, étaient on ne peut plus propres à faire valoir son accentuation magistrale, d'où il ressort clairement que l'influence climatérique, comme on le supposa d'abord, ne fut pour rien dans la révolution qui s'était opérée chez Duprez, et que c'est, au contraire, à sa constitution physique devenue robuste, de frêle qu'elle était, à son profond savoir musical, mais surtout à l'idiome italien, qu'il faut attribuer la miraculeuse métamorphose en question.

Nous insistons donc sur ce point, que l'éclosion des belles voix se rattache à certains faits physiologiques, et que l'influence climatérique y prend peu ou point de part.

En veut-on une preuve concluante?

Tout le monde sait que le département de la Haute-Garonne fournit à lui seul presque autant de chanteurs que tous les autres départements français. Pourquoi cela? Parce que le patois toulousain est, de tous les idiomes connus, celui qui offre le plus d'analogie avec l'idiome italien : la prosodie diffère, mais c'est la même manière d'articuler, c'est surtout le même accent. Or, dans la ville de Toulouse et ses environs, les enfants du peuple ne parlant à peu près que le patois, les voix y sont très-belles et fort nombreuses, tandis qu'elles sont plus rares à mesure qu'on monte les degrés de l'échelle sociale; les beaux organes n'existent qu'à titre d'exception chez les familles patriciennes du Languedoc.

« La langue italienne, » dit le docteur Second, « fourmille de mots qui ne peuvent se bien prononcer qu'avec la voix sombrée, c'est-à-dire avec un tuyau allongé. La voyelle *u* (ou) qu'on y rencontre si fréquemment, détermine un développement complet de tuyau. D'après Kempelen, la longueur du canal oral étant égale à 1 pour la prononciation de l'*i*, devient égale à 5 pour celle de l'*ou*.

» L'emploi exclusif du timbre sombre est défavorable à la prononciation de notre langue, et il a fallu tout l'art d'un grand artiste (1) pour qu'il ait pu l'introduire dans une école moderne de chant français. L'empressement qu'on a mis à l'adopter s'explique par le goût spécial de notre nation pour la musique dramatique. Ce timbre, convenablement produit, donne précisément à la mélopée une couleur dramatique des mieux caractérisées. »

D'après MM. Pétrequin et Diday, Second, Stéphen de la Madelaine, et plusieurs autres physiologistes distingués, la voix sombrée est d'une immense ressource pour le chant, mais sujette à s'érailler et à disparaître dans un temps plus ou moins limité. Citons d'abord les théories de MM. Pétrequin et Diday à cet égard :

« Si les chanteurs trouvent souvent dans le sombrer un utile auxiliaire, l'hygiène nous apprend qu'il peut aussi produire des effets désavantageux soit sur la voix elle-même, soit sur l'état fonctionnel de l'artiste qui en fait usage.

» Les conditions d'où résulte le changement des timbres s'accomplissent dans le sombrer avec plus de force ; mais comme la force n'augmente qu'aux dépens de l'agilité, on peut, *à priori*, s'assurer que ces deux qualités seront toujours développées en raison inverse l'une de l'autre. En effet, tandis que les phrases les plus rapides, les traits de vocalisation les plus épineux s'exécutent d'une voix blanche avec une précision remarquable, le sombrer réunit à plus de force une certaine pesanteur qui ajoute à son ca-

____

(1) Duprez.

ractère majestueux, mais le prive par compensation de cette souplesse si nécessaire dans quelques passages. Ce n'est pas qu'on ne puisse, à la longue et par un travail assidu, diminuer ces imperfections ; mais, nous le répétons, c'est une éducation à refaire, et l'art ne réussit jamais à donner à cette espèce de chant toute la légèreté de la voix blanche.

» Au point de vue de l'hygiène, le sombrer va nous offrir des inconvénients plus sérieux. Si l'on examine un acteur qui l'emploie et surtout à la suite d'un passage où le chant a été soutenu, ou bien à l'occasion d'une note suraiguë qu'il a fallu *enlever*, on verra la coloration du visage, le gonflement des jugulaires, les signes les plus violents témoigner de la puissance qu'il a dû déployer pour atteindre le but ; c'est qu'en effet la voix sombrée et l'effort ont dans leur mécanisme la plus frappante analogie. Accumuler beaucoup d'air dans la poitrine, le chasser avec force et sans interruption vers une ouverture rétrécie et oblitérée, voilà en deux mots la théorie de ces deux actes si semblables. Mais ces deux conditions ne peuvent être remplies sans que les poumons soient distendus par l'air qui s'y trouve retenu en plus grande quantité que dans la respiration naturelle. De là retard dans le renouvellement de ce fluide, langueur de l'hématose, obstacle au cours du chant, etc. On conçoit toute la fatigue qui doit en résulter pour le chanteur : fatigue telle que, comme plusieurs l'ont avoué, le théâtre est pour eux un véritable champ de bataille. Ce qu'il est aussi aisé de prévoir, c'est l'influence que ces efforts répétés et soutenus exercent sur les principales fonctions par la gêne qu'ils apportent à la circulation veineuse, et l'engorgement de tous les capillaires qui s'ensuit infailliblement. Aussi cet exercice trop prolongé peut-il devenir la cause de troubles divers, de lésions viscérales plus ou moins profondes.

» Mais ce qu'il nous importe surtout de constater ici, c'est l'altération de la voix elle-même, qui en est l'inévitable conséquence. Après un excès de travail en ce genre, on éprouve une chaleur brûlante derrière le sternum, un resserrement pénible à la gorge ; et ces symptômes, qui s'exaspèrent si l'on continue, rendent l'exécution vocale moins facile et plus fatigante. En vain l'artiste voudrait-il redoubler ses efforts, la douleur qu'ils éveillent l'arrête malgré lui ; et si cette lutte entre l'instinct conservateur et la passion du chant est prolongée par l'ignorance ou l'amour-propre, elle se termine tôt ou tard au détriment de la voix, par l'épuisement des organes qui, suivant une expression vulgaire, refusent à la fin le service.

» Cette conclusion est une conséquence rigoureuse de tout ce qui a été dit sur le mode de production de la voix sombrée ; aussi, dès que nos idées furent fixées sur son mécanisme, nous nous crûmes en droit d'établir cette proposition importante : *La voix sombrée, souvent exercée et donnée sans mélange, n'a qu'une durée très-limitée.*

» Cette proposition, dont un grand exemple (1) n'a

(1) Celui de Duprez.

pas tardé à démontrer la justesse, recevra encore, nous osons le prédire, plus d'une confirmation nouvelle.

» Ce qu'il y a de curieux à observer, c'est que malgré tout l'artifice dont les chanteurs usent pour dissimuler le dépérissement de leur voix, la circonstance où il commence à paraître est précisément celle où la théorie nous a enseigné que se trouvent les plus grands obstacles à vaincre ; c'est-à-dire lorsqu'on veut affaiblir les sons aigus. Et en écoutant tout récemment un célèbre ténor (1), c'est dans la difficulté qu'il éprouve à filer les notes hautes que nous avons vu le premier signe et de la vérité de nos assertions et de la perte inévitable de sa voix sombrée. »

Voici maintenant, sur le même sujet, l'opinion de M. le docteur Second : elle apporte un argument nouveau en faveur des théories de MM. Pétrequin et Diday, et corrobore en tous points leurs assertions :

« Beaucoup de dilettanti, enthousiasmés par les prodigieux effets qu'un artiste (2) de l'Académie royale a pu produire avec la voix sombrée, ont érigé cette émission en principe et s'obstinent à vouloir tout chanter en timbre sombre. Ces personnes ont un premier désavantage : c'est de ne chanter avec vérité que certains morceaux, tandis que leur expression est fausse dans beaucoup d'autres ; ils en ont un second bien plus affligeant : c'est que leur organe s'altère promptement.

(1) Duprez.
(2) Le même.

» L'observation la plus grossière démontre que la production du timbre sombre sollicite de la part de l'organisme un grand déploiement de forces. Le larynx, tenu immobile à la partie inférieure du cou, lutte contre les forces qui tendent à l'élever pendant la production des notes aiguës de la voix de poitrine; de plus, la disposition du tuyau vocal, en augmentant le volume du son, nuit à son éclat, et ce n'est que par une poussée vigoureuse et une grande dépense d'air que les sons émis de cette manière acquièrent toutes leurs qualités. Il faut que les respirations soient amples et fréquentes ; aussi la fatigue est-elle prompte, et les personnes qui abusent de cette émission paraissent-elles plutôt crier que chanter. Mais il n'est pas douteux que, dans certains cas, cette manière de timbrer la voix offre au chanteur de très-grandes ressources : l'important est d'en faire une sage application. Son usage est surtout indiqué pour produire avec ampleur les dernières notes de la voix de poitrine. »

Nous engageons vivement les chanteurs à se bien pénétrer des grandes vérités contenues dans les extraits qui précèdent, et à bien réfléchir sur les conséquences qui résultent de l'emploi exclusif de la voix sombrée, dont le moindre inconvénient est de la rendre impropre à faire le trait. Or, la vocalisation, en d'autres termes le mécanisme, étant la base fondamentale de la vocale, tout artiste qui ne vocalise pas sera toujours considéré comme un chanteur incomplet.

MM. Pétrequin et Diday pensent que le système de

la voix sombrée est une découverte toute récente,
importée en France par Duprez ; tandis que M. Stéphen de la Madelaine affirme que cette émission est
aussi ancienne que le déluge ; mais qu'en la mettant
à la mode, Duprez a *fait plus de mal à l'art français
que l'invasion des barbares n'en a fait jamais aux
splendeurs énervées du Bas-Empire.*

Toutefois, parce que l'imitation a été fatale aux
chanteurs qui ont voulu procéder à la manière de
Duprez, s'ensuit-il qu'il faille renoncer à l'usage du
timbre sombre ? Nullement ; et, à cet égard, nous
sommes de l'avis de MM. Second, Pétrequin et Diday,
qui conseillent aux chanteurs « *de ne point renoncer
aux ressources que présente la voix sombrée, mais de
les employer avec celle de la voix claire...* » et d'en
mélanger les qualités réciproques.

Du reste, Duprez, dans certains cas, ne procédait
pas différemment : ainsi, dans le récitatif, lorsqu'il
avait à lutter contre les accords forts du plein orchestre, il n'émettait que des sons en timbre clair. Sa
voix avait alors une puissance et une portée incroyables ; on eût dit une véritable explosion de sonorité !
Mais où Duprez était inimitable et provoquait l'admiration des dilettanti, c'est lorsque, variant ses effets,
il abordait un chant *spianato* en voix mixte. Dans ce
passage du 4me acte des *Huguenots*, par exemple :

« Tu l'as dit, oui, tu m'aimes ! »

il n'était pas possible de distinguer qui de Norblin
ou de Duprez se faisait entendre, tant les sons du

violoncelle et la voix s'identifiaient : c'était absolument le même timbre.

L'emploi presque exclusif de la voix sombrée obligeait Duprez à respirer fréquemment, et cette nécessité s'imposait à lui avec d'autant plus d'empire, qu'en chantant, il ouvrait démesurément la bouche, et éprouvait une grande déperdition d'air.

L'étendue de la voix de Duprez ne dépassait pas une douzième, du *fa* premier espace (en clé de *sol*) à l'*ut* au-dessus de la *portée*; son médium était aussi puissant que celui d'une basse-taille; et, par une anomalie dont il y a d'autres exemples chez les chanteurs, son organe parlant était cassé, fêlé, absolument dépourvu de timbre, comme s'il eût été atteint d'une aphonie.

Dans un ouvrage publié tout récemment, l'auteur affirme que la voix de Duprez disposait d'un parcours diatonique de quatorze à quinze notes, commençant à l'*ut grave*. C'est une erreur : en voici la preuve.

Dans le premier acte des *Huguenots*, lorsque *Raoul-*Duprez disait, en parlant du vieux Marcel :

« Diamant brut, incrusté dans du fer ! »

la note correspondant au mot FER, laquelle pourtant n'est qu'un *sol naturel*, était inerte et sans portée.

III

Voici la nomenclature des ouvrages chantés par Duprez sur la scène de l'Opéra :

REPRISES.

Guillaume Tell.. . . . . Rossini.
La Muette de Portici. . . . . . . Auber.
Les Huguenots. . . . . Meyerbeer.
La Juive. . . . . Halévy.
Robert le Diable. . . . . Meyerbeer.

CRÉATIONS.

Guido et Ginevra. . . . . Halévy.
Le Lac des fées. . . . . Auber.
La Vendetta. . . . . Ruolz.
Les Martyrs. . . . . Donizetti.
La Favorite. . . . . Donizetti.
La Reine de Chypre. . . . . . . Halévy.
Don Sébastien. . . . . Donizetti.
Charles VI. . . . . Halévy.
Jérusalem.. . . . . Verdi.
Lucie de Lamermoor. . . . . Donizetti.

IV

Lucie de Lamermoor, opéra en 4 actes de Donizetti, fut représenté pour la première fois à Paris sur le théâtre de la Renaissance, le 10 août 1839; puis transporté sur la scène de l'Académie de Musique le 20 février 1846. C'est à l'illustre ténor Duprez, qui avait créé le rôle d'Edgardo en Italie, que fut confiée l'interprétation de ce même rôle à l'Opéra.

A cette époque, Duprez était au plus mal avec son directeur, M. Léon Pillet, contre lequel il venait de soutenir un procès pour ne pas jouer le rôle du Dau-

phin, dans *Charles VI*. Le grand artiste était alors sur
son déclin, et ce fut pour ce motif et pour le punir
de sa résistance que l'administration théâtrale lui distribua, dit-on, le rôle d'Edgard, espérant que le chanteur aux abois succomberait à la tâche.

Pendant ce temps, M. Léon Pillet, nouveau mar-
quis de Corcy, prenait le chemin de l'Italie pour y
aller chercher, sinon des voix, du moins un digne
successeur de Duprez. C'est là que M. Vizentini, son
régisseur général, lui écrivit pour lui annoncer qu'il
pouvait surseoir à ses recherches, attendu que le ténor
à succès tant désiré était trouvé, et que ce *rara avis*
était... Duprez.

En effet, bien que la renommée de l'illustre ténor
fût à son couchant, il n'en produisit pas moins un
effet immense dans le rôle d'Edgard, dont l'interprétation fatigante écrase les plus jeunes et les plus
robustes ; mais il paraît, — pour nous servir d'une
expression heureuse employée par Mme Roland — que
l'« on conserve toujours le pouvoir de tenter avec
facilité ce qu'on a fait avec succès dans sa jeunesse. »

Qui ne se souvient de la sensation qu'on éprouvait
en voyant apparaître Duprez dans le second acte de
Lucie ? Pour bien rendre cette scène, on avait ménagé
un *praticable* au fond du théâtre, sur le seuil de la
porte, ce qui forçait les exécutants à descendre trois
marches pour arriver en scène ; mais, grâce à cet artifice de la perspective, véritable trompe-l'œil, Duprez,
malgré sa petite taille, dominait tous les personnages ; aussi son entrée produisait-elle un effet saisissant.

En passant par son gosier, le fameux septuor et
l'anathème soulevaient des tonnerres d'applaudissements, et tout Paris voulut entendre le grand air des
tombeaux, dans lequel Ravenswood sanglotait un
Ah ! qui faisait frissonner et qui électrisait la salle !

V

L'abus des grands éclats de voix ayant une coïncidence fâcheuse avec les débuts de Duprez à l'Opéra,
bien des gens en ont inféré que cet habile artiste
s'était fait le promoteur de l'*urlo francese*.

Mais, qui donc a créé le rôle principal dans *Guillaume Tell*, *Robert*, la *Juive* et les *Huguenots*, partitions composées, ce semble, pour faire briller le système de chant tant décrié, et qui lui ont servi de lettres
de naturalisation en France... est-ce Duprez ? Personne n'ignore que ces rôles ont été spécialement
écrits pour Nourrit.

Nous sommes donc autorisé à penser que Duprez
n'a fait que suivre l'impulsion déjà donnée. Chanteur
accompli et parfait musicien, il ne s'est imposé que
par son immense talent. Dans l'art du chant, il a
ouvert des perspectives nouvelles du plus merveilleux effet, et entre autres créations, nous lui devons
le grand style dans le récitatif. S'il a eu des imitateurs maladroits ou impuissants, faut-il lui en faire
un crime ? Quant à nous, nous ne saurions voir dans
Duprez que l'une des plus grandes célébrités lyriques dont puisse s'enorgueillir notre Académie de
Musique.

CHAPITRE XXI.

Gustave Roger est né à Paris en 1815 ou 1816. Il fit ses études au collége Louis-le-Grand, et entra ensuite chez un notaire, à qui son oncle, le baron Roger (député du Loiret, mort en 1849), l'avait recommandé.

On raconte que le hasard ayant fait tomber les *Aventures de Robinson Crusoé* sous la main de Roger, la lecture de ce célèbre roman produisit sur lui une si vive impression, qu'il résolut de passer par les mêmes épreuves que l'infortuné matelot, abandonné par ses compagnons dans l'île de Juan-Fernandez. A cet effet, le nouveau Selkirk quitta Paris un dimanche matin avec l'intention formelle d'aller à la recherche d'une île déserte. Il marcha bien longtemps, et il se flattait d'arriver jusqu'à la mer en suivant le cours de la Seine, lorsqu'un incident le força de s'arrêter à moitié chemin : il venait de s'apercevoir que si sa tête était pleine de mirifiques projets, sa bourse,

en revanche, était dépourvue d'espèces sonnantes.
Le fugitif fut donc contraint de revenir sur ses pas,
et après avoir rêvé les excursions lointaines, il dut
se résigner à rentrer au bercail.

Sur ces entrefaites, sa charmante voix de ténor
s'étant manifestée, le jeune clerc négligea désormais
l'étude de l'honorable notaire chez lequel il travaillait; bientôt même, il cessa d'y paraître pour étudier
le chant.

Petit-fils, par sa mère, de Corse, excellent comédien qui avait restauré et dirigé le théâtre de l'Am-
bigu-Comique, Roger possédait en germe les précieuses
qualités qui distinguaient son aïeul ; aussi, quelques
mois seulement après avoir rompu avec le code civil,
trouvons-nous l'ex-troisième clerc sur un petit théâtre de société, préludant au brillant avenir qui lui
était réservé. La vocation de Roger s'était enfin ré-
vélée, et à la vue des perspectives nouvelles qui s'offraient à lui, il résolut de se consacrer définitivement
à la carrière des arts. En conséquence, il se présenta
au Conservatoire de Musique, où il fut reçu pensionnaire du gouvernement. Roger entra dans la classe
de Martin, et il fit si bien, il étudia avec tant d'assi-
duité et de zèle, que l'année suivante (1837), il remporta deux premiers prix, celui de chant et celui de
déclamation lyrique. Les applaudissements qu'il obtint en cette circonstance furent d'autant plus flatteurs, qu'il l'emporta sur des prétendants dont les
chances de succès rendaient son triomphe plus difficile et par conséquent plus honorable, car la plupart
d'entre eux l'avaient précédé sur les bancs de l'école.

Six mois après, Roger débutait sur la scène de l'Opéra-Comique, dans le rôle de Georges de l'*Eclair*. Le nouveau ténor chanta merveilleusement son air du premier acte : *J'arrive auprès de vous, mes belles*, dans lequel l'élève d'Oxford, pressé de se marier, exhale si comiquement ses amours, et ne sait à laquelle de ses deux cousines donner la préférence. Il dit avec non moins de bonheur la scène du second acte, où le cousin, prenant son parti d'avoir été supplanté dans le cœur de la tendre et romanesque Henriette, s'écrie : *Mais j'ai fait ma philosophie!* Enfin, dans le troisième acte, où le rôle de Georges sert, mais ne domine pas l'action, Roger se montra plein de verve comique et d'entrain de bon goût ; en outre, il rendit le personnage de Georges autrement que ne l'avait fait son prédécesseur ; il lui donna une physionomie nouvelle. Le public satisfait, agréablement surpris, voulut saluer le débutant ; on le rappela à grands cris, et il dut reparaître à la chute du rideau.

Ce premier succès, qui en présageait d'autres plus éclatants, attira sur le jeune ténor l'attention des compositeurs le plus en vogue : Clapisson, Ambroise Thomas, Adam et Halévy n'hésitèrent pas à lui confier des rôles nouveaux dans leurs ouvrages ; aussi, lorsqu'une indisposition sérieuse força Couderc à s'éloigner momentanément de la scène pour aller respirer l'air natal, Roger se trouva-t-il tout prêt pour remplacer ce charmant comédien et pour faire face aux exigences du répertoire. A partir de cette époque, Roger n'inscrivit que des succès sur le grand-livre de l'avenir, et il prit rang immédiatement parmi les premiers sujets de la troupe.

Exerçant sa profession sous l'influence de deux maîtres illustres, Rubini et Duprez, qui se disputaient alors le sceptre de la royauté du monde lyrique, Roger s'était assimilé la manière de l'un pour le chant *spianato*, et la manière de l'autre pour le chant dramatique ; mais ne sachant un moment s'il devait chanter en voix blanche ou en voix sombrée, ce doute, dit-on, faillit briser la carrière du jeune ténor. Après avoir comparé et supputé toutes les chances, il se décida enfin et opta pour la voix sombrée. Sa détermination, comme un souffle inspirateur et fécond, vivifia son être et retrempa son courage pour la noble tâche qui lui était acquise.

Le plus bel éloge qu'on puisse faire de Roger, c'est de citer les ouvrages spécialement écrits pour lui pendant son séjour à l'Opéra-Comique ; car l'importance même de ces ouvrages donne non-seulement la mesure de sa valeur artistique, mais fait connaître aussi le rang qu'il occupait sur notre seconde scène lyrique. Voici donc, dans leur ordre chronologique, la liste complète des opéras dans lesquels il créa le rôle principal :

Le Perruquier de la Régence, la *Figurante*, le *Shérif*, l'*Elève de Presbourg*, *Sarah*, le *Diable à l'école*, le *Guitarero*, le *Duc d'Olonne*, le *Code noir*, la *Part du Diable*, *Mina*, la *Sirène*, l'*Aïeule*, les *Mousquetaires de la Reine*, *Gibby la Cornemuse* et *Haydée*.

L'interprète de ces divers ouvrages a eu ceci de commun avec Elleviou, c'est que quelques critiques ont prétendu que chez Roger le comédien faisait du tort au chanteur et que celui-ci n'était pas à la hauteur de celui-là. Ah ! ces aristarques n'auraient certes pas tenu un pareil langage, si, comme nous, ils avaient connu l'éminent ténor à l'époque où il était la gloire de l'Opéra-Comique, c'est-à-dire avant qu'il quittât la salle Favart pour passer à l'Opéra. Bien que ce temps-là soit déjà loin de nous, nous n'avons pas oublié que nos sensations musicales les plus agréables datent de cette époque, et que c'est surtout à Roger que nous devons de les avoir vivement éprouvées.

En effet, quel organe plus harmonieux et plus suave que le sien, lorsqu'il chantait, dans le *Guitarero* : *N'entends-tu pas, ô maîtresse chérie ?* Et quel style dans la *Sirène*, quelle richesse d'inflexion et de timbre dans *Haydée*, quelle mâle énergie dans les *Mousquetaires !* N'était-il pas le type par excellence de l'officier français dans le *Duc d'Olonne*, du capitaine russe dans *Lestocq* et du sous-lieutenant d'infanterie dans la *Dame Blanche ?* Et quel feu, quel mouvement dans la *Part du Diable* et dans *Gibby la Cornemuse !* Enfin, que de goût, de mesure, de distinction, de vérité, dans l'*Aïeule*, opéra en un acte d'Adrien Boïeldieu, dans lequel Roger représentait une jeune fille avec les habits qui conviennent à ce sexe !

Un mot encore. Rubini nous dit un soir, à Milan, au théâtre de la Scala :

— Je ne connais actuellement en France qu'un seul chanteur.

— Et quel est-il ?

— C'est Roger. Je ne parle ni de Ponchard, ni de Levasseur, ni de Duprez... Ils ne sont plus au théâtre.

Le seul défaut qu'on remarquât chez Roger, c'est qu'ayant adopté le système de la *voix sombrée*, dont le moindre inconvénient est d'alourdir l'organe, l'émission de sa voix manquait de spontanéité, ce qui l'obligeait à ralentir le mouvement indiqué dans la partition; aussi, Girard, chef d'orchestre à l'Opéra-Comique, disait-il, par une ingénieuse application, que Roger était né un *demi-soupir* trop tard (1).

Nous ne quitterons pas l'Opéra-Comique sans consigner ici un incident qui a trait au bras que Roger devait perdre, hélas!

Chacun sait que la scène du duel, dans le troisième acte des *Huguenots*, est tirée de nos annales, et qu'elle est la reproduction plus ou moins fidèle du fameux combat qui eut lieu en 1578 entre les mignons du roi et les serviteurs des Guise, dans lequel quatre des combattants trouvèrent la mort, savoir : Maugiron, Schomberg, Riberac et Quélus, qui ne reçut pas moins de dix-neuf blessures; Livarot, blessé grièvement, fut entre la vie et la mort pendant près de six semaines; Balzac d'Entragues, dit Antraguet, sortit seul sain et sauf de ce terrible combat.

M. de Planard, auteur dramatique, s'était emparé de la même situation, et après l'avoir quelque peu

____

(1) Le même disait, en parlant du ténor Audran, aujourd'hui professeur de chant au Conservatoire de Musique de Marseille, que son *fa dièze* lui servait de *sol*.

modifiée pour les besoins de l'intrigue, il l'avait introduite dans le troisième acte du *Pré-aux-Clercs*. Or, pendant notre séjour à l'Opéra-Comique, c'est nous qui, d'ordinaire, interprétions le rôle de Mergy, et nous avions pour partners Duvernoy, dans le rôle de Comminges, et Sainte-Foy dans celui de Cantarelli. Un soir — c'était un dimanche — à la scène du duel du troisième acte, Duvernoy, le plus pacifique des hommes, mais qui ne se possédait pas lorsqu'il se sentait un peu d'acier à la main, nous serra de si près et fondit sur nous avec tant de véhémence, que la lame de son épée passa au travers de la coquille de notre râpière.

— Vous êtes blessé ? fit notre camarade Sainte-Foy, qui s'était rapproché de nous.

— Non, mais peu s'en est fallu.

Et, le spectacle fini, nous oubliâmes de parler de l'incident. Ce fut un tort; voici pourquoi : le lendemain, Roger nous prévint, en bon camarade, que n'ayant qu'un rôle au répertoire, celui de Raphaël d'Estuniga de la *Part du Diable*, il reprendrait le rôle de Mergy la première fois qu'on jouerait *le Pré-aux-Clercs*, ce qui eut lieu en effet le mercredi suivant; mais Duvernoy, ayant cette fois Roger pour adversaire, lui administra un coup d'épée qui lui traversa la main droite, entre l'index et le pouce. Le sang jaillit, et ainsi se trouva modifié le dénouement du *Pré-aux-Clercs*, qui veut que Mergy l'emporte sur son adversaire. C'est à nous évidemment que revenait ce coup d'épée; mais la mauvaise chance de Roger en décida autrement.

Les fatalistes ne manqueront pas de dire, selon la doctrine du *Fatum* antique, qu'il y a des gens prédestinés, ou bien, d'après Wiclef, que *tout arrive par la nécessité absolue.*

Toujours est-il qu'à l'Opéra-Comique, la position artistique de Roger était vraiment digne d'envie. Que pouvait-il désirer ? Tous les compositeurs étaient heureux d'écrire des rôles pour lui; il était adoré de la foule, considéré de ses camarades; il possédait un magnifique hôtel, rue Turgot, — la Folie-Roger — où il donnait de splendides soirées, et où se réunissaient les plus jolies femmes de Paris, des artistes, des savants, des gens de lettres, etc.; il semblait enfin, comme il le disait lui-même dans le premier acte de la *Dame Blanche*, que la fortune le conduisît par la main : tout lui réussissait, et c'est, dit-on, à l'une de ses réunions hebdomadaires, que Meyerbeer conçut le projet de lui confier le beau rôle de Jean de Leyde du *Prophète*. Excité par la perspective d'attacher son nom à la nouvelle œuvre de l'illustre compositeur, Roger quitta l'Opéra-Comique pour passer à l'Opéra, au commencement de l'année 1848. Ce fut, selon nous, une faute; car, si en devenant premier sujet de l'Académie impériale de Musique sa renommée s'en trouva augmentée, en revanche, sa carrière devait avoir et a eu, en effet, une moins longue durée.

Ce n'est pas impunément qu'un chanteur crée un rôle important dans un opéra en cinq actes : tous ceux qui ont eu cet honneur savent à quoi s'en tenir à cet égard; ils l'ont payé cher. Aussi, lorsque l'affiche annonça la première représentation du *Prophète*,

Roger et ses camarades étaient-ils à bout de forces, et — ce qui ne s'était peut-être jamais vu — la seconde exhibition de cette œuvre ne put avoir lieu que sept ou huit jours après la première, tant les artistes avaient été surmenés pendant les répétitions.

Et ce n'est pas seulement à l'Opéra que les choses se passaient ainsi : il en était de même à l'Opéra-Comique. On raconte que Mme Faure-Lefebvre alla trouver l'un des administrateurs de ce théâtre quelques jours avant la première représentation de l'*Etoile du Nord*, dont l'un des rôles principaux lui avait été confié, pour lui déclarer que les nombreuses répétitions auxquelles elle avait été assujétie l'avaient beaucoup fatiguée, et que cependant l'auteur ne parlait de rien moins que de la faire répéter *séparément*, elle, ainsi que ses camarades, l'illustre maëstro n'étant jamais satisfait. A notre connaissance, l'*Etoile du Nord* altéra considérablement l'organe de trois chanteurs : de Bataille, de Mme Van den Heuvel et de Mme Faure-Lefebvre. *Robert* et les *Huguenots*, il est vrai, ont produit trois grands artistes : Nourrit, Levasseur et Mlle Falcon ; mais n'ont-ils pas détruit trois générations de chanteurs ? A ce propos, qu'on nous permette d'emprunter une comparaison au passé :

— Vendôme, s'écria Louis XIV, un jour qu'il se promenait dans le parc de Versailles en compagnie du héros de Villaviciosa, vous souvient-il du moulin qui s'élevait à l'endroit même où Mansart a fait bâtir le château ?

— Oui, sire, répondit le duc ; mais si le moulin n'y est plus, le vent y est encore.

Et au même instant une bourrasque enleva le feutre du monarque.

Il en sera de même de Meyerbeer à l'Opéra : l'illustre maëstro n'y est plus, mais ses partitions y sont encore, et leur funeste influence, au point de vue du chant, s'y fera longtemps sentir.

Quoi qu'il en soit, Roger rendit le personnage de Jean de Leyde, dans le *Prophète*, d'une manière remarquable, et toute la presse fut unanime, dans le temps, pour proclamer le succès qu'il obtint dans la scène de *la révolte*, au troisième acte, et dans la scène si difficile de *la cathédrale*, au quatrième acte.

Exprimer le trouble des passions qui fermentent au fond du cœur par la seule puissance de la physionomie ; se faire applaudir après une scène muette, dans une salle aussi vaste que celle de l'Opéra, où une partie du public est hors de portée, n'était pas chose facile, et les éloges qu'on adressa à Roger dans cette circonstance furent d'autant plus légitimes, qu'on lui avait reproché, au commencement de sa carrière, l'immobilité des muscles de son visage; mais l'artiste, travailleur infatigable, vainquit cette difficulté vers 1842 *seulement,* lorsqu'il créa la *Part du Diable*.

Nourrit était « profondément convaincu » que l'Opéra était trop spacieux, et que, *passé la première banquette du parterre, la physionomie ne se voyait plus*. Talma pensait de même. Nous en trouvons la preuve dans l'anecdote suivante, racontée par Brifaut, l'académicien, dans ses *Souvenirs*. Des amis ayant tenté un rapprochement entre le critique Geoffroy et le tragédien Talma, celui-ci commença ainsi l'entretien :

« — Eh bien! dit-il au terrible aristarque, vous ne me croyez donc pas de talent?

» — Oh! que si. Vous en avez beaucoup, je le sais... mais...

» — Quoi? mais...

» — Vous êtes à une distance incommensurable de...

» — De Lekain, n'est-ce pas?

» — *C'est toi qui l'as nommé*, répondit Geoffroi en riant.

» — Il était donc bien admirable?

» — La perfection même : un débit juste, varié, touchant, énergique; une noblesse incomparable de pose et de gesticulation, des élans d'un sublime qui nous enlevait! une pantomime expressive; ah! il fallait voir. Rien ne peut donner l'idée de cette pantomime-là, pas même la vôtre.

» — Je croyais pourtant que c'était mon fort. Sur les autres points, tels que la richesse d'intonations, le grandiose, la dignité, le pathétique même, je passais condamnation ; mais quant au jeu de physionomie, il me semblait que...

» — Il vous semblait mal. Sur cet article, comme sur les autres, vous n'approchez pas de Lekain.

» — En vérité?

» — En vérité. Voulez-vous les preuves? Tenez, par exemple, dans la tragédie de *Tancrède*, quand vous entrez en scène, que faites-vous? Des contre-sens de toute sorte. Vous entrez comme entrerait un passant,

un commis-voyageur, un herboriste, le premier venu.
Vous donnez votre bouclier à droite, votre lance à
gauche; puis, vous vous avancez vers la rampe, disant de votre mieux :

A tous les cœurs bien nés que la patrie est chère!

» Et vous êtes prodigieusement ébahi de l'indifférence du public, qui pourtant, n'a pas tort. Vous seul
méritez des reproches. Savez-vous pourquoi? Lekain
va vous l'apprendre.

» Dès qu'il apparaissait, toute la chevalerie entrait
avec lui. On se sentait remué au seul aspect de ce
guerrier, qui parcourait si vivement le théâtre, ses
yeux errant sur tous les monuments élevés autour
de lui, tantôt s'arrêtant sur les trophées de ses anciens compagnons d'armes, qui excitaient son attendrissement; tantôt levant la main vers la demeure
de celle qu'il aime, qu'il vient chercher à travers
mille dangers, et montrant à son écuyer cette maison où l'amour le rappelle. Plus loin, quel objet
éveille son attention, son indignation? L'enceinte
du sénat qui l'a proscrit. Il reconnaît l'église qui l'a
voué au culte de Dieu, la place témoin des acclama-
tions d'un peuple enivré de ses victoires. Tout lui
offre un souvenir, un regret, une espérance. Une
foule de passions se succèdent dans son sein, se pei-
gnent sur son front, étincellent dans ses regards;
et lorsqu'il a bien répandu dans les âmes les diverses émotions dont la sienne vient de se remplir;
lorsque l'étonnement, la curiosité, l'intérêt sont au

comble, il laisse sortir de ses lèvres ce cri du citoyen, du soldat, de l'amant, du chrétien, ce cri qui retentit au fond de tous les cœurs et auquel répondent toutes les mains.

» Après avoir réfléchi un moment :

» — Tout cela est parfait, répliqua Talma; mais Lekain jouait dans une salle étroite, devant des spectateurs rapprochés de lui, émerveillés de son talent et sachant attendre. Que deviendrais-je, moi, perdu dans un immense vaisseau? Obligé de parler par ma physionomie à un parterre impatient et dont la moitié est hors de portée? J'ennuierais, j'excéderais, on trouverait ma pantomime éternelle; je serais sifflé, et... je ne tiens pas à l'être. »

Roger ne fut pas sifflé, au contraire, et la scène muette du quatrième acte du *Prophète*, ou Jean de Leyde impose les mains sur sa mère et la force, bon gré, mal gré, à tomber à ses genoux, fut couverte d'applaudissements.

Comme créateur, Roger était inimitable. Non-seulement il saisissait l'ensemble d'un rôle; mais, après l'avoir creusé, fouillé, analysé, il excellait à en faire valoir les moindres détails; rien ne lui échappait; aussi l'administration de l'Opéra lui confia-t-elle d'autres créations importantes, savoir : l'*Enfant Prodigue*, le *Juif-Errant*, la *Fronde*, la *Rose de Florence* et *Herculanum*, sans parler des reprises successives de la *Reine de Chypre*, de *Lucie*, de la *Favorite*, de la *Vestale*, de la *Juive* et des *Huguenots!*

Après vingt et une années de brillants services, dont dix passées à l'Opéra-Comique et onze à l'Opéra,

Roger semblait être à l'apogée de sa réputation artistique, lorsqu'un affreux malheur vint le frapper. Tout le monde sait que vers la fin du mois de juillet 1859, en chassant dans le parc de son château de la Lande, son fusil partit comme il franchissait une haie, et la charge, ayant fait balle, lui broya le bras droit.

Qu'on juge de l'émotion que dut éprouver un ami intime de Roger, Fiorentino, lorsqu'il apprit un des premiers la fatale nouvelle, lui qui devait aller passer la journée chez l'illustre blessé ! Il se jeta dans une voiture et se rendit immédiatement à la gare du chemin de fer Saint-Lazare, où il rencontra MM. Huguier et Laborie, médecins, qui avaient été mandés en toute hâte au château de Roger.

Mais quelle voix assez accréditée racontera avec quel courage Roger subit l'abcission de son bras ? Nous empruntons à Fiorentino, alors rédacteur du feuilleton du *Constitutionnel*, le compte rendu de cette douloureuse scène :

« A une heure précise nous entrions dans la longue avenue qui mène au château de la Lande. Nous traversons la vaste cour : il y régnait un silence et une consternation qui serraient le cœur. Nous montons ; tout était en larmes ; j'entre enfin dans la chambre de mon pauvre Roger ! Non, je n'oublierai jamais ce qui s'est passé en moi dans ce moment terrible.

» Il était étendu sur son lit de douleur, pâle mais souriant avec une douceur et un calme admirables. Il m'a fait signe de m'approcher, et, après m'avoir donné le bonjour avec son ton de voix ordinaire, et sans que la moindre altération trahît sur son visage ce qu'il devait éprouver physiquement et moralement :

» — Je vous reçois, dit-il, dans un bien triste jour ; la dernière fois que vous êtes venu, il pleuvait ; aujourd'hui il pleut du sang.

» — Rassurez-vous, mon ami ; soyez calme, espérons !

» Je ne savais plus ce que je disais ; j'avais peine à contenir mes larmes.

» — Je n'ose vous montrer mon pauvre bras, reprit-il en jetant sur sa blessure un regard de côté ; si vous souleviez ces linges ensanglantés, vous vous trouveriez mal ; c'est affreux à voir.

» — Prenez courage, mon ami, vous êtes dans les mains de deux hommes illustres par le savoir, et qui, de plus, vous aiment comme un frère ; ils vous sauveront, je vous le jure.

» — Ah ! je ne crains pas la douleur, je suis calme ; mais vous, qui me connaissez bien, vous devez savoir quelle est en ce moment ma préoccupation dominante. Quand j'ai reçu, ce matin, dans mon bras, toute la charge de mon fusil, je ne pouvais m'imaginer que ce malheur me fût arrivé, à moi : je marchais croyant avoir à mon côté un fantôme, un autre moi-même. Il m'a semblé rêver jusqu'à ce moment, et que c'était un faux Roger qui s'était blessé. Mais votre présence et celle des médecins me rappellent à la triste réalité.

» Je l'ai laissé avec les deux docteurs qui, après

avoir inspecté minutieusement sa blessure, se sont retirés dans une autre chambre pour se communiquer leurs observations et décider ce qu'il y avait à faire. Leur figure grave et abattue n'annonçait rien de bon.

» A l'autre extrémité de l'appartement, Mme Roger sanglotait à fendre l'âme, et son fils et la femme de son fils, tout en essayant de la consoler et de la rassurer, fondaient en larmes. Quelques parents et quelques amis, dans des attitudes désolées, détournaient le front pour cacher leur douleur. C'était une scène déchirante et dont on ne peut se faire une idée que quand on sait à quel point Roger est bon dans l'intimité et combien il est aimé des siens.

» Nature ouverte, bienveillante, sympathique, généreuse, cœur aimant, esprit des plus distingués : jamais, en vingt ans d'amitié, je ne lui ai entendu dire un mot contre qui que ce fût ; il n'a jamais attendu qu'on vînt lui demander un service, il est toujours allé au-devant avec une simplicité et une effusion si naturelles, qu'il semblait, lui, l'obligé, quand il obligeait les autres. Accessible à tous les beaux sentiments, fidèle à toutes les nobles causes, droit, juste, humain, de manières charmantes, d'une humeur égale, d'un caractère adorable, tel était l'homme dont la destinée s'agitait derrière cette porte close sur laquelle tous nos regards étaient fixés avec une indicible angoisse.

» Au bout d'une demi-heure à peu près, un domestique est venu m'appeler par mon nom. J'ai tressailli ; s'il y avait eu une bonne nouvelle à annoncer,

on serait venu le dire à la famille réunie ; les médecins, qui étaient toujours en conférence, m'ont fait
asseoir auprès d'eux, et M. Huguier, prenant la
parole :

» — C'est une bien triste mission dont nous allons
vous charger, dit-il ; notre décision est prise : si l'on
n'ampute pas le bras sur l'heure, nous ne répondons
pas de la vie du blessé.

» — Mon Dieu! m'écriai-je, mais c'est tuer l'artiste !
c'est lui porter un coup plus terrible que la mort !

» — Hélas ! il n'est pas au pouvoir humain de lui
conserver ce bras que nous aurions voulu lui sauver
à tout prix ; il ne reste plus vestige d'os ; les muscles, les chairs sont brisés, hachés ; la gangrène va
s'y mettre d'un moment à l'autre ; il n'y a pas à
hésiter. Nous emploierons le chloroforme pour endormir le malade. Seulement, nous ne pouvons commencer l'opération sans qu'il sache ce qui l'attend au
réveil. En se trouvant tout à coup mutilé, la première
impression serait funeste ; il faut le préparer, le décider à ce douloureux sacrifice.

» J'étais navré ; je me levai sans mot dire, et les
jambes se dérobaient sous moi, lorsque je me dirigeai vers le lit du malade. Il souffrait moins ; les
couleurs étaient revenues ; je lui demandai s'il avait
soif, et, sur sa réponse affirmative, une sœur de charité, belle vraiment comme un ange et bonne comme
elles le sont toutes, lui tendit une cuillerée de vin
de Bordeaux, coupée d'eau fraîche et sucrée. Il remercia d'un signe de tête et sourit doucement à cette
sainte fille.

» On fit sortir tout le monde, et quand nous fûmes seuls, il se tourna vers moi avec une sérénité, je ne dirai point stoïque, mais chrétienne :

» — Vous avez à me parler, dit-il, j'écoute.

» — Mon ami, je ne vous dirai qu'un mot : soyez ce que je vous ai toujours vu ; vous avez une grande intelligence et un grand cœur. Dieu, qui vous envoie une si terrible épreuve, vous donnera la force pour la supporter.

» — C'est la mort ! dit-il : vous voyez, je n'en suis pas ému ; faites venir mon notaire, j'ai quelques dispositions à prendre.

» — Je vous donne la parole la plus sacrée que votre vie ne court aucun danger ; les médecins en répondent, mais...

» Il devint très-pâle, je n'eus pas la peine de lui en dire davantage ; il avait compris.

» — Ah ! fit-il en soupirant, j'eusse préféré la mort ! Mais je ne suis pas seul, je me dois à ma femme, aux miens ; il faut se résigner ; dites à ces messieurs que je suis prêt.

» Il parlait d'un ton si calme qu'on eût cru qu'il s'agissait d'un autre.

» — Eh bien ! reposez-vous un peu ; buvons un doigt de ce cordial. Là, comment vous trouvez-vous ?

» — Un peu mieux ; merci !

» Après quelques minutes de silence :

» — Vous rappelez-vous, me dit-il, lorsque vous plaisantiez sur ces vers :

> Un bras pour la défendre,
> Un cœur pour la chérir ?

» Eh bien ! le poëte a raison... *Un bras !*

» — Ne songez pas à cela, mon ami, détournez ces tristes pensées.

» Et comme je chassais les mouches qui l'incommodaient :

» — Quand je pense, dit-il, qu'il y a des enfants qui arrachent les pattes aux mouches ! pauvres petites bêtes, elles doivent bien souffrir !

» J'étais à la torture. Il me tendit la main gauche avec bonté et me dit :

» — Vous croyez peut-être que je suis surexcité ; je vous assure que j'ai tout mon sang-froid. Mais que font-ils donc ? priez-les de se hâter. Ah ! je comprends ! ils repassent leurs petits outils.

» Un léger coup fut frappé à la porte. Il était temps ! Je n'en pouvais plus.

» Sept minutes après tout était fini.

» Je ne crois pas qu'un semblable malheur fût jamais arrivé à un artiste au milieu de sa carrière, et j'affirme que jamais homme n'a supporté une adversité plus cruelle avec plus de courage et de force d'âme.

» Il y a bien des amputés sur un champ de bataille, bien de jeunes et vaillants officiers qui perdent leurs jambes ; mais c'est leur état ; ils sont mis à l'ordre du jour, on leur donne la croix, et l'on ne sait pas au juste si on doit les envier ou les plaindre.

» Tandis qu'un artiste, un chanteur, un des comédiens les plus charmants, les plus distingués de ce temps-ci, qui allait très-probablement se faire entendre l'année prochaine aux Italiens (il s'était presque arrangé avec M. Calzado), qui rêvait encore tant de beaux rôles, tant de créations nouvelles, tant de nouveaux succès... Ah! je ne veux point m'arrêter à une pensée si affreuse!...

» Cette bonne et loyale main, que j'ai tant de fois serrée dans les miennes, ce bras si plein de vie et de force, qui donnait à l'action tant d'éclat, au jeu tant de vigueur et d'énergie, je les ai vus pour la dernière fois, dans quel état, grand Dieu! décomposés, livides, des débris sanglants, une masse inerte et sans nom!

» Le sacrifice était consommé. Tout pleurait et se désespérait dans le château, dans le village et à plusieurs lieues à la ronde. Roger seul était impassible.

» Il a trouvé pour sa femme et pour ses amis les paroles les plus touchantes, les consolations les plus affectueuses. Il a insisté pour qu'on se mît à table à l'heure ordinaire et que rien ne fût changé dans les habitudes de la maison. Il était réellement fort beau de résignation, de bonté et de dévouement. C'était à qui de nous lui exprimerait en termes plus vifs l'étonnement et l'admiration qu'il nous inspirait.

» — Ah! mon ami, m'a-t-il dit tristement, ce n'est pas le plus grand chagrin que j'aie souffert dans ma vie d'artiste! J'ai joué bien des rôles, mais le plus souvent j'ai dû revêtir des habits qui n'étaient pas faits pour moi, qui m'étaient trop étroits ou trop larges. Enfin, n'en parlons plus.

» — Oui, mon cher Roger, ne parlons plus du passé. Chassez ces souvenirs pénibles, et pardonnez à tous ceux qui ont pu vous faire du mal, à vous qui n'avez fait que du bien dans votre vie. Votre malheur est grand, mais qui peut pénétrer les desseins que la Providence a sur vous ? Non, tout n'est point fini, je l'espère. Vous n'êtes pas un artiste comme un autre ; ce n'est qu'un obstacle de plus, et vous en triompherez, j'en suis sûr. Non, vous ne serez point près de renoncer à l'art ni au théâtre. Et, tenez ! si j'étais Scribe ou Auber, Saint-Georges ou Halévy, je serais déjà à l'œuvre et je vous ferais un rôle qui ne serait pas sans quelque analogie avec le malheur qui vous frappe. Les données ne manqueraient pas. Des jeunes filles de Brescia ont fait vœu qu'elles n'épouseraient que les blessés de la guerre de l'indépendance. Je n'ai pas besoin d'entrer dans beaucoup de développements. Supposez un rôle écrit exprès pour vous, dans ces circonstances ; supposez une œuvre réussie par des auteurs habiles, des compositeurs populaires : il y a là trois cents représentations. Toute la France et toute l'Europe voudront vous applaudir à la fois dans une création nouvelle et vous témoigner l'intérêt qu'elles vous portent.

» Ces paroles, que je ne crains pas de livrer au public, je les ai dites au chevet de Roger, non pour consoler un malade et le leurrer d'une vaine espérance, mais parce que je suis certain qu'on peut donner suite à ce projet très-facilement, et qu'il y a dans cette idée, si elle est bien comprise et bien exécutée, de quoi faire renaître un artiste et relever un théâtre. »

Cinq mois après, le 15 décembre 1859, grâce à un bras mécanique artistement agencé, chef-d'œuvre de M. Charrier, Roger reparaissait sur la scène de l'Opéra, et bien que le prix des places eût été triplé, la salle était littéralement comble. L'Empereur et l'Impératrice, des maréchaux, de hauts fonctionnaires, l'élite du monde financier, artistique et littéraire s'étaient rendus à cette représentation extraordinaire pour donner un témoignage de sympathie à l'artiste de talent dont la carrière avait été si fatalement interrompue ; les dames avaient été admises à l'orchestre ; la salle brillait d'un éclat exceptionnel... C'était un coup d'œil magnifique !

Roger devait paraître dans trois rôles de son répertoire : la *Dame Blanche*, le *Prophète* et la *Favorite*. Dès que le public aperçut seulement, au fond du théâtre, le bout du panache qui ornait le feutre de Georges Brown, ce furent des houras, des trépignements et des applaudissements sans fin. Roger était ému, attendri jusqu'aux larmes. Il s'inclina plusieurs fois pour remercier le public, puis, s'avançant sur le bord de la rampe, il chanta d'une voix pénétrante :

> Mes bons amis, croyez d'avance
> A ma reconnaissance !

La claque officielle, à cet heureux à-propos, fut étouffée sous les bravos du public, et l'Empereur et l'Impératrice daignèrent mêler leurs applaudissements à ceux de la foule.

A quelque temps de là, Roger parcourut les principales villes de la province, où il donna une série de fructueuses représentations, et partout il fut accueilli comme il méritait de l'être. A Toulouse, les étudiants

se rendirent chez lui en députation pour le prier de
prolonger son séjour parmi eux ; mais l'artiste ne put
accéder à leur demande : il avait hâte de se rendre
à Bordeaux, où il était impatiemment attendu. Toutefois, il promit de revenir sur ses pas dès qu'il serait
libre, ce qu'il fit en effet. La *Société chorale Clé-
mence-Isaure*, reconnaissante, se rendit sous ses fe-
nêtres, à l'Hôtel de l'Europe, et chanta les plus jolis
morceaux de son répertoire.

Plus tard, en 1861, à la suite d'un événement qui
mérite d'être rapporté à cause de sa singularité, il
contracta un engagement de trois années avec
M. Beaumont, impresario de notre seconde scène
lyrique (1).

Dans le courant du mois de décembre 1860, on
répétait pour la première fois, à l'Opéra-Comique,
Barkouf, opéra en trois actes, d'Offenbach, alors
directeur du théâtre des Bouffes-Parisiens. Une vague
inquiétude régnait au sein de la troupe chantante,
chez les dames surtout, attendu que l'auteur de *Barkouf* passait pour un *jettatore* (jeteur de sort); aussi
plus d'un artiste portait-il ce jour-là, parmi ses breloques, une tête de mort, une corne de corail ou une
main ne présentant que deux doigts, afin de conjurer
le mauvais œil. Grâce à cette précaution, imitée des
Italiens, chacun s'imaginait qu'il n'avait plus rien à
redouter, lorsque tout à coup un cri retentit : un

____

(1) Alfred Beaumont mourut subitement en 1869, à Caen, où
il s'occupait d'affaires industrielles pour le compte d'une maison de
Madrid.

malheureux machiniste venait de se casser la jambe en tombant dans le dessous du théâtre. Le soir même, M. Beaumont, qui jusqu'alors avait fait d'excellentes affaires, constata pour la première fois un vide effroyable dans sa caisse, et, à partir de ce jour, pendant plus de deux mois, les recettes baissèrent de plus de moitié, comparativement à la période correspondante de l'année 1859. Quelque temps après, Mme Ugalde, chargée du rôle de Maïma dans l'opéra de *Barkouf*, se trouva dans une position *intéressante*, et elle dût céder son rôle à Mme Saint-Urbain, qui, sérieusement indisposée à son tour, fut remplacée par Mlle Marimon. M. Beaumont, craignant qu'il ne surgît quelque nouvel incident, voulut, pour se garer, mettre en répétition la *Circassienne*, d'Auber; mais le célèbre compositeur déclara formellement qu'il ne mettrait le pied au théâtre que lorsque son dangereux confrère n'y aurait plus affaire. La première représentation de *Barkouf* eut lieu enfin ; mais, dès la deuxième, le ténor Warot se trouva subitement enroué, et, au dernier moment, on dut recourir à un artiste, l'auteur de cette biographie, qui consentit à chanter le rôle de Saëb le cahier à la main. Affiché neuf fois, *Barkouf* n'a été joué que sept, et la dernière fois qu'il fut annoncé, Lemaire, le comique, tomba dangereusement malade, et l'ouvrage rentra dans les cartons.

Quelques jours après, à l'Opéra, Emma Livry se brûlait horriblement en répétant un nouveau ballet intitulé *le Papillon*, musique d'Offenbach, tandis que M. de Saint-Georges, l'auteur du scenario, et deux pompiers étaient également atteints par le feu, en voulant secourir l'infortunée ballerine, qui fuyait éperdue ! On sait qu'Emma Livry mourut des suites de ses blessures. Enfin, l'année suivante, un incendie consuma la maison de plaisance que le *jettatore* occupait à Etretat, et les flammes, dit-on, ne respectèrent rien, pas même ses partitions.

Les affaires de l'Opéra-Comique allant de mal en pis, de chute en chute, depuis l'insuccès de *Barkouf*, et M. Baumont, croyant à la mystérieuse intervention de quelque puissance secrète, s'adressa à Roger pour exorciser le génie du mal et ramener la foule à son théâtre. Le public ayant répondu d'abord à l'appel de Roger, engagé pour trois ans, M. Beaumont se flatta un instant qu'il dominerait la situation, mais les événements marchèrent, et l'heure de la catastrophe arriva. Le 21 janvier 1862, le ministre de l'intérieur révoqua M. Beaumont de ses fonctions et, par un autre arrêté rendu à la même date, nomma M. Emile Perrin directeur de l'Opéra-Comique : et ainsi se trouva rompu le traité qui liait Roger à ce théâtre, témoin de ses premiers succès, et qu'il n'aurait peut-être jamais dû quitter.

A l'Opéra-Comique, en effet, Roger était dans le cadre le plus propre à faire valoir ses moyens : là, sa voix était sonore, égale, admirable dans le *médium* ; veloutée, très-étendue et d'une pureté irréprochable dans le registre du fausset, dont il usait fréquemment. A l'Opéra, au contraire, toutes ses qualités y étaient atténuées, tandis que certaine imperfection s'y accentuait : nous voulons parler des sons élevés, qui manquaient d'ampleur et d'éclat ; Roger ne pou-

vait les émettre qu'en les heurtant et à l'aide d'une
forte impulsion.

Mais si Roger est tombé avant l'heure, ne doit-on
pas surtout en imputer la faute aux causes générales
qui, en altérant l'organe de tous les chanteurs, ont
provoqué la décadence du chant et abaissé le niveau
de l'art ? Evidemment, oui.

N'est-il pas avéré que depuis la première représentation de *Moïse* sur la scène de l'Opéra, l'orchestration est plus bruyante ? Que depuis *Guillaume Tell* on
écrit les rôles dans les limites extrêmes de la voix ?
Que depuis *Robert le Diable* les opéras sont infiniment
plus longs et plus fatigants qu'autrefois ? Qu'on introduit maintenant un, deux, et même trois orchestres sur la scène ? Que le nombre des choristes, dans
les morceaux d'ensemble, est presque doublé en province, et plus que triplé à l'Académie de Musique ?
Que les cuivres se manifestent avec une sonorité plus
éclatante ? Que tous les instruments de bois ont été
perfectionnés ? Que dans les orchestres le nombre des
musiciens jouant du violon, de la quinte, du violoncelle et de la contre-basse, a été considérablement
augmenté ?

Toutes ces questions se résolvent par l'affirmative.

Afin de ne pas l'oublier, mettons sous les yeux du
lecteur le tableau comparatif du développement que
les divers orchestres ont subi dans une période de
dix ans.

Pour juger plus sainement, donnons la préférence
aux théâtres de la province; nous n'avons que l'embarras du choix :

THÉATRE DE LILLE.

Orchestre.

1833, direction de M.	Caruel..	. .	32	musiciens.
1834, —	Brixi.	. . .	34	—
1835, —	Caruel..	. .	34	—
1836, —	Caruel..	. .	34	—
1837, —	Caruel..	. .	40	—
1838, —	Bénard et Dengremont.	.	40	—
1839, —	Dengremont.	.	44	—
1840, —	Cheradame.	.	50	—
1841, —	Bénard.	. .	50	—
1842, —	Bénard.	. .	50	—

C'est donc, pour l'orchestre de Lille, une augmentation de dix-huit musiciens dans l'espace de huit années. Or, par la même raison qu'on ne peut toucher au chiffre principal d'une proportion sans en changer le résultat, l'on n'a pas pu davantage augmenter la sonorité à l'orchestre sans la diminuer sur la scène, et ainsi s'est trouvée détruite la bonne harmonie qui existait autrefois entre les instruments et les voix.

Opérant sur le bois et le métal, les industriels ont obtenu, au point de vue de la sonorité, des résultats inespérés, tandis que la voix, n'étant ni ductile ni malléable, est restée stationnaire, c'est-à-dire ce qu'elle était, ce qu'elle sera toujours ; car, nous l'avons dit ailleurs, les décrets de la Providence sont imprescriptibles et les lois de la nature immuables.

Les chanteurs sentirent bien vite les conditions d'infériorité dans lesquelles ils se trouvaient vis-à-vis de l'orchestre; aussi s'efforcèrent-ils de rétablir l'équilibre rompu des vibrations.

D'accord avec les professeurs, ils se mirent à chercher, ensemble ou séparément, les moyens de pouvoir lutter contre les manifestations stentoréennes des instruments, et de ces efforts et de ces recherches sont nées les différentes sectes, les divers systèmes de chant qui se font remarquer aujourd'hui.

Les résultats ont-ils répondu à l'attente? Les faits prouvent jusqu'à l'évidence que chanteurs et professeurs ont eu le dessous dans ce combat à outrance du larynx contre les cuivres, les instruments à percussion, les *si* et les *ut* de poitrine.

De même qu'à la guerre, les gros bataillons finissent par l'emporter sur les plus savantes combinaisons du génie, de même les plus habiles virtuoses chantants devaient trouver leur Waterloo dans l'interprétation du répertoire moderne.

Mais cessons de discourir... achevons cette biographie.

Pendant ses brillantes pérégrinations à l'étranger, Roger chantait indistinctement en allemand, en italien ou en anglais, car l'éminent ténor parle plusieurs langues. C'est au retour d'une de ses excursions par delà le Rhin qu'il rapporta les *Saisons*, de J. Haydn, et qu'après les avoir traduites en vers élégants, fidèles et souvent colorés, il fit exécuter cet *oratorio* dans

la salle des Menus-Plaisirs, le 22 mars 1857, par la
Société des Concerts. C'est donc à Roger que la France
doit d'avoir connu cette belle œuvre du maître allemand. En dehors du théâtre, Roger est un homme
d'une valeur réelle, un esprit d'une rare intelligence ;
aussi sa place est-elle marquée dans la pléiade des
célébrités lyriques de la capitale, et son nom restera.
Ne dit-on pas *les Roger*, comme on dit *les Laruette,
les Trial, les Martin*, etc. ?

CHAPITRE XXII.

RÉFLEXIONS :

1° SUR LA DICTION ET LA PRONONCIATION ; 2° SUR L'AR-
TICULATION ET LA PROSODIE APPLIQUÉES AU CHANT.

« C'est une observation que j'ai entendu faire par
un comédien, qui avait de l'esprit et de la culture, et
qui lisait singulièrement bien, que dans le langage
animé, surtout dans le langage ou poétique ou ora-
toire, il y a toujours des mots frappants, où la force
du sens réside ; et que c'est sur ces mots que doit ap-
puyer l'expression. En effet, rien ne l'affaiblit tant
que de la prodiguer ; et, de même que, dans un morceau d'éloquence ou de poésie, un homme intelligent ne cherche pas à faire tout valoir, de même,
dans un vers ou dans une période, il n'affectera pas
de faire tout sentir.

» Il arrive pourtant quelquefois que, par la vanité
de faire tout valoir, ou dans les vers ou dans la prose,
l'acteur pèse sur tous les mots ; et sa diction, à la fois
maniérée et monotone, produit un effet contraire à
celui qu'il s'est proposé : il articule tout, et ne distin-

gue rien ; ses couleurs n'ont plus de nuances , nulle ombre ne les fait briller : il veut que tout soit en relief ; et il relève tout si bien , qu'il n'y a plus rien de saillant (1). »

Personne n'ignore , en effet , combien il est difficile d'acquérir une bonne diction ; car, pour bien dire, il faut au préalable posséder une bonne prononciation ; aussi, de tout temps, les artistes se sont-ils efforcés d'épurer leur accent et de donner de la souplesse à tous les organes qui concourent à la formation de la parole articulée. Néanmoins, à l'arrivée de Duprez, une sorte d'émulation s'empara de tous les esprits, et si, parmi les émules du grand artiste, plusieurs d'entre eux firent fausse route et ne lui empruntèrent que ce que sa méthode avait de dangereux, beaucoup d'autres, plus intelligents, tâchèrent de l'imiter dans ce que son accentuation et sa belle articulation avaient de magistral.

Duprez connaissait à fond toutes les ressources de son art, toutes les *ficelles* du métier, pour nous servir d'une expression en usage au théâtre, et, pour ne parler que d'un artifice dont il usait souvent, il excellait à lancer une note élevée à l'aide d'une consonne explosible, comme dans *père, mère, jamais*, et leurs similaires , qu'il prononçait comme si ces mots eussent été écrits ainsi : *ppère , mmère , jammais*, etc.

Ce procédé avait bien un inconvénient, et si cette manière d'articuler paraissait admirable lorsqu'on était placé au fond du parterre, en revanche elle était

_____

(1) M. Marmontel.

réellement défectueuse lorsqu'on était assis aux stalles d'orchestre. Ainsi, dans le quatrième acte de *Guillaume Tell*, lorsque Duprez chantait l'air suivant, l'on entendait positivement :

> Asile héréditaire,
> Où mes yeux s'**oufrirent** au **chour**,
> Hier encor ton abri tutélaire
> Offrait un père à mon amour.
> **Ch'appelle** en **faln** (en vain), **touleur** amère !
> **Ch'appelle**, il n'entend plus ma **folx** !
> Murs chéris, qu'**hapltalt** mon père,
> **Che** viens vous voir pour la **ternlère** fois !

Ce n'était pas sans intention, évidemment, que Duprez prononçait ainsi. Il agissait à la manière du peintre décorateur qui écrase son pinceau sur la toile pour produire une fleur : de près, c'est un pâté de couleur ; de loin, l'illusion est complète ; c'est un œillet', une rose, etc.

A cette même époque, Michelot, professeur de déclamation spéciale au Conservatoire de Musique, mais dont la clientèle se composait plus spécialement d'artistes lyriques ; Michelot, disons-nous, renchérit, à un autre point de vue, sur Duprez, et tenta sérieusement, mais en vain, une révolution lyrico-grammaticale. Il voulait qu'on passât sous silence, dans un morceau de chant, la terminaison des rimes féminines, prétendant qu'il était illogique qu'on prononçât d'une manière en chantant, et d'une autre en parlant.

Nous nous souvenons encore, comme si c'était hier, du succès négatif qu'un de ses élèves obtint au Conservatoire à la répétition générale du *Comte Ory*, à l'occasion d'un exercice trimestriel.

Il chanta, au grand ébahissement d'Habeneck, chargé de la direction de l'orchestre :

> Que les destins prospè-er,
> Accueillent vos prier,
> La paix du ciel, mes frè-èr,
> Soit toujours avec vous.

Michelot, du reste, n'errait que sur un seul point; mais, à côté de cette défaillance de son enseignement, quels résultats l'élève n'était-il pas en droit d'espérer sous la direction d'un tel maître!

L'initiative de la révolution que Michelot rêvait ne pouvait être prise par les chanteurs, ceux-ci étant forcés, sous peine des critiques les plus sévères, de rendre textuellement ce qui est écrit; aussi ces innovations ne seront-elles praticables que lorsque les auteurs et les compositeurs voudront bien écrire leurs œuvres en conséquence. Jusque-là toute tentative serait dangereuse, pour ne pas dire impossible. Voici pourquoi :

Tandis que dans la poésie la terminaison des rimes féminines est muette, dans le chant, au contraire, toutes les syllabes, selon l'usage, doivent être sonores, d'où il résulte que lorsqu'un compositeur met en musique un alexandrin, il faut ou qu'il emploie treize notes, ou qu'il mutile le vers en supprimant un pied, s'il tient à ne pas entraver l'essor de la mesure et le rhythme de sa mélodie.

Berlioz fait précisément allusion à cet état de cho-

ses, lorsque, dans ses *Soirées de l'orchestre*, p. 131,
faisant parler le Ministre, celui-ci dit à la Musique :

« Dites-moi où vous avez appris, triple sotte, qu'il
vous fût loisible de hacher une mélodie et de faire
des vers de quatorze pieds en supprimant les élisions
pour respirer plus souvent ? Quelle langue parlez-
vous ? est-ce l'auvergnat ou le bas-breton ? Les gens
de Clermont ou de Quimper s'en défendent. Vous êtes
donc atteinte d'une phthisie au troisième degré, qu'il
vous faille toujours et partout prendre des temps
pour faire sortir de votre poitrine la moindre succession mélodique de quelque rapidité ? »

Cette difficulté de faire marcher exactement ensemble la poésie et la musique mettait Michelot hors
de lui : il sentait alors, il avait deviné, ce que Castil-
Blaze a si bien expliqué depuis dans son opuscule :
Sur l'Opéra français.

Pour nous mieux faire comprendre, nous empruntons à ce dernier l'exemple suivant et les réflexions
qui l'accompagnent :

Les	cru	els	Mexi	cains ferment	**tous** les pas	sa-
ges ;	ces	tris-	tes ri	va-	ges ne	**pré-** sentent	plus,
Ne	nous	**pré-** sentent	plus	que les	fers	ou la	mort.

» Tel est l'argot qu'on chante à l'Opéra.

» Pour établir un rhythme énergique et rapide, il
faut d'abord se débarrasser de nos pluriels féminins :
ils donneraient quatre syllabes à la musique lorsqu'elle ne pourrait en employer que trois. Cette quatrième, superflue, féconde en ressauts, ira s'éteindre
alors pour l'élision à propos ménagée, et vous chan-

terez vivement, librement, avec toute la confiance, la sonorité, l'aplomb, la vigueur des Italiens et des Allemands :

```
Les      cru | els      Mexi | cains  ont fer | mé  le pas | sa-
ge :  O mal | heur,  c'en est | fait !   ce fu | nes-  te ri | va-
ge ,  A mes | yeux    n'offre | plus   que les | fers  ou la | mort.
```

» Faites vibrer, tonner ces vers dans *Fernand Cortez*, vous triplerez l'effet vocal de nos excellents choristes, et l'assistance entière saura ce qu'ils auront dit. Ils chanteront alors, au lieu de perdre leur souffle et leur peine à triturer des mots raboteux, portant à faux, brisés, pilés de telle sorte qu'ils deviennent inintelligibles. C'est l'accent qui fait briller, sonner les mots, qui met au grand jour leur physionomie. »

Voici qui est tout aussi clair et non moins concluant. Cédons la parole à Berlioz :

« Quant à la prévention contre les vers alexandrins, prévention que beaucoup de compositeurs partagent, elle est d'autant plus étrange, que ni poëtes ni musiciens ne manifestent d'aversion pour les vers de six pieds qui ne riment pas. Et que fait la rime, je vous prie, au développement d'une période mélodique ? Bien plus, il arrive souvent que ces poëtes, compteurs si rigoureux de syllabes, croyant faire deux vers de six pieds, font un abominable vers de treize pieds, faute de tenir compte de la non-élision de la fin du premier vers avec le commencement du second. Telle fut la maladresse commise par l'auteur des paroles du *Pré-aux-Clercs*, quand Hérold lui demanda

des vers rhythmiques (il en fallait là) de six pieds
pour un de ses plus jolis morceaux :

> C'en est fait, le ciel même
> A reçu nos serments ;
> Sa puissance suprême
> **Vient** d'unir deux amants (1).

» L'ensemble des deux premiers vers, grâce à l'élision qui les unit, fait bien douze syllabes pour le
musicien, mais l'ensemble des deux autres en forme
évidemment treize, l'élision ne pouvant avoir lieu
entre SUPRÊME et VIENT, et il résulte de cette syllabe
surnuméraire l'obligation d'ajouter dans la musique
une note qui dérange l'ordonnance de la phrase et
produit un petit soubresaut des plus disgracieux.
Voilà de la barbarie. »

Eh ! sans doute, voilà de la barbarie ; mais voici
qui est autrement barbare, et pourtant la plupart de
nos opéras français fourmillent de vocables pareils,
dont la consonnance blesse à la fois et l'oreille et le
goût :

> « Et mes troupeaux **paîtront** parmi les fleurs ! »
>
> « Les pauvres **t'ont dû** leur bonheur. »
>
> « Prends ce papier **et suis-moi**, cher ami. »
>
> « Ma **colère est**... extrême ! »
>
> « Ce monde in**grat et dur**... »

(1) Pour faire disparaître « la maladresse » dont parle Berlioz, il
suffit de modifier le dernier vers de la manière suivante :

> **A béni deux amants.**

« In**grate**! **et moi**, sous les maux je succombe ! »

« Pour la conduire en **pompe en** son logis. »

‹ **Ma Rose et vous**... »

« L'amour a **vaincu Loth.** »

Nous en passons et des meilleurs.

La prose, du reste, ne le cède point à la poésie, et nous nous souvenons d'avoir lu dans un journal sérieux, qui se publiait à Bordeaux :

« X***, qui s'était évadé des prisons d'Agen, a été appréhendé par la gendarmerie de Cadillac au moment où il satisfaisait certain besoin : le malheureux n'avait pas... de papiers. »

Mais, trêve de digressions ; fermons la parenthèse, et, sans plus tarder, rentrons dans le cœur de notre sujet.

Dans le courant de l'année 1840, Poultier, élève de Michelot pour la déclamation et de Ponchard pour le chant, ayant débuté à l'Opéra, provoqua un mouvement de surprise, lorsque, dans le duo du second acte de *Guillaume Tell*, il prononça :

Ma présence pour vous est peut-être **ün** outrage?

Michelot faisait dire aussi :

Ün ange, une femme inconnu-u-u...

D'un père, d'**ün** époux, respecte la souffrance !

Mais, une autre anomalie, non-moins étrange, c'est que, quelques années auparavant, alors que Michelot était encore au théâtre, le mot DÉSIR se prononçait de quatre manières différentes sur la scène de la Comédie-Française, qui d'ordinaire fait loi en matière de prosodie.

Le personnel tragique, Ligier excepté, prononçait *le désir*; celui de la comédie, Mlle Mars en tête, *le desir*; Mme Desmousseaux, *le d'sir*; et Michelot *le désir* et *le desir*, selon le cas. Exemple :

Le *désir* de chanter...

Le *desir* d'éviter...

Michelot aurait fait une horrible grimace si quelqu'un eût dit devant lui : « Le desir de devenir... » Cette succession d'*e* muets eût considérablement blessé la susceptibilité de son oreille.

Certes, dans l'enseignement de Michelot, comme dans la méthode de Duprez, il y avait à prendre et à laisser; il fallait savoir faire un choix; mais en quoi le premier excellait, c'était lorsque, vous montrant les règles de la prosodie française, il vous faisait toucher du doigt les fautes dont nos œuvres lyriques foisonnent, et vous prouvait qu'avec un peu de soin et en choisissant ses mots, un chanteur habile ou seulement intelligent pouvait faire un chef-d'œuvre de prosodie d'un morceau émaillé jusque-là de *coq-à-l'âne* et de devinottes.

CHAPITRE XXIII.

MILLIÈME REPRÉSENTATION DE LA DAME BLANCHE.

La carrière artistique de Boïeldieu se divise en trois
époques bien distinctes : la première, pendant laquelle,
ignorant presque les règles de l'harmonie, il produisit
la *Dot de Suzette* (1795) ; la *Famille suisse* (1796) ;
Montbreuil et Nerville (1797) ; *Zoraïme et Zulnare*
(1798) ; les *Méprises espagnoles* (1798) ; *Beniowski*
(1800) ; le *Calife de Bagdad* (1800), qui fut joué plus
de sept cents fois ; la seconde époque, où, après
avoir reçu des leçons de Cherubini, le plus habile
théoricien qui existât alors, il fit représenter *Ma tante
Aurore* (1802) ; *Rien de trop* ; la *Jeune femme colère* ;
Amour et Mystère ; *Télémaque* ; *Aline, reine de Gol-
conde*, qu'il ne faut point confondre avec celle de
Berton ; *Jean de Paris* (1812) ; la *Fête du village
voisin* (1812) ; le *Nouveau Seigneur du village* (1813) ;
le *Chaperon-Rouge* (1818) ; les *Voitures versées* (1820) ;
enfin, la troisième époque, où il procéda de Rossini,
sans toutefois lui avoir rien pris, et pendant laquelle
il produisit, en 1825, son immortel chef-d'œuvre, la

Dame Blanche, qui fut accueillie avec des transports d'enthousiasme.

En 1829, Boïeldieu fit représenter les *Deux Nuits*. Ce fut son dernier ouvrage. Il mourut à Jarcy, dans la Brie, le 8 octobre 1834.

Qui le croirait ? la *Dame Blanche* ne compte pas moins de quarante-huit années d'existence, ce qui, pour la musique, équivaut à deux siècles, et pourtant le tour mélodique en est toujours élégant et frais.

C'est que la *Dame Blanche* procède de l'école d'où vient la lumière, le génie sans effort, et Boïeldieu en faisant jaillir du mot la note qu'il recèle, en traduisant dans la langue des sons les ballades de la vieille Ecosse, a produit tout simplement un chef-d'œuvre impérissable.

L'on a reproché à Boïeldieu de manquer de facilité : cette accusation n'est point fondée. Les idées, au contraire, lui venaient en abondance, mais il n'était jamais content de ce qu'il avait fait. C'est pourquoi, sans Adolphe Adam, son élève, nous ne connaîtrions pas l'air chanté par la duègne, au second acte de la *Dame Blanche :* « Pauvre dame Marguerite. »

Un soir Adolphe Adam étant allé rendre visite à son maître, celui-ci lui fit entendre des couplets qu'il avait écrits la veille ; mais jugeant, à la contenance un peu froide de son auditeur, que cette composition n'était pas à la hauteur du reste de l'ouvrage, il la déchira et la jeta au panier. Boïeldieu refit entièrement ce morceau, qui est précisément celui que nous connaissons, ce bijou musical, cet air si touchant, qui, dix ans plus tard, devait être exécuté au Père-

Lachaise, sur le bord de la tombe de l'illustre compositeur.

Le collaborateur de Boïeldieu, Scribe, n'était pas toujours content, lui non plus, de ce qu'il avait fait. Quelque temps avant sa mort, pendant les répétitions de la *Circassienne*, opéra d'Auber dans lequel nous avons créé un rôle important, Scribe nous dit plusieurs fois que, si c'était à recommencer, il traiterait différemment le troisième acte de la *Dame Blanche* et changerait son dénouement.

Scribe avait-il alors une idée arrêtée à ce sujet? Nous l'ignorons, car il mourut subitement quelque temps après, sans s'être expliqué à cet égard.

Dans son livre intitulé *Derniers Souvenirs d'un musicien*, Adolphe Adam nous fournit des détails on ne peut plus intéressants sur les préoccupations qui assiégeaient Scribe et Boïeldieu relativement au troisième acte de la *Dame Blanche*.

« Labarre, » dit-il, « ayant, comme harpiste, fait plusieurs voyages en Angleterre, fournit à Boïeldieu tous les thèmes écossais que l'on remarque dans la *Dame Blanche*, tels que l'air du troisième acte, les motifs de *Chez les montagnards écossais, Vous le verrez le verre en main*, etc., etc. Ce troisième acte effrayait beaucoup Boïeldieu ; il n'y trouvait pas de situation, et un jour j'allai le voir et le trouvai travaillant dans son lit, qu'il ne quittait que trois ou quatre heures par jour, et fort préoccupé de ce troisième acte.

» —Comprenez-vous, me dit-il, qu'après deux actes si pleins de musique, je n'aie rien, dans le troisième, qu'un air de femme, un petit chœur sans importance,

un petit duo de femme et un finale sans développement? Il me faudrait là un grand morceau à effet,
et je n'ai qu'un petit chœur de villageois : *Vive, vive
monseigneur!...* Scribe m'a mis en note : « Paysans
jetant leurs chapeaux en l'air, » preuve que ce doit
être un morceau animé et court; ils ne peuvent pas
jeter leurs chapeaux en l'air pendant un quart d'heure.
Il m'est pourtant venu cette nuit une idée qui serait
peut-être bonne. Je lisais, dans Walter-Scott, qu'un
individu qui revient dans son pays reconnaît un air
qu'il a entendu dans son enfance. Si, au lieu d'un
chœur de *vivat*, les vassaux chantaient à Georges une
vieille ballade écossaise, qu'il se rappellerait assez
pour la continuer lui-même, ne pensez-vous pas que
cette situation serait musicale?

» — Certainement, repris-je, elle serait charmante
et remplirait parfaitement votre troisième acte.

» — Oui, répondit-il, mais je n'ai pas de paroles
pour cela.

» — M. Scribe est tout près d'ici.

» — Je ne puis y aller, malade comme je suis.

» — Mais je me porte à merveille, moi, et j'y serai
dans cinq minutes.

» Et sans attendre sa réponse, je cours chez Scribe,
qui effectivement logeait à deux pas du boulevard
Montmartre, rue Bergère. Scribe accueille encore
mieux l'idée que je ne l'avais fait.

» — Retournez chez Boïeldieu, me dit-il; dites-lui
que c'est excellent ; qu'il y a là un grand succès;
que le troisième acte est sauvé, et qu'il aura ses
paroles dans un quart d'heure.

» — Je cours porter la nouvelle à Boïeldieu, et le lendemain il me faisait entendre tout entier ce délicieux morceau, qui ne fit pas le succès de la *Dame Blanche*, mais qui augmenta et porta à l'apogée celui qu'avaient obtenu les deux premiers actes. »

Même avec son troisième acte, moins remarquable que les deux premiers, la *Dame Blanche* n'en est pas moins le chef-d'œuvre prototype de l'opéra-comique français; aussi, depuis quarante-huit ans, son succès n'a-t-il pas faibli un instant.

L'interprétation de la *Dame Blanche* a tenté plus d'un chanteur, et plusieurs, des plus célèbres, s'y sont essayés.

Dans ses pérégrinations en province, Adolphe Nourrit ne croyait pas déroger en endossant l'uniforme de Georges Brown, et ceux qui l'ont entendu dans ce rôle nous ont affirmé qu'il débitait le dialogue avec infiniment d'esprit, et que, dans le final du premier acte, surtout, il enlevait tous les suffrages.

Après avoir quitté l'Odéon, où il interprétait si délicieusement, mais d'une voix faible, le rôle d'Almaviva du *Barbier de Séville*, Duprez, de retour de son premier voyage en Italie, débuta à l'Opéra-Comique dans le rôle de Georges Brown, qu'il chanta d'un bout à l'autre avec un talent transcendant, mais avec un organe qui n'avait encore rien d'extraordinaire.

Avant de franchir le boulevard pour passer à l'Opéra, Roger aborda également le rôle de Georges, et l'effet qu'il y produisit n'a pas été égalé depuis, malgré le talent très-réel de la plupart des Georges Brown qui lui ont succédé.

Le 16 décembre 1862, tout le personnel de l'Opéra-Comique fêtait la MILLIÈME REPRÉSENTATION DE LA DAME BLANCHE!

Six jours après, le 21 décembre, Adrien Boïeldieu offrait à tous les artistes qui avaient joué un rôle dans l'œuvre de son père un banquet dans les salons des Frères-Provençaux.

Plusieurs discours furent prononcés. Le lecteur nous saura gré, croyons-nous, de reproduire ici celui de notre ancien camarade et ami Mocker :

« Mesdames et Messieurs, » dit-il, « permettez-moi d'ajouter quelques mots aux paroles que vous venez d'entendre.

» Il m'appartient peut-être, comme ancien artiste de l'Opéra-Comique, et maintenant comme directeur de la scène, de glorifier un passé que j'ai vu, et de fêter un présent auquel j'ai le bonheur d'assister, de réunir dans un même sentiment de sympathie et de respect les vieilles gloires et les jeunes renommées qui se groupent autour d'un chef-d'œuvre immortel!

» C'est le 10 décembre 1825 que la *Dame Blanche* fut jouée pour la première fois. Le succès fut immense. Les deux glorieux témoins de ce triomphe (1), qui, pleins d'intelligence, de santé et de vie, assistent à ce glorieux anniversaire, pourront vous dire toutes les délicieuses émotions de cette grande soirée.

» Le succès de la *Dame Blanche* a eu cela de particulier et de bien rare : c'est qu'il ne fut jamais contesté. Aucune amertume n'a jamais troublé cette

____

(1) Ponchard et Féréol.

grande victoire de Scribe et de Boïeldieu ; tel le succès fut le premier jour, tel il est aujourd'hui. La millième représentation a ressemblé exactement à la première. Trente-sept années d'épreuves et de succès n'ont ni amoindri la valeur, ni fatigué l'admiration. Le chef-d'œuvre est resté debout comme un monument indestructible et charmant du génie français.

» Du premier coup, il faut le dire, la *Dame Blanche* avait trouvé les interprètes les plus dignes de faire ressortir les beautés de cette œuvre admirable et si française.

» Un artiste brillait alors, qui réunissait en son talent tout l'esprit, toutes les grâces de l'Ecole nationale.

» Ponchard jouait le rôle de Georges, qui est resté son plus beau titre de gloire, et que l'on ne peut nommer sans rappeler son souvenir.

» Il est là, Messieurs, ce grand artiste ; il est au milieu de nous, ce Georges Brown auquel nous devons tous ceux qui l'ont suivi.

» Cette fête de Boïeldieu est aussi la fête de Ponchard. La glorification de l'œuvre est aussi la glorification de l'artiste qui a contribué à l'immortaliser.

» A PONCHARD !
» A BOÏELDIEU !

.   .   .   .

.   .   .   .   »

Nous n'avons qu'une chose à ajouter au discours qui précède, c'est que le succès de la *Dame Blanche*

ne s'est pas ralenti un seul instant. De sa première à
sa millième représentation, en moyenne, cet opéra a
été donné sur la scène de l'Opéra-Comique au moins
une fois par semaine. Aussi ne sommes-nous pas surpris que, au moment où cette œuvre remarquable
allait tomber dans le domaine public, au détriment
de la famille de Boïeldieu, une loi nouvelle ait prorogé
de vingt années les droits des héritiers des compositeurs et des hommes de lettres sur les œuvres de
l'esprit. Nous n'avons pas à apprécier cette loi et les
motifs qui l'ont fait édicter. Nous constatons seulement qu'elle est arrivée à son heure pour conserver
aux enfants de l'auteur de la *Dame Blanche* la jouissance de bénéfices qui leur ont été assurés, pendant
trente années, par le succès soutenu de cette œuvre
toujours jeune et toujours justement applaudie.

CHAPITRE XXIV.

MILLIÈME REPRÉSENTATION DU PRÉ-AUX-CLERCS.

I

Hérold (Jean-Louis-Ferdinand) naquit à Paris en 1790. Peu d'années après, il perdit son père d'une maladie de poitrine. Heureusement pour le petit orphelin, deux célèbres musiciens, Adam et Kreützer, reportèrent sur le fils l'amitié qu'ils avaient vouée au père, et c'est sous la direction de ces habiles maîtres que le jeune Hérold étudia le piano et le violon.

Admis au Conservatoire de Musique, il remporta, à seize ans, le premier prix de piano. Plus tard, élève de Méhul, il concourut pour le grand prix de Rome. Ceux qui aspiraient à cette récompense devaient demeurer en loge pendant trois semaines pour y traiter le sujet qui leur était imposé : *Mme de La Vallière, que Louis XIV veut enlever du couvent où elle s'est retirée.*

Six jours après l'ouverture du concours, Mme Hérold étant venue voir son fils, trouva celui-ci jouant à la balle dans la cour de l'Institut; il avait terminé sa besogne.

Hérold obtint le premier grand prix.

Le jeune lauréat se rendit à Rome; de là, il passa à Naples, où il fit jouer son premier opéra : *La Gioventù di Enrico V*, qui obtint un immense succès.

Bientôt, les événements politiques forcèrent Hérold à rentrer en France. Espérant se faire un nom dans les arts, il publia d'abord, à Paris, quelques morceaux pour le piano ; il se produisit ensuite dans les concerts comme virtuose ; enfin, une circonstance fortuite vint servir ses projets : Boïeldieu, ayant été chargé, à l'occasion du mariage du duc de Berry, de composer la musique d'une pièce de circonstance, s'adjoignit le jeune Hérold à titre de collaborateur. Qu'avait-il manqué à celui-ci pour arriver? Une occasion, et il venait de la trouver.

II

Voici, dans leur ordre chronologique, la liste complète des opéras dus à la plume féconde d'Hérold : la *Gioventù di Enrico V*, *Charles de France*, en collaboration avec Boïeldieu ; les *Rosières*, la *Clochette*, le *Premier venu*, les *Troqueurs*, l'*Auteur mort et vivant*, le *Muletier*, *Lasthénie*, le *Lapin blanc*, *Vendôme en Espagne*, en collaboration avec Auber ; *Marie*, le *Siège de Missolonghi*, drame joué à l'Odéon.

De 1827 à 1829, il fit la musique de plusieurs ballets pour l'Opéra : *Astolphe et Joconde*, la *Somnambule*, *Lydie* et la *Belle au bois dormant*. Il fit représenter ensuite l'*Illusion* ; *puis Emeline* , *Zampa* , la *Médecine sans médecin*, et enfin le *Pré-aux-Clers*.

III

Lorsque, il y a quarante ans , le *Pré-aux-Clercs* fut représenté pour la première fois à Paris , les artistes chargés d'assurer le succès de l'œuvre d'Hérold étaient loin de posséder, au point de vue vocal, des moyens transcendants d'exécution. Thénard-*Mergy* n'avait plus qu'un filet de voix ; Lemonnier-*Comminges* et Féréol-*Cantarelli* touchaient au terme de leur carrière ; Fargueil-*Girot* n'avait à sa disposition qu'un organe rebelle et nasillard ; celui de Mme Ponchard-*Marguerite* était quelque peu problématique ; Mlle Massy-*Nicette* débutait dans la carrière ; seule, Mme Casimir-*Isabelle* possédait un magnifique instrument, et son talent était dans toute sa fleur. Néanmoins, avec ces moyens restreints d'exécution et d'autant plus difficiles à utiliser que le compositeur n'avait sous la main , sauf Fargueil, que des *ténors* et des *soprani,* Hérold n'en créa pas moins un chef-d'œuvre.

Malgré les riches combinaisons des voix et de l'orchestre , et les délicieux motifs contenus dans le *Pré-aux-Clercs* , les artistes parisiens doutaient de la réussite de cet opéra. L'idée du cadavre de Comminges traversant la scène dans une barque, au troisième acte, érigée en situation musicale et traitée en conséquence, ne leur semblait pas heureuse, eu égard aux conditions particulières du théâtre de l'Opéra-Comique et du ton général de son répertoire. Mais l'auteur du libretto, M. de Planard, ne doutait pas de l'intérêt réel de ce dénoûment quelque peu lugubre, et l'accueil que son œuvre reçut du public lui prouva qu'il ne s'était point trompé.

Le musicien, s'identifiant avec la pensée du poëte, la développa, la mit en relief et en fit le morceau le plus remarquable et le plus remarqué de son admirable chef-d'œuvre. Dans ce passage, où deux bateliers transportent le corps inanimé de Comminges à Chaillot, l'orchestre gémit, bouillonne : il imite le murmure des vagues, le mouvement cadencé des rames, et il suffit d'avoir entendu une seule fois cette onomatopée notée, pour ne plus l'oublier, tant les accents de ce chantre mélodieux, qu'on appelle Hérold, sont pénétrants.

Si, en 1832, les artistes mis à la disposition d'Hérold ne brillaient point par l'organe, en revanche, ils possédaient l'art de donner la vie, le mouvement, la passion et l'intérêt aux œuvres qu'ils interprétaient; en un mot, et pour nous servir d'une expression employée par Fleury, chez eux, *le geste arborait pavillon pour la pensée.*

Avec de pareils interprètes, le *Pré-aux-Clercs* devait réussir, et il réussit en effet.

Féréol, chargé de faire valoir la partie comique de l'œuvre, répondit complétement à l'attente des auteurs : il joua en comédien consommé le beau rôle de Cantarelli, cet intrigant italien baragouinant le français, tour à tour cornette dans les chevau-légers, chanteur, danseur, maître de ballet, diplomate déclassé, fort habile à nouer et à dénouer une intrigue amoureuse, bretteur à l'occasion, trompant tout le monde, et, finalement, berné comme il le mérite. Tous les effets de ce beau rôle, taillé à facettes, n'échappèrent pas à la perspicacité de Féréol.

Pour être bien rendu, le rôle de Comminges exige une grande habitude de la scène, beaucoup de distinction dans les manières, et un cachet de bon ton et de suprême élégance qui n'est l'apanage que de rares artistes. Or, Lemonnier, d'une taille avantageuse, bien attaché, bon comédien, quoiqu'il précipitât un peu son débit, soutint jusqu'au bout, avec une rare intelligence, son personnage de spadassin et de mignon de la cour du roi Henri III.

Thénard, Fargueil, Mmes Casimir, Ponchard, et Mlle Massy, dans des rôles tout aussi importants, mais moins difficiles, se montrèrent à la hauteur de leur tâche : les artistes, l'orchestre, les chœurs, tout fut parfait.

Le musicien avait dépensé dans son opéra beaucoup d'idées; il y avait mis également beaucoup d'originalité; c'est pourquoi le 15 décembre 1832, le *Pré-aux-Clercs* obtint un succès éclatant : ses interprètes furent acclamés et l'auteur redemandé à la fin de la pièce; mais Hérold, épuisé de fatigue, brisé par les émotions de la soirée, s'était empressé de regagner sa chambre. Tout le monde eut alors, excepté lui peut-être, le pressentiment de sa fin prochaine.

Dès le lendemain, une indisposition subite de Mme Casimir, chargée du rôle principal, faillit arrêter les représentations du *Pré-aux-Clercs*. Hérold, désespéré, presque mourant, se rendit immédiatement chez Mlle Dorus, artiste de l'Opéra, et la pria de vouloir bien lui venir en aide dans cette malheureuse circonstance ; elle y consentit : quarante-huit heures après, Mlle Dorus paraissait sur la scène du théâtre de la Bourse, dans le rôle d'Isabelle. Le public, instruit de la bonne action et du tour de force que l'éminente cantatrice venait d'accomplir, lui fit un accueil des plus chaleureux.

Un mois après, le 19 janvier 1833, l'auteur du *Pré-aux-Clercs* rendit son âme à Dieu : il était mort de la même maladie que son père.

Le 27 février de la même année, Mme Hérold adressa à Mlle Dorus la lettre suivante :

« Voudriez-vous bien m'excuser, Mademoiselle, de ne vous avoir pas écrit plus tôt ; il y a déjà longtemps que j'aurais dû vous adresser un remercîment. La perte affreuse que je viens de faire me fera, j'espère, pardonner mon impolitesse ; et maintenant, Mademoiselle, veuillez recevoir l'expression de ma très-vive gratitude, pour le service que vous avez rendu à mon mari. Vous avez fait une bonne action, car vous avez adouci les derniers jours de sa vie. Affaibli par la maladie et par la souffrance, son cœur fut brisé quand, après la première représentation de son ouvrage, Mme Casimir abandonna son rôle. La grâce avec laquelle vous voulûtes bien consentir à la remplacer, votre promptitude prodigieuse à apprendre le rôle et votre brillant et mérité succès lui rendirent un peu de force et de bonheur. Il ne se passait pas un jour où mon pauvre malade ne parlât de vous et ne formât le projet d'aller vous entendre

et vous admirer encore ; et à ses derniers moments,
pendant son délire , il parlait de fleurs et de couron-
nes qu'il tressait pour vous. Je partage vivement sa
reconnaissance et son admiration , et je vous prie
d'en recevoir l'expression bien sincère.

» Veuillez aussi, Mademoiselle, agréer, etc... »

IV

Nous cherchons, dans tout le répertoire du théâtre
de l'Opéra-Comique, quel ouvrage, après la *Dame
Blanche*, avait le plus de droits à l'honneur d'être
représenté pour la millième fois, et nous ne trouvons que *Zampa* ou le *Pré-aux-Clercs*.

Ce dernier ouvrage, éminemment français par la
grâce , le tour original et spirituel qui y règne d'un
bout à l'autre, procède de l'école italienne par ses
mélodies , et de l'école allemande par la richesse de
son orchestration. Toutefois, par delà le Rhin, on
lui préfère *Zampa*, du même auteur, tandis que,
en France , nous éprouvons une prédilection marquée pour le *Pré-aux-Clercs*, qui ne cesse d'être
applaudi à Paris sur la scène de l'Opéra-Comique. Et
cette prédilection de nos concitoyens s'explique parfaitement, car elle a sa raison d'être.

Zampa, dont on a dit que c'était la partition la plus
riche , la plus puissante, la plus variée, la plus colo-
rée , la plus belle dont une plume française ait doté
le théâtre ; *Zampa*, plus sévère, convient mieux à
l'imagination des Allemands , tandis que le *Pré-aux-
Clercs*, où les mélodies sont plus franches, a plus

d'attrait pour notre goût. Le *Pré-aux-Clercs* d'ailleurs est favorisé par l'un des meilleurs livrets qui existent ; *Zampa*, au contraire, est desservi par un poëme dont l'intérêt va toujours en décroissant.

Plusieurs *reprises* du *Pré-aux-Clercs*, faites à différentes époques sur la scène de l'Opéra-Comique, et toujours couronnées d'un plein succès, attestent de la préférence que le public français accorde à cet opéra, et justifient M. de Leuven, directeur de notre seconde scène lyrique, d'avoir patronné l'œuvre d'Hérold.

Le 10 octobre 1871, l'Opéra-Comique célébrait la MILLIÈME REPRÉSENTATION DU PRÉ-AUX-CLERCS par une cérémonie à laquelle tout le personnel du théâtre se fit un devoir de prendre part.

Cette séance musicale, dite *extraordinaire*, avait un attrait tout particulier : Mme Miolan-Carvalho chantait le rôle d'Isabelle, qui se compose seulement d'une romance et d'un air ; mais quel air ! un diamant d'un travail de taille exquis et serti avec une habileté extraordinaire. Mme Miolan-Carvalho, est-il besoin de le dire, se montra à la hauteur de sa tâche, car l'habile artiste est l'incarnation de l'art français, élégant, brillant et correct. Ses cadences sont perlées, ses fioritures d'un goût irréprochable, et si, dans l'exécution d'un point d'orgue, elle se livre aux caprices de son imagination et s'élance dans le domaine de la fantaisie, c'est toujours avec une convenance parfaite, une réserve extrême, et pour s'arrêter juste aux saines limites où commence le tour de force. En un mot, il semble que l'art se soit mis de moitié avec la nature pour faire de Mme Miolan-Carvalho une cantatrice accomplie (1).

Elle fut, du reste, merveilleusement secondée par M. Croisille, qui exécuta d'une manière remarquable son solo de violon, véritable feu d'artifice musical, dont le trait final fut le bouquet, et dont les crépitements furent étouffés par les applaudissements de la foule.

Tous les artistes paraissaient, ce soir-là, s'être piqué d'honneur, et chacun fit grandement son devoir.

Le lendemain de ce mémorable anniversaire, le fils de l'illustre compositeur, M. François Hérold, conseiller d'Etat, nous adressa l'invitation suivante :

« M. F. Hérold prie M. Auguste Laget de lui faire l'honneur de prendre part au dîner offert par lui aux artistes qui ont rempli un rôle dans le *Pré-aux-Clercs* depuis le 15 décembre 1832 jusqu'à ce jour. Le banquet aura lieu au Grand-Hôtel, à Paris, le 15 novembre 1871, à sept heures du soir. »

Une circonstance indépendante de notre volonté ne nous ayant pas permis de répondre à l'aimable attention de M. F. Hérold, nous désespérions de pouvoir consigner ici ce qui s'était passé au Grand-Hôtel, et

----

(1) M. Auber nous dit un jour, en parlant de Mme Miolan-Carvalho :
— Pendant les deux premières années de ses études au Conservatoire, tous ses professeurs semblaient s'entendre pour ne m'envoyer que de mauvaises notes sur son compte. Ses dispositions pour le chant ne commencèrent à s'affirmer que vers le milieu de la troisième année, et ce n'est qu'à force de persévérance que Mme Miolan-Carvalho est devenue l'habile cantatrice que vous connaissez.

de compléter ainsi tout ce qui a trait à la millième représentation du *Pré-aux-Clercs*, lorsque nous reçûmes la lettre suivante :

« Paris, le 29 octobre 1872.

» MONSIEUR,

. . . .

. . . .

» Je voudrais bien pouvoir vous donner ce que vous me demandez, mon remercîment à mes invités de la millième du *Pré-aux-Clercs*. Mais ce que j'ai dit, je ne l'avais pas écrit, et, après plus d'une année écoulée, vous comprendrez que je me le rappelle bien peu, — du moins en ce qui touche la forme, car je ne puis oublier la substance. Cette substance, la voici : j'étais fort touché, fort ému de ce grand fait musical d'une millième représentation, à Paris, d'un opéra français, le troisième qui parvint à cette gloire (les deux autres ont été *Richard Cœur-de-Lion* et la *Dame Blanche*).

» J'étais plein de reconnaissance pour les artistes qui avaient bien voulu répondre à mon appel ou qui, comme vous, monsieur, s'étaient excusés de ne pouvoir le faire. Voilà les sentiments que j'ai d'abord exprimés.

» J'avais à côté de moi Mme Ponchard, une véritable octogénaire (1), la Marguerite de 1832 ; Mme Casimir,

(1) Mme Ponchard, née Marie-Sophie Callault, est morte à Paris, le 20 septembre 1873, à l'âge de quatre-vingt-deux ans. Elle débuta

la doyenne des Isabelles; en face de moi Mme Car-
valho; et Mme Hébert-Massy, la Nicette de la création,
venue exprès de Toulouse, et Roger, le Mergy que
vous avez connu. J'ai particulièrement remercié les
grands artistes que je viens de nommer; puis j'ai
passé aux absents : Lemonnier, âgé et éloigné, Sainte-
Foy à Saint-Pétersbourg, Mme Dorus, Mme Rossi-Caccia,
dont j'avais reçu d'excellentes lettres, Mme Van den
Heuvel, d'autres encore. J'en oublie certainement ici
que je n'ai pas oubliés alors. Je n'avais pas nommé
Couderc, mais je savais que Mocker le ferait. Enfin, j'ai
remercié la direction d'avoir rouvert le théâtre, après
nos malheurs publics, par une œuvre nationale, par
celle d'un musicien parisien, fils d'Alsacien, c'est-à-
dire deux fois français. Je crois que c'est ainsi que
j'ai fini.

» Le bon de cette fête, ce n'est pas ce que j'y ai
dit, c'est le sentiment que nous y éprouvions tous,
heureux, je crois, de confondre le culte de l'art avec
l'échange affectueux d'une reconnaissance mutuelle.

» Je suis heureux, Monsieur, de cette nouvelle
occasion de vous exprimer toute mon estime pour
un artiste qui a interprété avec tant de talent l'œuvre
de mon père, et je vous prie de croire, Monsieur,
aux meilleurs sentiments de

» Votre tout dévoué

» F. Hérold. »

d'abord à l'Opéra, le 30 mars 1814; puis à l'Opéra-Comique, où elle
fit trois importantes créations : la *Prison d'Edimbourg*, le *Pré-aux-
Clercs*, et le *Cheval de Bronze*.

CHAPITRE XXV.

Ce terme de chronologie exprime une erreur dans
la supputation des temps et principalement celle qui
antidate un événement. Néanmoins, nous avons entendu des gens, qui passent pour des puristes, donner
à ce mot une extension beaucoup plus large et l'ap-
pliquer non-seulement à l'anachronisme vrai, mais
encore au parachronisme et à tout ce qui constitue
une erreur de date, que cette erreur se produise dans
les lettres, dans les sciences, dans les arts, etc. C'est
en nous autorisant de cet exemple que nous em-
ployons ce mot, dans le courant de ce chapitre, en
lui laissant son acception la plus étendue.

I

A Mme Favart revient l'honneur d'avoir pris l'initiative dans la réforme apportée aux costumes de
théâtre. Elle osa jouer un rôle de paysanne avec un
jupon de bure, des sabots et les cheveux sans poudre,

à une époque où les caméristes et les servantes se montraient en scène avec des robes de soie, des souliers en satin, des brillants aux doigts, et la figure ornée de mouches, etc.

Après Mme Favart, citons Lekain et Mlle Clairon, qui, eux aussi, essayèrent de réformer ce que les costumes avaient de ridicule. Malheureusement, ils n'eurent point d'imitateurs, et l'on continua de voir au théâtre des Romains poudrés, des Grecques en paniers, César serré dans un bel habit de satin blanc, Andromaque en vertugadin, talons rouges, etc.

La révolution du costume, selon l'opinion commune, fut opérée simultanément par le célèbre peintre David et par Talma, et toutes les personnes versées dans l'histoire du théâtre connaissent le mot de Mme Vestris lorsqu'elle vit ce dernier entrer en scène offrant la représentation exacte des héros qui figurent sur la colonne Trajane : « Oh ! qu'il est drôle ! Il a l'air d'une statue antique ! »

Talma avait acquis des notions très-étendues sur les costumes de l'antiquité, par la fréquentation des peintres, des sculpteurs, des antiquaires et des savants. David lui donna d'excellents conseils qu'il mit en pratique, et souvent ils se livrèrent ensemble à des recherches pénibles, dont les résultats furent immenses pour l'art théâtral.

Plus tard, bien des essais de réforme furent encore tentés. Ainsi, le 15 janvier 1829, jour anniversaire de la naissance de Molière, les sociétaires de la Comédie-Française, comprenant enfin que les Elmire et les Célimène à *manches à gigot* avaient fait leur temps, se décidèrent à représenter le *Tartufe* avec les costumes de l'époque. Ce fut Mlle Mars qui, en cette circonstance, provoqua cette heureuse innovation.

« Ne voyons-nous pas encore aujourd'hui sur nos théâtres l'inverse de ce qui se pratique dans la société réelle, où les habits de forme surannée sont portés par les pères, par les vieillards, et les modes nouvelles par les jeunes gens? Souvent il arrive, comme dans les *Fourberies de Scapin* et ailleurs, que les Gérontes, que les barbons portent un habit Louis XV, tandis que les jeunes premiers, les amoureux sont vêtus ainsi que l'étaient les beaux muguets du commencement du règne de Louis le Grand.

» Et n'est-ce pas en 1331 ou 1832 que Louis-Philippe fit jouer, sur le théâtre du château de Versailles, le *Misanthrope* (1) avec les costumes vrai Louis XIV, dont il fit présent à ses comédiens ordinaires (2) ? »

Puisque, malgré les réformes dont nous venons de parler, l'anachronisme se maintient toujours sur les diverses scènes de Paris et de la province, il est

---

(1) L'auteur de cette citation est ici mal servi par ses souvenirs : c'est en effet, en 1837, que le *Misanthrope* fut joué à la cour, lors des fêtes qui eurent lieu à l'occasion du mariage du duc d'Orléans avec la princesse Hélène.

Nous ajouterons, comme détail curieux à enregistrer, que, lorsqu'il s'agit, quelques jours après, de jouer cette pièce à Paris, la censure, intervenant, s'opposa à ce qu'on mît sur l'affiche du Théâtre-Français : *Le Misanthrope, avec les costumes donnés pour les fêtes de Versailles*, et permit de mettre seulement : *avec les costumes de l'époque.* A. L.

(2) *Projet de réforme théâtrale en province*, par C. Destrem.

évident qu'il sera difficile, sinon impossible, de l'extirper entièrement du théâtre, ici par l'ignorance des uns, là par la coquetterie mal entendue des autres, etc.; aussi, si nous voulions citer tous les anachronismes dont nous avons été témoin, nous n'en finirions pas. Qu'il nous suffise d'en relever quelques-uns dont l'évidence manifeste ou l'originalité ont plus particulièrement attiré notre attention.

Dans la *Dame Blanche*, par exemple, l'anachronisme a tout envahi : les costumes y sont ridicules. L'action se passe peu de temps après la bataille d'Hastembeck, qui eut lieu en 1757, pendant la guerre de Sept ans. Or, il est évident que Georges Brown, sous-lieutenant d'infanterie au service du roi Georges II, devrait porter le tricorne orné d'une cocarde noire, la perruque blanche, l'uniforme rouge, la botte molle, etc. Au lieu de cela, que voyons-nous, même à Paris? Georges Brown est affublé d'un costume qui n'est d'aucune époque, et ses cheveux sont taillés à la mode du jour ; Gaveston est revêtu d'un habit à la Louis XIII, tandis qu'il devrait porter un costume du temps de Louis XV, etc. Tout cela est fort regrettable au point de vue historique ; aussi ne comprenons-nous pas que, lors de la reprise de la *Dame Blanche*, qui eut lieu à Paris en 1862, pour les débuts de M. Léon Achard, M. Perrin, alors directeur de l'Opéra-Comique, n'ait pas donné l'exemple d'une réforme que les théâtres de province se seraient empressés de suivre.

Mais, nous dira-t-on, le public est habitué à voir la pièce habillée ainsi. Nous plaignons sincèrement ceux que cette raison peut satisfaire.

Il y a quelques années, nous avons vu jouer sur
un théâtre de premier ordre un ouvrage dont la scène
principale représentait Louis XIV attablé en compagnie
de quelques seigneurs de sa cour, tous tête nue devant le Roi-Soleil. Or, tous les convives, au contraire,
auraient dû être coiffés, sauf le monarque : ainsi le
voulait l'étiquette du temps; et si un gentillâtre, peu
au courant des usages de la cour, eût oublié de se
conformer à cette prescription du cérémonial, l'huis-
sier de service aurait invité le délinquant à mettre son
feutre en présence du roi. Nous voyons ailleurs qu'il
n'en était pas de même à la cour de Philippe II, roi
d'Espagne; car, lorsque ce prince voulait honorer
quelque noble étranger, il l'invitait gracieusement à
se couvrir devant lui.

Dans le second acte du *Pré-aux-Clercs*, lorsque
l'ambassadeur de Navarre vient chercher la comtesse
Isabelle de la part d'Henri III, beaucoup de ténors-
légers croient bien faire en se découvrant respectueusement devant la reine Marguerite. Ils se trom-
pent. Mergy doit garder son toquet : c'était une
prérogative que tout ambassadeur, dans l'exercice de
ses fonctions, posséda jusqu'au commencement du
règne de Louis XIV.

Le fait le plus original que nous ayons eu l'occasion de constater, pendant le cours de notre carrière
artistique, s'est manifesté, non pas sur un théâtre,
mais en pleine rue, et voici à quelle occasion.

Les créoles de la Nouvelle-Orléans, aux Etats-Unis,
ont conservé pour la mémoire de Lafayette, qui les
aida à secouer le joug de la mère-patrie, une sorte de

culte religieux. Pour perpétuer le souvenir des services rendus à leur pays par notre compatriote, les Américains ont donné son nom à un régiment de la milice orléanaise, lequel régiment Lafayette est habillé comme l'étaient les soldats de l'indépendance en 1779.

Toutefois, l'uniforme des miliciens américains n'est pas complet; il y manque la perruque blanche. Or, voyez-vous d'ici l'effet que doit produire un régiment de douze cents héros portant l'uniforme à pans retroussés, le jabot, l'épée en travers, les bottes cirées à l'œuf, etc., sauf la poudre?

C'est d'un pittoresque à nul autre second, et il nous a été donné de voir ce spectacle étrange en Amérique, le jour de la fête commémorative de l'indépendance des Etats-Unis.

Les douze cents toisons blanches avaient pourtant été commandées et confectionnées; mais il paraîtrait que lorsque les miliciens américains s'en virent affublés, bien différents des augures, ils ne purent se regarder sans rire, et, saisissant les malencontreuses perruques par le catogan, ils se les envoyèrent réciproquement à la figure.

II

Dans un feuilleton de l'*Opinion publique*, M. Théodore Muret a publié dans le temps de très-curieuses observations sur la cravate, la barbe et la moustache. Dans l'intérêt de nos lecteurs, nous croyons devoir reproduire ici un paragraphe de cet excellent article.

« Il est une faute que nous avons souvent l'occasion de remarquer dans les pièces qui se passent au siècle dernier : nous voulons parler de la cravate noire et de la moustache avec l'habit militaire. La cravate noire était alors tout à fait inconnue en France (1). Le simple soldat même portait le col en basin blanc ; quant à la moustache, elle n'était adoptée que dans les hussards, corps d'origine étrangère. Aucun officier ne la portait.

» Même sous l'Empire et la Restauration, la moustache n'était pas d'un usage universel dans l'armée. Examinez les batailles de Gros et de Gérard. Vous y verrez Napoléon entouré d'un cortége de maréchaux et de généraux parfaitement rasés comme lui.

» Quand le théâtre nous montre un officier de Louis XV ou de Louis XVI avec moustaches et cravate noire, il commet une faute de costume aussi forte que s'il nous faisait voir un militaire d'aujourd'hui avec cravate blanche et perruque poudrée. »

Beaucoup d'artistes aujourd'hui paraissent tenir infiniment à leur barbe et à leur moustache, et en ceci ils ressemblent très-fort aux artistes d'autrefois. En 1839, nous nous souvenons d'avoir vu le ténor Mario de Candia, dans le *Comte Ory*, sur la scène de l'Opéra, déguisé en religieuse et portant toute sa barbe, qu'il s'efforçait de dissimuler avec sa guimpe. A Rouen,

(1) La cravate nous vient des Allemands ; elle fut remarquée pour la première fois le 18 mai 1636 sur des officiers français qui revenaient d'Allemagne , et les Croates , qu'on appelait communément *Cravates*, passent pour l'avoir inventée. A. L.

en 1843, le baryton Lafage, chargé d'interpréter le rôle de Barnabé, dans le *Maître de Chapelle*, fut obligé de rentrer dans la coulisse, le public lui ayant intimé l'ordre de faire disparaître au plus vite sa moustache et son impériale, lesquelles contrastaient d'une manière choquante avec l'habit Louis XV et la perruque poudrée.

Il n'est, du reste, si mince détail au théâtre dont l'oubli ne constitue parfois une faute. Nous en trouverions la preuve au besoin dans la manière dont la plupart des artistes distribuent sur leur visage les mouches qu'ils placent au hasard, sans discernement, et sans en connaître la véritable signification.

« Sous le règne de Louis XV, poser une mouche était une difficulté extrême; il fallait une longue pratique de la vie pour déterminer la partie du visage qui devait, par cet ornement, attirer l'œil et subjuguer un cœur. Comme tout ce qui appartient à la femme, il n'y avait à cet égard aucune règle fixe, les points variaient avec le caractère et la nature physique du sujet. Toutefois on reconnaissait en général neuf manières particulières de placer les mouches. Les voici :

» 1° La passionnée la portait au coin de l'œil;

» 2° La majestueuse presque au milieu du front;

» 3° L'enjouée sur le bord de la fossette que forme la joue quand elle rit;

» 4° La galante au milieu de la joue;

» 5° La gaillarde sur le nez;

» 6° La coquette sur les lèvres;

» 7° La prude sur la pommette;

» 8° La discrète au-dessous de la lèvre inférieure,
vers le menton;

» 9° La voleuse sur un bouton (1)! »

III

Pendant que nous y sommes, qu'on veuille bien
nous permettre encore quelques observations; nous
n'abuserons pas de la patience du lecteur.

Presque tous les ténors-légers qui chantent le rôle
d'Almaviva semblent s'être donné le mot pour commettre un contre-sens, dans le second acte du *Barbier
de Séville*, au finale. Dans cette scène, le lazzi tra-
ditionnel consiste pour Almaviva, déguisé en soldat,
à détacher de son feutre le billet de logement qui y
est fixé sous la forme d'un A, et à le placer sur le
front de Bartholo sous la forme d'un V. Telle est la
tradition d'après Beaumarchais. Au lieu de cela, que
voyons-nous? L'amant heureux entre en scène le
chef orné d'un attribut allégorique (le billet de logement sous la forme d'un V), appendice cornu, qui
est l'emblème des maris trompés. Voilà le contre-
sens... aussi fréquent au théâtre que l'anachronisme
lui-même.

Bien des personnes s'imaginent que le deuil, chez
les femmes, a été porté en noir de tout temps. C'est
encore là une erreur. Ce fut Anne de Bretagne, veuve

(1) Cette citation nous ayant paru dans le temps mériter les honneurs des ciseaux, nous nous trouvons aujourd'hui dans l'impossibilité de la restituer à son auteur. A. L.

du roi Louis XII, qui, la première en France, prit le deuil en noir ; jusque-là il avait toujours été porté en blanc.

Lorsque le peintre Hippolyte Flandrin fut chargé d'exécuter les peintures murales de l'église de Saint-Vincent-de-Paul, à Paris, dans l'orgue que touche sainte Cécile, il plaça les tuyaux graves à droite et les tuyaux aigus à gauche. Plus d'un organiste, voire même un célèbre facteur d'orgues, — à ce que prétend M. Félix Clément (1), — virent un acte d'ignorance dans cette disposition, qui attestait, au contraire, les profondes études de l'artiste chrétien. En effet, dans les anciens manuscrits, on trouve plusieurs représentations d'orgues offrant la disposition adoptée par Hippolyte Flandrin.

Ce que nous venons de dire de l'anachronisme en général prouve une fois de plus que pour réussir dans les arts le talent ne suffit pas ; il faut encore être instruit, l'artiste étant sujet à faillir lorsqu'il n'est point soutenu par de fortes études.

____

(1) Maître de chapelle et organiste de la Sorbonne et du collége Stanislas.

CHAPITRE XXVI.

LES MAÎTRISES ET LES ENFANTS DE CHOEUR.

Avant la révolution de 1789, les cathédrales, les collégiales, les abbayes, les paroisses et plusieurs chapelles, entretenaient dans leurs Maîtrises, pour le service religieux, un grand nombre d'enfants de chœur : quinze mille environ. Excellents sujets pour la plupart, ils étaient bons musiciens, avaient la voix exercée, et il leur restait peu de chose à apprendre pour devenir d'habiles chanteurs, de remarquables virtuoses ou d'excellents compositeurs.

En quittant les Maîtrises, ces enfants, devenus jeunes hommes, appréciant les beautés de l'art musical et avides de continuer une carrière qui répondait si bien à leurs aspirations, allaient demander au théâtre, soit comme compositeurs, soit comme exécutants, la satisfaction de leur goût et le développement de leurs aptitudes spéciales.

On pourrait donc avancer en toute vérité, ce semble, que les Maîtrises, en créant des musiciens capables, par leur talent, d'augmenter l'éclat des cérémonies du culte, formaient en même temps, non de leur plein gré, mais par la force même des choses, des âmes d'élite destinées à répandre dans la société l'amour d'un art céleste recueilli au pied de l'autel, et qui, bien que s'abaissant jusqu'à des sujets profanes, n'en conservait pas moins quelque chose de divin.

Il est certain que pendant les dix-septième et dix-huitième siècles les Maîtrises fournissaient le théâtre de compositeurs, de musiciens et de chanteurs, tandis que quelques membres du clergé, aux idées larges, aux conceptions hardies ou au génie puissant, ne se faisaient point scrupule d'écrire des scenarios ou de composer des opéras.

En effet, on lit, dans les mémoires du temps, que le pape Clément IX rimait des livrets de tragédies lyriques, et que ce fut l'abbé de Mailly, poëte et musicien, qui rédigea le premier opéra qui ait été joué en France, *Akébar, roi du Mogol*, représenté en février 1646 dans le palais épiscopal de Mgr Alessandro Bichi, évêque de Carpentras.

A la même époque, le cardinal Mazarin mandait à Paris une troupe de chanteurs italiens pour amuser la jeunesse de Louis XIV.

Quelques années auparavant, Richelieu, sous la direction d'un moine augustin, chargé d'élever le parterre à la hauteur de la scène, métamorphosait en salle de bal le théâtre qu'il avait fait construire dans son palais.

En 1659, Cambert, organiste de Saint-Honoré, et l'abbé de Mailly, déjà nommé, composaient en collaboration d'après un scenario, qui leur avait été donné par le cardinal de la Rovère, archevêque de Turin, *la Pastorale en musique*, second opéra français, joué en plein air à Issy, dont le succès retentissant décida Sa Majesté Très-Chrétienne Louis XIV à fonder l'Académie royale de Musique.

L'abbé Pellegrin,

> Qui, dévot le matin et le soir idolâtre,
> Déjeunait de l'autel et soupait du théâtre,

écrivit pour Rameau, organiste, le livret d'*Hippolyte et Aricie*, dont la représentation eut lieu sur la scène de l'Opéra le 1ᵉʳ octobre 1733.

L'abbé de Lamarre fait représenter *Zaïde, reine de Grenade*, mise en musique par Royer; enfin, *Titon et l'Aurore*, œuvre posthume du même auteur, obtint en 1753 le plus éclatant succès.

Nous n'en finirions pas si nous voulions citer tous les abbés et les *monsignori*, les organistes et les maîtres de chapelle qui ont travaillé pour le théâtre.

« Les détails que donne J.-J. Rousseau sur son séjour de près d'une année dans la Maîtrise d'Annecy sont assez curieux. Ils font connaître ce qu'étaient ces établissements en général. C'était la pépinière d'où l'on tirait tous les musiciens, instrumentistes, chanteurs ou compositeurs. L'Eglise travaillait alors pour le théâtre, et l'opéra ne se recrutait que dans les Maîtrises, pour le personnel masculin.

» La vie des musiciens chargés de la direction des Maîtrises était des plus heureuses ; ils devaient, suivant l'allocation qu'ils recevaient du clergé, enseigner un certain nombre d'enfants qui participaient à l'exécution des offices en musique. Non-seulement on leur permettait de prendre des élèves pensionnaires au delà du nombre fixé, mais ils étaient même protégés et encouragés dans cette augmentation de personnel, parce que c'était un moyen de donner, sans qu'il en coûtât rien à l'Eglise, plus d'effet et d'éclat aux cérémonies religieuses et musicales.

» Il existait souvent des rivalités de chapitre à chapitre, pour tel bon compositeur, tel organiste habile, tel chanteur à la voix puissante et sonore, et, en fin de compte, cette concurrence tournait toujours au profit des artistes qu'on s'enviait, soit qu'on augmentât leurs appointements pour les retenir, soit qu'on leur offrît plus d'avantages pour les enlever.

» Il y avait quelques revers de médaille. Des membres du clergé n'avaient pas toujours pour le maître de chapelle ces égards dont les artistes sont si avides ; quelques ecclésiastiques avaient le tort de ne les considérer que comme des gens à gages, à qui l'on ne devait rien, une fois qu'on leur avait donné le prix de leur talent, non plus qu'au suisse ou au bedeau, dont on payait la prestance et la bonne mine.

» Le chef de la Maîtrise avait sous ses ordres tous ses musiciens ; mais, hors de là, il ne connaissait que des supérieurs. Le chantre (c'était alors une dignité) avait la direction du chœur ; de là naissaient des conflits perpétuels entre lui et le maître de chapelle. Ce qui se passa à la Maîtrise où était Jean-Jacques en offre un exemple.

» Dans la semaine sainte, l'évêque d'Annecy donnait habituellement un dîner de règle à ses chanoines. On négligea, une année, contre l'usage, d'y engager le chantre et le maître de chapelle. Celui-ci pria le chantre, comme ecclésiastique et comme son supérieur, d'aller réclamer contre l'affront commun qu'ils recevaient. Le chantre, qui se nommait l'abbé de Vidonne, ne réussit qu'à moitié dans sa négociation, c'est-à-dire qu'il se fit inviter, mais il laissa maintenir l'exclusion dont était victime le pauvre M. Lemaître, le directeur de la Maîtrise. Une altercation s'éleva naturellement entre l'admis et l'éliminé, et le chantre finit par dire qu'il n'était pas étonnant qu'on repoussât un gagiste qui n'était ni noble, ni prêtre. L'injure était trop grande pour ne pas exiger une vengeance; elle ne se fit pas attendre.

» On était à la veille des fêtes de Pâques, une des plus importantes solennités de l'Eglise. Priver le chapitre de musique pour ces importantes cérémonies, c'était prouver combien on avait eu tort de méconnaître la valeur et l'importance du maître de chapelle. Ce fut à ce projet que s'attacha le vindicatif musicien.

» Il lui fallait des complices : Jean-Jacques et Mme de Warens lui en servirent; le premier lui offrit de l'accompagner dans sa fuite, la seconde lui aida à emporter sa caisse de musique, ce qui était le plus essentiel, puisque, sans ce qu'elle contenait, il n'y avait plus d'exécution possible à la cathédrale.

» Pour rendre la vengeance plus piquante, les deux fugitifs allèrent demander l'hospitalité au curé de Seyssel, qui était lui-même chanoine de Saint-Pierre.

Le bruit de leur escapade n'était pas encore parvenu
jusqu'à lui ; ils lui firent croire qu'ils allaient à Bel-
ley par ordre de l'archevêque , et le bon curé leur en
facilita les moyens et se chargea même de faire parvenir la caisse de musique à Lyon , où ils avaient dit
qu'ils se rendraient ensuite.

Une fois en terre de France , ils se croyaient à
l'abri de toute poursuite. Aussi se proposaient-ils de
mener joyeuse vie à Lyon , où le talent de Lemaître
ne pouvait manquer de le faire bien accueillir. Ce
malheureux était sujet à des attaques d'épilepsie. Un
jour , dans une rue de Lyon , il ressent une atteinte
de cette cruelle maladie ; tandis qu'il gît à terre ,
écumant et se tordant dans d'horribles convulsions,
Rousseau , par une résolution qu'il n'entreprend du
reste ni d'expliquer ni d'excuser, l'abandonne au
milieu des étrangers accourus pour le secourir et
prend la fuite , sans plus de souci de celui qui était
à la fois son maître , son compagnon de voyage et
son ami.

» Ce que devint le pauvre Lemaître, nul ne l'a su.
Sa caisse de musique fut saisie et renvoyée , sur leur
réclamation, aux chanoines d'Annecy par les chanoines de Lyon. C'était le gagne-pain du maître de
chapelle , l'œuvre de toute sa vie. La misère, le
désespoir, et la mort peut-être , furent le résultat
de la vengeance qu'il avait exercée. Quant à Jean-
Jacques , il reprit la route d'Annecy.

Un musicien pouvait alors voyager presque sans
un sol, en prenant pour étapes les nombreuses
Maîtrises , où il était toujours sûr d'être hébergé,

fêté et même payé si l'on mettait son talent à con-
tribution, ce qui arrivait souvent ; car un chanteur
étranger était accueilli, dans une chapelle de cathédrale, comme l'est aujourd'hui un acteur en tournée
dans un théâtre de province : cela s'appelait *vicarier*.
Ces mœurs musicales sont aujourd'hui tout à fait
inconnues ; mais il n'est point mauvais, au point de
vue historique, que les musiciens se les rappellent
de temps en temps (1). »

Avant de parler des chanteurs célèbres sortis des
Maîtrises, nous croyons devoir faire passer sous les
yeux du lecteur un document peu connu emprunté
aux annales du Conservatoire de Musique. La reproduction de ce document, remarquable par son peu
d'impartialité, nous fournira l'occasion de relever
quelques erreurs trop facilement répandues au sujet
des Maîtrises, et trop facilement acceptées.

« *Observations sur l'état de la musique en France,
par le directeur du Conservatoire (Sarrette), lues à
l'assemblée générale des membres du Conservatoire,
le 5 ventôse an X (24 février 1802).*

» Jusqu'en 1789, la France fut le pays où l'on
dépensa le plus pour cultiver la musique ; cependant
les moyens qui furent employés, quoique très-mul-
tipliés (2), produisirent peu de fruits, et ne servirent

(1) Adolphe Adam, *Souvenirs d'un musicien,* p. 181.
(2) Ces moyens consistaient dans les nombreuses psallettes ou maîtrises d'enfants de chœur.

point au perfectionnement de cet art : tout annonce même que son enfance se serait longtemps prolongée, sans l'essai de l'opéra italien fait, en 1645 , par le cardinal Mazarin.

» Le succès brillant de l'*Orfeo e Euridice*, en 1647, détermina le goût national en faveur de ce genre de spectacle, et fit naitre le désir de le transporter sur la scène française. Ce fut en 1659 que le premier opéra sur un poëme français (1) fut exécuté à Issy.

» Depuis l'époque de l'établissement de l'opéra français, tous ses moyens se sont tellement perfectionnés, qu'il est devenu le spectacle le plus brillant de l'Europe. Pourquoi la seule partie du chant est-elle toujours restée en arrière ? N'est-ce pas parce qu'en naturalisant en France ce genre de spectacle, il aurait fallu naturaliser aussi les moyens de reproduction et de conservation qui lui étaient nécessaires ? L'établissement d'écoles propres à l'étude de toutes les parties de l'art devait suivre la création de l'opéra ; on n'y songea pas ; et cette imprévoyance, qui livra ce spectacle à toute l'influence de l'enseignement des maîtrises, fut la source du mauvais goût qui caractérisa longtemps le chant français.

» Cette influence fut d'autant plus immédiate, qu'on fut presque toujours obligé de recruter les théâtres lyriques de sujets formés dans les écoles entretenues par le clergé pour le service du culte.

____

(1) Le second et non point le premier. C'est à Carpentras, en 1646, que fut joué le premier opéra : il avait pour titre *Akébar , roi du Mogol*.

» Si le grand opéra eût été conservé italien, ainsi qu'il avait été établi, et comme ceux qui le furent par la suite dans les principales cours de l'Europe, il se serait entretenu d'artistes formés par les Conservatoires d'Italie, et le bon goût de ces écoles aurait balancé ou proscrit le mauvais goût des cathédrales; mais le génie du dix-septième siècle voulut que la langue française, épurée et fixée par les écrivains qui l'illustrèrent, devînt aussi la langue du théâtre lyrique. Alors parurent les poëmes de Quinault, qui sont encore consultés comme des modèles. Cette volonté patriotique, marquée du caractère de grandeur qui distingua ce siècle, aurait influé sur l'art musical, comme sur tous les autres, s'il n'eût pas été laissé dans les mains du clergé, dont *le but ne pouvait être de former des artistes pour le théâtre.* L'instruction de la musique, restant entièrement subordonnée aux usages du culte, ne put suivre la marche rapide des sciences et des arts pendant cette époque brillante.

» Les moyens de conservation et de reproduction de l'art musical en France se trouvèrent donc circonscrits dans l'enseignement des maîtrises. Quels étaient ces moyens? Quant à la composition, le contrepoint, plus particulièrement employé pour la musique d'église, était seul enseigné; on s'abstenait absolument de l'étude du genre dramatique : l'étude instrumentale se bornait à l'orgue et au serpent; dans quelques-unes des maîtrises on enseignait le basson et le violoncelle, mais rien de plus. Quant à la musique chantée, l'on sait combien celle-ci, dans les églises de France, était éloignée de la pureté et de la grâce de la mélodie italienne ; encore n'enseignait-on le chant dans ces écoles que jusqu'à l'âge où la voix mue, parce que, jusque-là, les élèves enfants de chœur étaient utiles pour remplir les parties de dessus ; lorsque ce terme arrivait, ils étaient remplacés par d'autres enfants, et renvoyés avec une modique somme. Parmi ceux qui n'avaient pas conservé de voix, les uns se livraient à l'étude des instruments, les autres embrassaient un état différent ; ceux dont la voix, après la mue, avait acquis les qualités nécessaires au chant, se destinaient ordinairement à remplir les places de chantres bénéficiaires dans les chapitres ou de choristes dans les églises ; mais ces élèves, abandonnés après une première éducation aussi imparfaite, dépourvus de bonnes méthodes pour cultiver leurs moyens, viciaient toujours leur voix, la rendaient dure et criarde, parce que leur but, comme leur instruction, avait été de faire entendre les chants du culte, du lutrin au porche, et tout ce qui pouvait leur faire atteindre ce but était bon, si défectueuse que pût être la méthode qu'ils employassent.

» Les plus belles de ces voix furent appelées par l'ancien gouvernement à recruter la chapelle royale et l'Opéra : elles eurent alors des occasions plus favorables à leur culture. Dans le nombre on distingue quelques artistes qui ont acquis une réputation méritée sur la scène lyrique ; mais il faut convenir que c'est en changeant de méthode qu'ils se sont formés.

» Cependant ce n'était pas toujours les écoles de cathédrales qui fournissaient des acteurs aux différents théâtres lyriques; des hommes, réunissant la beauté de la voix à la beauté du physique, furent aussi tirés quelquefois de professions absolument étrangères pour le service des théâtres; on s'efforçait de hâter leur éducation musicale : heureux quand le sentiment et l'intelligence secondaient les qualités qu'on avait déjà reconnues en eux ! Mais à ce concours de dons naturels, toujours extrêmement rare, se trouvaient aussi toujours réunis les vices inséparables d'une éducation tardive et précipitée; encore le gouvernement ne rencontrait-il que très-accidentellement ces moyens imparfaits d'entretenir et de recruter les théâtres.

» On a vu que les écoles des Maîtrises, formant des élèves seulement pour le culte, ne s'attachaient strictement qu'à leur enseigner le chant approprié à cette destination, et que la musique instrumentale n'y était que très-peu cultivée; ce vide se faisait sensiblement remarquer dans les corps de musique attachés aux armées; la presque totalité des musiciens des régiments était allemande, et les orchestres même de nos théâtres étaient en grande partie composés d'artistes étrangers (1).

» Quelle fut donc l'utilité d'un enseignement aussi

(1) En 1790, sur trente-deux musiciens dont se composait l'orchestre du théâtre de Toulouse, trente et un avaient été enfants de chœur; la plupart sortaient de la collégiale de Saint-Sernin et de la maîtrise de Saint-Etienne.

dispendieux que celui des cathédrales (1) ? Quels furent ses résultats dans toutes les parties de l'art ? A commencer par les compositeurs, il n'en est sorti qu'un très-petit nombre parmi lesquels peu se distinguèrent ; elles n'ont produit aucun virtuose dans la partie instrumentale, et, à quelques exceptions près, les chanteurs qu'elles ont formés n'ont point dépassé la médiocrité.

» Le besoin d'assurer le service de la scène lyrique et de remédier aux vices de l'enseignement des Maîtrises, la nécessité d'introduire enfin une meilleure méthode de chant, détermina, en 1783, l'établissement d'une Ecole spéciale de chant et de déclamation : l'enseignement du chant y fut confié au célèbre Piccini, au citoyen Langlé, premier maître du Conservatoire de la *Pietà*, à Naples, et au citoyen Guichard, connu par la pureté de sa méthode. Cette institution fut en activité pendant dix années ; mais les habitudes de l'ancienne Ecole l'entravèrent dans sa marche, et l'empêchèrent de produire le bien qu'on en attendait.

» Cette Ecole, d'ailleurs, ne présentait pas une organisation complète ; toutes les parties de l'art n'y étaient point enseignées.

» A l'époque de la dissolution des Maîtrises, l'enseignement de la musique allait partager leur sort ; il

---

(1) D'après Sarrette, les frais d'entretien des maîtrises, sous l'ancien régime, s'élevaient à la somme annuelle de 10 millions de francs. Mais qui payait ces dix millions ?... était-ce l'Etat ? était-ce le clergé ? C'est ce que Sarrette ne dit pas.

ne restait en France que l'Ecole de musique de la garde nationale parisienne, et celle de chant et de déclamation dont on vient de parler. Le gouvernement ordonna la réunion de ces deux Ecoles, et le Conservatoire de Musique fut formé (1). »

Nous le demandons à tout lecteur impartial et de bonne foi, qu'est-ce que les Maîtrises pouvaient avoir de commun avec le Conservatoire, et alors pourquoi vouloir les rendre responsables de la mauvaise direction donnée au chant, cette partie si essentielle de la musique?

En quoi les Maîtrises étaient-elles donc coupables, si, « dans ses écoles, on s'abstenait absolument de l'étude du genre dramatique? » si, « dans les églises de France, la musique était éloignée de la pureté et de la grâce de la mélodie italienne? » si « la presque totalité des musiciens des régiments était allemande? » si « l'Ecole spéciale de chant et de déclamation, confiée aux soins du célèbre Piccini, ne produisit pas tout le bien qu'on en attendait, etc.? »

Une fois en train, il n'en aurait pas coûté davantage de reprocher aux Maîtrises de n'avoir pas formé des sujets possédant à un haut degré le sentiment du rhythme, qui est la qualité essentielle chez les danseurs, dans le but d'organiser des corps de ballet pour le service des divers théâtres lyriques.

Tout ce qu'on peut dire de mieux pour excuser Sarrette d'avoir écrit un pareil factum, c'est qu'il était alors en butte aux attaques des partisans des

---

(1) *Histoire du Conservatoire*, par M. Lassabathie, p. 531.

Maîtrises, et qu'il faisait flèche de tout bois dans l'espoir de leur tenir tête.

Entre autres choses, ses adversaires lui reprochaient de ne pouvoir élever le niveau des classes de chant à la hauteur des classes d'instruments. Des brochures furent publiées en grand nombre, et, les esprits s'échauffant, les professeurs du Conservatoire, réunis en assemblée générale, décidèrent qu'une Commission prise parmi eux et composée de vingt et un membres préparerait un travail tendant à réfuter les prétendues « calomnies » dirigées contre le Conservatoire et son directeur. Ce mémoire fut rédigé et livré à la publicité par Baillot ; mais il ne produisit pas le bien que son auteur et ses collègues en attendaient ; il ne fit, au contraire, qu'exciter l'acharnement des ennemis de Sarrette. Celui-ci, âpre à la besogne, doué d'une volonté ferme, ne se tenait jamais pour battu : dans ses écrits, dans ses discours en public, il ne cessait de répéter que la routine et le mauvais goût avaient retardé les progrès du chant, et que les écoles des cathédrales étaient la cause de l'état de choses qu'il déplorait.

Cependant, d'anciens statuts obligeaient les chantres et les musiciens à observer certaines règles sous peine des censures de l'Eglise (1).

______

(1) Consultez à ce sujet : 1° La bulle de Jean XXII, commençant par ces mots : *Docta sanctorum patrum.* 2° Les avertissements du célèbre concile de Trente, et en particulier les décisions des conciles de Bâle, en 1435 ; de Cologne, en 1550 ; de Tolède, en 1566 ; de Malines, en 1570; de Prague, en 1603 ; 3° Mᵍʳ Parisis, *Instruction pastorale sur le chant de l'Eglise.*

En effet, il existe, dans les plus anciens statuts de
l'Ordre de Cîteaux, une excellente méthode de chant
que saint Bernard a laissée à ses disciples.

« Ne traînons pas trop, » dit-il, « la psalmodie et
chantons rondement et d'une voix expressive. Commençons le verset ensemble et terminons-le en même
temps. Que personne n'insiste sur une note, mais
qu'il la quitte aussitôt que le besoin l'exige. Faisons
une pause raisonnable après le verset ; que personne
ne commence avant les autres et ne s'arroge le droit
d'aller trop vite, de traîner les neumes ou de faire
une tenue après les autres. Chantons ensemble, arrê-
tons-nous ensemble en nous écoutant toujours les
uns les autres. Quiconque commence une Antienne,
un Psaume, une Hymne, un Répons, un *Alléluia*,
devra dire une ou deux phrases pendant que les autres garderont le silence ; ceux-ci reprendront là où
il se sera arrêté, sans répéter ce qu'il a déjà chanté.
Nous vous avertissons donc, très-chers frères, afin
que vous soyez toujours, en présence du Seigneur,
avec autant d'allégresse que de respect, sans paresse,
sans nonchalance et sans hésitation. Ne soyez pas
économe de votre voix; ne coupez pas les syllabes ;
ne passez pas des mots entiers ; que votre voix ne
soit ni saccadée, ni trop basse ; qu'elle n'offre pas un
timbre nasal comme celui des femmes. Faites reten-
tir les paroles de l'Esprit-Saint avec une expression
toute virile ; car il convient à des hommes de chanter
d'une voix mâle et de ne pas imiter la langueur DES
CHANTS DU THÉATRE par des sons aigus et factices,
comme font les femmes. C'est pour cela que nous

ordonnons d'observer une juste mesure dans le chant afin qu'il soit toujours grave, sans cesser de respirer la piété. » Telles sont les recommandations contenues dans les statuts de l'Ordre de Cîteaux.

Et le cardinal Bona, auquel nous avons emprunté notre citation, s'empresse d'ajouter : « Il convient en premier lieu de maintenir dans sa pureté primitive le chant tel que nous l'avons reçu de nos pères, et d'éviter, en sortant des anciennes voies qu'il nous ont frayées, de porter insensiblement atteinte à l'intégrité de la religion par de téméraires innovations. Changer le chant, c'est changer les mœurs, ainsi que nous l'avons prouvé d'après Platon.

» Terpandre, Timothée et Phrynides furent condamnés à l'amende pour avoir ajouté une corde à la cithare, et ils furent forcés de la retrancher, car il n'était pas permis de changer quoi que ce fût à la musique ancienne. »

Nous lisons encore, dans le même auteur, que dans le but de conserver au chant ecclésiastique son véritable caractère, « un saint vieillard, un profond penseur et un grand moraliste, saint Grégoire le Grand, ce pontife usé par le travail, s'astreignait volontiers à la tâche si pénible d'instruire des enfants de chœur. »

Enfin, si du chant liturgique nous passons à la musique moderne, introduite dans les églises, nous trouvons les recommandations suivantes dans la *Lettre encyclique* de Benoît XIV :

« Que cette musique soit grave et décente; qu'elle ne dénature pas le sens des paroles saintes et qu'elle n'ait rien de commun avec *la musique de théâtre* (1). »

Evidemment, si Sarrette eût connu les diverses citations que nous venons de faire, il se serait montré sinon plus réservé dans ses discours, du moins plus juste dans ses écrits, et n'aurait pas exigé des Maîtrises ce qu'elles ne pouvaient donner. Il eût été ridicule, croyons-nous, que des établissements créés et entretenus spécialement pour assurer le service du culte se fussent surtout occupés de former des sujets pour le théâtre.

Que les Maîtrises, avant 89, fussent demeurées étrangères au perfectionnement du chant, c'est possible ; mais prétendre qu'elles avaient entravé sa marche ascendante et empêché son développement, nous sommes certain que le lecteur fera justice de pareilles assertions.

Au reste, Sarrette trouva dans Lesueur, ancien enfant de chœur de la cathédrale d'Amiens et partisan zélé des Maîtrises, un adversaire digne de lui. Froissé dans ses convictions, Lesueur, alors l'un des inspecteurs généraux du Conservatoire, critiqua très-vivement la Direction de cet établissement dans sa *Lettre en réponse à Guillard*, sur la *Mort d'Adam*, opéra (2).

---

(1) Le cardinal Bona, *Traité du chant ecclésiastique.*

(2) Voir aussi : 1° *Lettre à Paësiello ;* 2° *Réponse à la lettre écrite à M. Paësiello ;* 3° articles du *Courrier des spectacles ;* 4° articles du *Censeur des théâtres ;* 5° *De l'Opéra en l'an XII*, par Bonet de Treiches, directeur ; 6° *Le Russe à l'Opéra ;* 7° *La fantasmagorie des menus de la lettre à M. Paësiello.*

En supprimant les Maîtrises, la révolution de 1789 porta, sans s'en douter, un rude coup à la musique et à l'art du chant.

La pénurie de sujets se faisait déjà vivement sentir à cette époque. Et cependant personne n'ignore avec quelle facilité l'Administration supérieure recrutait ses artistes et quels pouvoirs lui étaient attribués. Dès qu'un sujet lui était signalé, il était aussitôt mandé à Paris, où, il se rendait toujours de gré ou de force (1). C'est ainsi que Jéliotte, Lays et Delboy furent successivement enlevés d'autorité au chapitre métropolitain de Toulouse, où ils étaient chantres. On raconte également qu'une lettre de cachet alla prendre l'abbé Chollet jusqu'au séminaire de Noyon afin de tirer d'embarras les auteurs de *Tarare*, qui ne savaient à qui confier le rôle de l'eunuque Calpigi, pour l'interprétation duquel il fallait une voix suraiguë et claire. L'abbé avait une voix ravissante; mais aux dernières répétitions, lorsqu'il se trouva en présence des musiciens de l'orchestre et des choristes, il fut saisi d'une telle frayeur qu'il tomba en défaillance et qu'il fallut lui faire respirer des sels; le lendemain on lui retira le rôle de Calpigi pour le confier à un autre chanteur.

---

(1) En Angleterre, c'était aussi par la violence que se recrutait jadis la troupe de chanteurs qui desservait la chapelle royale, et Tusser, l'auteur de *The five hundred Points of good Husbandry*, raconte que sous Henri VIII, « à cause de sa voix, il dut partir de force comme un cheval de poste, car il n'avait pas le choix, beaucoup de personnes ayant ainsi l'autorisation de prendre des enfants pour les chœurs de la chapelle. »

En 1786, Jéliotte, Chassé et Mlle Fel n'ayant pu être convenablement remplacés, l'administration de l'Académie de Musique, pour stimuler le zèle de ses recruteurs, offrit une pension viagère de 300 livres à quiconque découvrirait et signalerait aux directeurs de l'Opéra des individus possédant une belle voix et ayant un physique agréable et quelques dispositions pour le théâtre.

Tels étaient les moyens employés afin de pourvoir l'Opéra de sujets convenables, lorsque survint la suppression des Maîtrises.

On comprend aisément que, cette suppression effectuée, il était beaucoup plus difficile encore de trouver des artistes de talent. Aussi, après une lacune de sept années, la Convention nationale, par la loi du 16 thermidor an V, organisa d'une manière définitive, et sur de bonnes bases, le Conservatoire de Musique, qui succéda à l'Institut national, triste essai du 18 brumaire an II.

Lors de l'ouverture du Conservatoire, qui eut lieu le 22 octobre 1797 (Ier brumaire an V), le directeur de cet établissement, s'adressant aux professeurs et aux élèves, leur disait :

« Citoyens, le gouvernement attend tout de vos efforts, les amis des arts vous montrent le prochain anéantissement du théâtre lyrique, par le dénûment d'artistes en ce genre ; ils vous pressent d'activer vos travaux..., leur attente ne peut être trompée. »

Toutes les précautions furent prises par le directeur afin de donner au Conservatoire une importance réelle. Pour s'en convaincre, il suffit de lire le septième chapitre de la méthode de chant mise alors en usage et dont voici la teneur :

« *Des connaissances harmoniques et littéraires qu'un chanteur doit avoir.*

» Il ne suffit pas, pour être un chanteur accompli, de posséder une superbe voix, cultivée par la meilleure méthode, et d'avoir des moyens étonnants d'exécution : il faut être instruit.

» L'instruction qui convient à un chanteur ne doit pas se borner à savoir lire seulement la musique à première vue, ce qui suppose déjà une étude fort longue ; il est essentiel qu'il ait une connaissance assez étendue des accords, des lois de l'harmonie et des modulations ; de plus, qu'il sache pratiquer l'harmonie sur le forte-piano, et il ne serait point inutile qu'il eût quelques principes de composition.

» Ces connaissances sont nécessaires à un chanteur pour se conduire, en ornant le chant, de manière à n'employer jamais des traits qui ne seraient pas d'accord avec l'harmonie, ni propres à la nature et au caractère tant de la mélodie qu'ils doivent orner que des accompagnements qui marchent avec elle.

» A l'égard des connaissances littéraires, il est indispensable qu'un chanteur sache parfaitement sa langue, afin de bien prononcer les mots, de bien accentuer, de comprendre leur signification précise, et de saisir toutes les finesses et toutes les nuances du style.

» Si un chanteur se destine au théâtre, il faut

qu'outre sa langue, il soit instruit dans la mythologie et dans l'histoire tant ancienne que moderne.

» Il faut qu'il lise les poëtes, et cette lecture, jointe à celle de l'histoire, ornera sa mémoire, échauffera son imagination, et tiendra son âme dans cette espèce d'état d'exaltation nécessaire pour bien exprimer les grandes passions dramatiques, pour rendre fidèlement le caractère et les sentiments des personnages dont parle l'histoire ou la fable, et qu'il sera chargé de représenter. »

Des efforts constants ont été faits pour donner sans cesse une nouvelle et profitable impulsion aux études et aux élèves du Conservatoire. Malgré ces honorables efforts, les sujets qui sortent de cet établissement ne peuvent suffire aux nécessités des théâtres de la capitale et de la province. Nous sommes même obligé d'ajouter, pour être véridique, que des quelques Maîtrises qui ont survécu au cataclysme de 1793 sont sortis plusieurs artistes éminents.

Martin, Despéramons, Ponchard, Nourrit père, Duprez, Chollet, Alexis Dupont, Albert Domange, Marié, Renault, Mocker, Jules Barbot, etc., ont reçu les premières notions de l'art du chant dans les écoles des Maîtrises.

Au moment où nous écrivons ces lignes, qui donc en France tient le sceptre de l'art du chant, si ce n'est un enfant de chœur de l'église de la Madeleine (1)?

Nous savons, par les Maîtrises d'aujourd'hui, ce

____

(1) Faure, baryton et premier sujet de l'Académie de musique.

qu'elles étaient jadis ; c'est toujours le même enseignement par la raison que le but poursuivi est toujours le même.

On voudrait donc en vain le nier, les Maîtrises ont
eu une grande influence sur les destinées de la musique ; elles ont produit d'habiles instrumentistes,
d'excellents musiciens, et elles ont rendu et rendront
encore plus d'un service à l'art du chant en général,
et au Conservatoire de Musique en particulier.

CHAPITRE XXVII.

L'UT DE POITRINE.

Certes, nous serions porté à croire que la rareté des chanteurs provient de l'abolition des Maîtrises ; mais serait-ce à dire, quand bien même toutes les villes posséderaient un établissement spécial pour recruter et former des voix dans la personne d'enfants en bas âge, qu'on atteindrait le but désiré ?

D'abord, ce ne serait pas chose facile que de trouver des voix d'enfant étendues et justes. Mais admettons qu'on a là, sous la main, un certain nombre de sujets qui, entretenus aux frais des municipalités, promettent une abondante récolte de rois, princes, ducs et pairs... de théâtre. En dépit de toutes les précautions, de tous les soins imaginables, l'âge de la puberté arrivant, l'organe se voile... la mue se produit... il faut attendre !

Deux années s'écoulent, et vu la beauté native de l'organe des sujets, l'on se berce d'espérances, l'on se flatte qu'on obtiendra de beaux résultats.

Malheureusement il n'en est rien, et lorsque par

hasard on découvre un véritable *ut* de poitrine, *rara avis*, on le fait partir immédiatement pour Paris, où les portes du Conservatoire lui sont ouvertes à deux battants.

Lauréat pour le chant et la déclamation, notre ténor est engagé de droit à l'Opéra. Le lendemain, les cent voix de la presse annoncent à la province le nouveau fleuron que l'Académie de Musique vient d'ajouter à sa couronne.

Ici commencent les tribulations du chanteur, car ses joies sont bien passagères. Le compositeur à la mode ne reste pas indifférent à la nouvelle qu'on a enfin trouvé un sujet capable d'interpréter ses œuvres. Il accourt, il est enchanté, ravi, et dans son enthousiasme, c'est à l'*ut de poitrine*, cela va sans dire, qu'il confie le rôle principal de son opéra nouveau.

Si cela se pratique à l'Académie, comme jadis à l'Opéra-Comique, à la répétition générale, le directeur a donné le signal à la claque d'applaudir tels passages de la partition en prenant une prise de tabac (historique). L'orchestre, qui ne se livre pas facilement à l'enthousiasme, l'orchestre lui-même a battu des mains, aussi tout présage-t-il un succès monstre pour le lendemain.

L'*ut de poitrine* n'a pas fermé l'œil de la nuit; il se lève de bonne heure, il donne quelques sons, puis il prélude aux grands coups de gosier qui doivent lui assurer, le soir, son tour de royauté dans le monde artistique, son heure d'initiation au grand banquet des élus.

Vers midi, il reçoit la visite de X***, entrepreneur

de succès dramatiques. A trois heures, on lui sert son dîner; mais sous l'empire de vives préoccupations, il ne peut rien avaler. Il se rend ou se fait traîner à l'Opéra. En passant dans la rue Lepelletier, c'est à peine s'il ose regarder la foule, qui se presse pour assister à la première représentation de la pièce nouvelle, dont il est le principal héros. Là il apprend qu'un billet de stalle d'orchestre s'est vendu 100 fr., 200 fr., et pourtant il n'est encore que cinq heures.

Dans l'intérieur du théâtre, on allume la herse, on lève la rampe, on descend le lustre; — le chef machiniste va et vient; — le costumier ne sait où donner de la tête... Pendant ce temps le débutant est dans sa loge, où il est en train de *faire sa figure*, comme on dit au théâtre.

Bientôt le garçon de service sonne le premier coup, puis le second, puis le troisième. Encore un quart d'heure, et on l'entend crier : *On commence, messieurs!*

Tout le monde se rend alors sur le théâtre, où le régisseur général, à son tour, frappe trois coups derrière le rideau, pour prévenir le public que le spectacle va commencer.

L'opéra fait fureur... l'*ut de poitrine* est acclamé, fêté, rappelé... le directeur et les auteurs viennent le féliciter et ne tarissent pas d'éloges... Enfin, le chef de la claque, appuyé sur un portant de coulisse, se frotte les mains d'une manière significative : c'est à lui que revient la plus grande part du succès de l'ouvrage. Telle est sa conviction, il est facile de le voir.

Aux représentations de l'opéra du jour succèdent

les répétitions d'une œuvre nouvelle, du même auteur. Mais, hélas! sur ces entrefaites, l'organe de notre ténor commence à s'altérer... bientôt sa voix se voile... il ne peut soutenir plus longtemps la fatigue d'un répertoire qui l'oblige à faire de continuels efforts... il succombe à la tâche... Enfin, l'artiste, abreuvé de dégoûts et après une royauté éphémère, signe sa déchéance dans le monde dramatique.

Ainsi finissent un grand nombre de chanteurs; et si nous voulions entrer dans le domaine des personnalités et citer des noms, nous n'aurions que l'embarras du choix.

Par conséquent, quand bien même les Maîtrises existeraient encore, quand bien même il y aurait des établissements spéciaux pour former des voix dans la personne d'enfants en bas âge ou pubères, quand bien même on irait recruter des sujets dans la campagne, et que dans des Cincinnatus de nouvelle fabrique on trouverait l'étoffe nécessaire pour faire des empereurs de théâtre, tous ces moyens seraient impuissants à pourvoir d'artistes nos théâtres lyriques, vu les exigences du répertoire moderne, exigences poussées jusqu'à l'abus, jusqu'à l'extravagance.

Les compositeurs objectent, nous le savons, que *le génie n'existe qu'à la condition de créer, et que tout art qui ne représente pas les besoins de son siècle est un genre bâtard et stérile.*

Pour qu'il puisse vivre, l'art est obligé de se modifier sans cesse, tout en demeurant le même dans son essence, nous savons cela; aussi ne peut-on lui demander de se produire toujours sous la même forme ou dans les mêmes conditions, les formules remplaçant les formules, le chant large proscrivant les *turlututu* de l'ancienne école, les nouveautés balayant les vieilleries, les enthousiastes d'aujourd'hui traitant de *rococo* les œuvres d'autrefois. Néanmoins, qu'il nous soit permis de dire que sous prétexte de satisfaire les besoins du siècle, les auteurs ont faussé le goût des masses ; car, — on l'a déjà dit, et nous le répétons avec conviction, — ce n'est pas le parterre qui forme les chanteurs de mérite et les compositeurs de génie, ce sont ces derniers, au contraire, qui forment et épurent le goût du public.

Au point où les choses en sont arrivées, si une salutaire réaction tarde à se produire en faveur de l'art du chant, l'on peut être assuré que le grand opéra sera bientôt impossible en province, par le manque d'interprètes, à moins que, comme en Russie, où il faut huit instrumentistes pour faire entendre une progression de huit sons sur le cor, l'on n'ait, soit dans le trou du souffleur, soit dans la coulisse, un sujet *exprès* pour donner la note culminante des passages scabreux.

Du reste, le procédé ne serait pas nouveau ; on l'a mis en pratique en France dans une ville de troisième ordre. Voici le fait.

On jouait les *Huguenots*. Le ténor de la localité, se sentant indisposé, dit à son confrère Espinasse, qui avait clôturé l'avant-veille ses représentations sur le même théâtre :

— Je suis à me demander comment je ferai pour conduire à bonne fin le spectacle commencé.

— Qu'est-ce qui peut t'inquiéter? répondit l'artiste en tournée.

— Parbleu! le *si bémol* qui termine le grand duo du quatrième acte.

— N'est-ce que cela? tu ouvriras la bouche en scène, je serai dans la coulisse, je donnerai la note pour toi, et...

— Et les *Philistins* n'y verront que du feu!

— Justement. Acceptes-tu?

— Touche là, fit le ténor dans l'embarras, en tendant amicalement la main à son confrère.

Et, en effet, ce qui avait été convenu fut mis à exécution. Lorsque arriva le moment de donner la note redoutée, Raoul de Nangis, faisant face au public, entonna bravement :

« Dieu veille sur ses jours !
Dieu (le ténor Espinasse dans la coulisse) *secourable!* »

Mais les *Philistins* ne furent pas dupes du stratagème, et une voix du parterre cria :

— Bravo ! Espinasse.

De nos jours, Espinasse aurait fort à faire s'il voulait se charger de suppléer ceux de ses confrères que l'*ut* de poitrine a réduits aux abois, et c'est aux compositeurs de musique, nous ne cesserons de le répéter, que doit incomber la responsabilité du grand drame vocal auquel nous assistons.

Résumons-nous. L'on ne peut nier qu'il ne se trouve quelques artistes de talent. Néanmoins, ceux qui sont habiles, comme ceux qui ne le sont pas, succombent

à la tâche à peu près dans le même laps de temps,
car la nature accorde rarement toutes ses faveurs au
même individu. Elle octroie une longue voix à l'un,
un organe étoffé à l'autre, de l'intelligence à celui-ci,
un beau style à celui-là ; or, dans la pratique, ces
qualités se compensant, il en résulte que tous les
chanteurs arrivent au but presque en même temps ;
mais en quel état ! qui ne battant plus que d'une aile,
qui clopin-clopant, qui cahin-caha, etc.

Le talent et la voix n'arrivent point ensemble à
leur apogée : celle-ci est en pleine décadence quand
l'autre atteint sa maturité.

Il faut donc en prendre son parti. Les chanteurs
durant trop peu pour qu'ils aient le temps d'acquérir
une valeur réelle, et la maturité du talent ne s'obte-
nant qu'à la longue, l'on n'aura généralement que
des élèves émancipés ou des artistes sans autorité.
Ceci explique pourquoi, lorsqu'il nous est arrivé de
nous mêler à la foule, à l'époque des débuts, par
exemple, nous avons entendu le public s'exprimer
invariablement de la manière suivante, au sujet des
chanteurs :

— Oui, disait l'un en parlant du premier ténor,
il a de la voix, mais il ne sait pas encore chanter.

— Oui, disait l'autre en désignant la première
basse, il a du talent, mais il n'a plus de voix.

Le public ne sort pas de là. D'où l'on peut conclure
que, grâce à la manière dont les compositeurs écrivent leurs œuvres aujourd'hui, tant en France qu'en
Italie, les artistes n'ont que de l'avenir ou du passé,
RAREMENT DU PRÉSENT.

CHAPITRE XXVIII.

LA CRITIQUE ET LES ARTISTES DRAMATIQUES.

*Le flambeau de la critique doit éclairer et
non brûler.*

FAVART.

I

Nous empruntons à l'*Indépendance belge* l'article
suivant, dans lequel les droits de la critique vis-à-
vis des artistes sont parfaitement définis :

« Le comédien a une double existence : il a la vie
privée et la vie publique. La première échappe à tout
contrôle; la seconde tombe directement sous la juri-
diction du public et de la critique. Le public a le droit
de siffler le comédien ; le critique a le droit de signaler ses défauts. Tant que la critique ne s'attaque
pas à la personne du comédien, tant qu'elle ne s'occupe que de son talent, elle reste dans les limites de
ses attributions. Quiconque entre dans la carrière du
théâtre doit connaître les risques qu'il court. Quiconque a une susceptibilité trop vive pour supporter les

sifflets ou la critique doit se garder d'embrasser la profession d'artiste dramatique.

» Ces vérités n'étaient pas méconnues jadis. Les comédiens savaient qu'une fois sur les planches, ils devenaient justiciables de l'opinion ; ils n'affichaient pas la prétention d'une sorte d'inviolabilité. On n'ignore pas quelle soumission ils étaient tenus d'observer vis-à-vis du public. Nous sommes les premiers à reconnaître qu'il y avait excès de sévérité à leur égard, quand la moindre velléité d'indépendance suffisait pour les faire conduire en prison ; mais entre l'injustice de cette espèce de mise hors la loi et l'absurdité de leurs prétentions actuelles, il y aurait un terme moyen raisonnable à prendre.

» Sauf de rares exceptions, qui sont à la vérité des gens de talent, messieurs les artistes lyriques poussent la vanité jusqu'à contester à la critique le droit de mettre leurs défauts à découvert. Ils consentent qu'on parle d'eux avec éloges ; mais tout ce qui ressemble à de la désapprobation irrite vivement leur susceptibilité. S'ils parvenaient à faire proclamer cette inviolabilité, à laquelle ils semblent prétendre, ils seraient les plus heureux des mortels. Représentez-vous le sort de ce chanteur qui est trois fois plus payé qu'un ministre, qui reçoit pour quelques notes tombées de son gosier plus qu'un écrivain pour son labeur d'une année, et dont il n'est pas permis à la critique de troubler la sérénité ?

» Tout homme qui joue publiquement un rôle, soit sur la scène du monde, soit sur les planches d'un théâtre, s'engage par cela même à supporter la critique. On critique l'écrivain pour son livre, le peintre pour son tableau, le sculpteur pour sa statue, l'architecte pour son monument.

» Ces messieurs trouvent tout naturel que le public siffle et que la critique blâme une mauvaise pièce ou une partition médiocre ; mais les mêmes manifestations de l'opinion, en ce qui les concerne, les révoltent. Ce n'est rien de dire à un auteur qu'il a manqué d'imagination, d'esprit, de style ; mais exprimer l'opinion qu'un chanteur a manqué de voix devient une énormité. On voit bien que nous vivons dans le siècle des choses positives, dans un siècle où l'esprit est dominé par la matière.

» Gâtés par les applaudissements du public, qui sont souvent une affaire de convention ou d'habitude, plutôt qu'une manifestation spontanée, gâtés par les appointement exagérés que leur fait attribuer la concurrence des entreprises théâtrales, les chanteurs ont été amenés à croire que leur personnalité seule est en jeu. Voyez ce qui arrive quand l'auditoire, entraîné par l'effet d'un beau morceau de musique, applaudit avec enthousiasme. Les chanteurs, dans la naïveté de leur amour-propre, s'attribuent tout le mérite du succès : l'idée ne leur vient pas que le compositeur puisse y être pour quelque chose ; ils répondent par des saluts aux bravos des spectateurs, comme s'il ne s'agissait que d'eux.

» Des motifs d'intérêt se joignent à l'amour-propre blessé pour faire supporter difficilement la critique par les artistes lyriques et dramatiques. En avertissant le public de leurs défauts, qu'ils se refusent d'ailleurs à reconnaître, celle-ci les expose, disent-ils, à ce que leur engagement ne soit pas ratifié et les prive de leurs moyens d'existence. La critique ne peut pas s'arrêter à de telles considérations. Elle ne s'occupe pas des personnes, qui lui sont, qui doivent lui être indifférentes. L'art seul est en question pour elle.

» Si la critique risque d'empêcher l'acteur d'avoir un engagement, elle empêche aussi le peintre de vendre son tableau, le poëte ou le compositeur de percevoir des droits d'auteur, le virtuose de placer des billets de concert, l'écrivain de débiter des exemplaires de son livre. Que deviendraient les beaux-arts, si les questions sur lesquelles repose leur prospérité s'effaçaient devant la question d'humanité? Il y a, dans l'exercice de la profession de chanteur ou de comédien, autre chose qu'un moyen d'existence, sans cela ils ne seraient pas des artistes, mais des hommes de métier. En les discutant, la critique les relève donc, loin de les abaisser.

» Telle est la manière dont nous avons toujours considéré et dont nous continuerons à envisager, en dépit des susceptibilités mal placées, la situation respective de la critique et de l'artiste dramatique. Celui-ci est parfaitement libre de sa personne, et nous n'avons nulle envie de nous immiscer dans sa vie privée; mais son talent nous appartient, comme il appartient à tous les spectateurs devant lesquels il se fait entendre. Il y a seulement cette différence, que le public auquel il déplaît le siffle sans cérémonie, tandis que nous sommes obligés de dire pourquoi nous le trouvons mauvais. »

Après avoir pris connaissance de cet article, fort bien pensé, du reste, et écrit dans les termes les convenables, nous ne pouvons exprimer qu'un regret, c'est que son auteur n'ait pas cru devoir le signer. C'est donc à l'écrivain anonyme que nous adressons les lignes suivantes.

II

Certes, les compositeurs, les poëtes, les peintres, tous ceux enfin qui sont soumis au jugement quotidien des rédacteurs de feuilleton, acceptent le droit de contrôle dans les arts avec la soumission que l'on doit à un usage établi, et ils ne prétendent nullement contester au journalisme ses prérogatives. Néanmoins, qu'il nous soit permis de dire, et de prouver au besoin, que les trois quarts de leurs juges sont fort récusables, et que la partialité des uns, la vénalité des autres, l'ignorance de plusieurs, amènent les plus déplorables résultats.

Supposons, par exemple, qu'un compositeur ait produit une belle œuvre, admirablement orchestrée et renfermant de larges et belles mélodies. Le premier venu, pourvu qu'il ait une imprimerie à ses ordres, en sera-t-il moins en droit de publier que l'auteur a écrit une partition détestable, que l'orchestration est d'une faiblesse désespérante et que la coupe de la phrase mélodique froisse sans cesse l'accent prosodique, sous le rapport de la déclamation musicale ? En effet, nous voyons tous les jours des journalistes qui, grâce à la toute-puissance de la plume, imposent leur opinion à la multitude, et érigent de parti pris les qualités de l'un en défauts, et les défauts de l'autre en qualités.

Si parmi les aristarques appelés à décider de la valeur d'un compositeur ou d'un chanteur, un grand nombre se font remarquer par des connaissances spéciales, en revanche, on conviendra que la plupart n'ont, pour se guider dans leurs appréciations, que l'instinct naturel, si sujet à faillir, quand il n'est pas fortifié par la science. Il est vrai que dans cette classe de feuilletonistes on en voit qui, sentant leur impuissance, se gardent d'avancer de ces opinions tranchées que l'on ne soutient qu'à l'aide de raisonnements approfondis, et qu'ils savent éluder les difficultés de leur profession en parlant de toute autre chose que du théâtre dans leurs comptes rendus. Par exemple, après avoir constaté que la première représentation de... avait attiré une société nombreuse et choisie dont l'empressement était justifié par l'intérêt du libretto et la valeur de la partition ; que la salle présentait un coup d'œil magnifique, et que les plus jolies femmes vêtues de blanc, couronnées de fleurs et couvertes de diamants s'y étaient données rendez-vous, ils se contentent d'ajouter : « La chaleur était étouffante et l'affluence telle que nous avons dû nous réfugier dans les corridors. Aussi, n'ayant rien entendu, nous abstiendrons-nous de tout jugement sur le nouvel opéra de M***. » D'autres commencent leur article en parlant du déluge ; ils passent de là à l'histoire ancienne, puis ils concluent en disant : « Telles sont les réflexions qui nous ont été inspirées par la représentation de.... qui, du reste, a fort bien marché. » Nous distinguerons aussi ceux qui ne jugent que sur l'*étiquette du sac*, c'est-à-dire ceux pour qui la grande réputation qui précède un compositeur ou un artiste est un prisme au travers duquel ils n'aperçoivent plus la moindre imperfection ; ou encore ceux qui mesurent le mérite d'un sujet à la somme d'applaudissements qu'il reçoit, et abritent ainsi leur responsabilité derrière le jugement du public. Trop dénués de ressources pour rien tirer de leur propre fonds, ils suivent l'impulsion au lieu de la diriger, et finissent par se faire les flatteurs de la multitude, par la raison qu'ils n'ont pu l'éclairer par ses entraînements. Quelques-uns, aussi peu capables, mais plus à craindre, veulent absolument émettre un avis quelconque ; rien ne les arrête ; ils entament avec assurance les questions les plus ardues, et Dieu sait les bévues qu'ils commettent. Il y a aussi des écrivains dont les pages fourmillent d'insinuations perfides ou de personnalités grossières, et qui cachent leur véritable nom sous un pseudonyme ; ceux qui n'écrivent que sous l'influence d'une coterie quelconque ; ceux qui n'ont aucune opinion à eux et dont la plume est vendue. Ces derniers peuvent au besoin se dispenser d'assister aux représentations, car on en voit qui préparent d'avance leurs articles ; seulement, comme il arrive parfois que, *par indisposition*, la représentation dont ils ont rendu compte n'a pas eu lieu, et que, faute d'avoir été instruits du changement de spectacle, ils ont livré leur feuilleton à l'impression, le lendemain, les auteurs et les artistes sont loués ou critiqués en raison du nombre de leurs abonnements. Ce fait curieux, primitivement attribué au célèbre critique Geoffroy, s'est reproduit en plusieurs circonstances, notamment en 1830, à l'occasion des débuts de M. Wartel, dans *Fernand Cortez*, dont la représentation fut ajournée, les portes de l'Opéra ayant été fermées *par ordre*, à cause d'un mouvement insurrectionnel qui eut lieu dans les rues de Paris. Le lendemain, néanmoins, un journal bien connu insérait dans ses colonnes que M. Wartel avait été convenable dans telle scène, qu'il avait mieux réussi dans telle autre, etc., etc. Mais, nous dira-t-on, l'auteur de cet article avait peut-être assisté à la répétition générale de l'œuvre de Spontini ? Nous répondrons qu'un artiste ne peut être jugé que devant le public, l'effet produit à la représentation démentant souvent les jugements portés à l'avance.

Reste à parler enfin des journalistes partiaux et haineux, qui trempent leur plume dans le fiel. Qui n'a entendu parler de Charles Maurice, l'un des hommes les plus versés dans l'histoire du théâtre contemporain ?...

Charles Maurice faisait une guerre acharnée et systématique aux acteurs qui n'étaient pas abonnés au *Courrier des Théâtres*, qu'il rédigeait avec une verve et un esprit incroyables. Il fallait, selon la position qu'on occupait dans le monde dramatique, prendre un ou plusieurs abonnements à son journal, sinon on avait à subir les critiques acerbes du redoutable écrivain.

A l'époque de ses débuts à l'Opéra, Duprez s'empressa de lui rendre visite et déposa, dit-on, deux mille francs sur le bureau du feuilletoniste.

— M. Nourrit faisait mieux que cela, dit Charles Maurice.

— Eh bien, moi, je ferai mieux que M. Nourrit, repartit Duprez en s'éloignant, après avoir repris son argent.

A partir de ce moment, Charles Maurice déversa le sarcasme sur l'illustre chanteur, qu'il poursuivit jusqu'au dernier jour de sa brillante carrière.

Le cabinet de travail de Charles Maurice renfermait des objets d'art, quelques-uns fort riches, qui lui avaient été donnés par les sommités artistiques de tous les pays. Tous les comédiens lui faisaient une cour plus ou moins assidue. A l'occasion de sa fête, deux charmantes ballérines de l'Opéra, les deux sœurs N***, lui firent cadeau d'un superbe attelage, deux juments pur sang, que l'écrivain mal-appris et peu reconnaissant baptisa du nom des deux donatrices.

— Attelez N*** aînée ! attelez N*** cadette ! disait-il à son domestique.

Au rude métier que faisait Charles Maurice, il n'y avait pas toujours que de bonnes aubaines, et il lui arrivait parfois de recevoir quelque horion. Un jour, la basse-taille Serda, le créateur du rôle de Saint-Bris des *Huguenots*, l'ayant rencontré sur la voie publique, le saisit par la partie inférieure du corps et le plongea, la tête la première, dans un récipient plein d'eau qui se trouvait là par hasard.

M. Crosnier, le directeur de l'Opéra-Comique, fut

longtemps le point de mire des attaques de Charles Maurice ; mais l'habile *impresario* obtint, par les voies légales, une éclatante réparation : le folliculaire fut condamné à 10,000 fr. de dommages-intérêts, et, cette affaire ayant été suivie d'une autre, la suppression du *Courrier des Théâtres* fut prononcée.

Nous reproduisons ici, de mémoire, un tout petit échantillon du *faire* de Charles Maurice.

« Nous avons entendu hier, à l'Opéra, le fameux M***, le célèbre ténor suisse, dont on disait tant de bien et dont on comparait l'organe à celui d'un rossignol. M*** un rossignol ? Allons donc ! Ce n'est rien moins qu'un rossignol, ce n'est pas même un serin, et bientôt on sera obligé de le siffler pour lui apprendre à chanter. »

« Mlle X***, une oie échappée du Capitole, qui s'était abattue sur le théâtre de B*** sous la forme d'une grue, vient de rentrer au sein... de sa famille. Cette *grande artiste*, la plus petite dugazon de France et de Navarre, vulgaire d'encolure, chantant de la gorge et gasconnant comme feu M. dé Crac, cédant aux sollicitations de sa respectable mère, vient de se consacrer au culte du fils de Vénus. »

Est-ce bien là de la critique ? Dans tous les cas, c'est de la mauvaise critique.

Si le ton général des chroniques théâtrales de Charles Maurice se distinguait par l'originalité, l'esprit et la finesse des aperçus, l'emploi de certaines expressions trop crues, dont il émaillait ses articles, déparait son style et ne décelait que trop ce qui lui manquait, sous le rapport du savoir-vivre.

Tous les artistes savent que, vers la fin de sa carrière, Mme X***, notre grande cantatrice française, s'associa au célèbre violoniste Artot, et qu'ils entreprirent ensemble une tournée artistique au retour de laquelle Artot, qui était phtisique, mourut. Or, Charles Maurice, avec cette aménité et ce bon goût que vous savez, attacha avec une épingle, tout au beau milieu de la statuette de Mme X***, qui figurait dans son cabinet de travail, un petit papier avec ces mots : « Ci-gît Artot ! »

Après ce trait, nous tirons le rideau.

Le tableau que nous venons d'esquisser paraîtra peut-être chargé aux personnes qui ne sont pas initiées aux mystères de la presse ; mais malheureusement nous n'avons point forcé les couleurs. Cependant, hâtons-nous de dire qu'il existe une classe d'écrivains à la hauteur de leur noble mission. Ceux-là connaissent à fond la partie qu'ils ont à traiter. Leurs jugements sont rarement influencés par les manifestations de la foule : vingt fois ils ont protesté contre les engouements irréfléchis ou contre les réprobations injustes d'un parterre. Ils ont des paroles encourageantes pour les débutants et pour tous les artistes qui s'annoncent modestement, et ne se montrent impitoyables qu'envers ceux qui ne justifient ni leurs prétentions incommensurables ni leur réputation longtemps tambourinée à l'avance. Ils se respectent eux-mêmes et ne formulent leurs jugements les plus sévères qu'en des termes convenables, propres à adoucir la rigueur de ces sortes d'arrêts. Ils ne rançonnent point leurs justiciables ; enfin, ils ne rendent compte que des représentations auxquelles ils ont assisté. Ces écrivains se nomment Berlioz, Roqueplan, Fétis, Bénédit (à Marseille), Méreaux (à Rouen), François Schwab (à Strasbourg), etc., etc.

S'il y a des sots parmi les artistes, comme dans toutes les classes de la société, il y en a aussi qui sont prêts à faire leur profit des avertissements d'une presse réellement compétente. Leurs détracteurs feignent d'ignorer qu'ils se révoltent bien moins contre le journalisme que contre certains journalistes. Il est assez naturel que des gens qui ont consacré leurs plus belles années à l'étude d'un art quelconque désirent n'être jugés que par des critiques sérieux, possédant des notions précises sur ce même art.

Nous voudrions pouvoir nous étendre aussi longtement sur le compte des journalistes éclairés, impartiaux et bienveillants, que nous l'avons fait au sujet de ceux qui compromettent la presse. Si nous ne le pouvons pas, c'est sans doute parce qu'il n'y a qu'une seule manière de faire le bien, tandis qu'il y en a mille de faire le mal.

La critique est une espèce de sacerdoce qui doit s'exercer avec toute la modération de la justice quand elle applique la loi. Laisser voir de l'acharnement, de la malveillance, de la partialité, ou même seulement de la passion, c'est se discréditer, c'est perdre toute autorité dans ses jugements.

A l'appui de ces considérations, nous allons placer sous les yeux du lecteur une critique prématurée de l'un des écrivains les plus distingués.

CHAPITRE XXIX.

UNE CRITIQUE PRÉMATURÉE.

Avant d'être un historien, et un grand historien, Augustin Thierry avait fait de la critique musicale. Il a publié dans le *Censeur européen*, numéro du 28 novembre 1819, l'article suivant sur la première représentation du *Barbier de Séville*, de Rossini, au Théâtre Italien de Paris, où le *Barbier de Séville*, de Paësiello avait été précédemment représenté :

« Un jeune compositeur vivant n'a pas craint de se faire le concurrent d'un homme que l'Italie proclamait comme un des génies de la musique; et l'Italie, oubliant ses vieilles admirations, a couronné cette hardiesse par des applaudissements unanimes. La rprésentation des deux opéras rivaux nous met à ortée de nous décider entre Paësiello et Rossini, entre le goût ancien et le nouveau goût de l'Italie. Quand nous comparons la langue musicale des deux auteurs, quand nous trouvons dans l'un la proprité et la justesse, dans l'autre le *vague* et la *confusion,* nous sommes prêt à douter si ce n'est pas un peupl tout nouveau qui habite maintenant aux pieds des Apennins ; si les sens qu'ont formés les chants de Pergolèse, qu'ont nourris et perfectionnés ceux de Cimarosa, sont bien les mêmes qui se plaisent aujourd'hui à des *ébauches informes*, à un *mélange bizarre* de tous les styles ; où l'on retrouve, étonnés de se voir ensemble, la mélodie indécise de l'Ecosse, la *sécheresse* des airs français, le *fracas* de l'harmonie allemande, et, par intervalles, quelques phrases de chant italien *mal développées*, se succédant brusquement l'une à l'autre, comme des flocons de vapeurs qui s'élèvent et s'évanouissent aussitôt. Voilà ce qui nous a frappé dans le nouveau *Barbier de Séville*, applaudi depuis Milan jusqu'à Naples.

» ... Rossini n'a rien *ajouté* au progrès musical... Le chant et l'harmonie sont prodigués par lui *au hasard* et *sans discernement*, de manière à flatter l'oreille, mais de manière aussi que, quand l'oreille est flattée, il faut que *l'esprit s'absente*, pour que le *déplaisir moral* ne détruise pas la jouissance physique... Rossini ne *prétend pas émouvoir par son génie... Il ignore complétement le grand secret de l'art d'intéresser* par les impressions fugitives de l'oreille... Il ne fait aucun cas de la passion principale... Des scènes d'*imbroglio, de surprise, de confusion, de fracas, voilà ce qui lui a paru digne de sa verve...* Il ne s'est point inquiété de faire sentir que Rosine et son amant s'aimaient...

» Les caractères de Figaro et de Bartholo ont été pour ainsi dire *enflés* par Rossini et développés pompeusement dans de longs airs qui ne les font pas mieux comprendre, mais qui donnent lieu à des *phrases grotesques*, à un *comique ampoulé*, dans lequel se complaît le musicien...

» L'*air de Basile* sur la calomnie est devenu aussi, sous la plume du même auteur, une *longue charge, lourde et guindée, de peu d'effet*, parce qu'on y voit trop la prétention d'en faire...

» Son ouvrage a *peu d'intérêt*. La hardiesse de ses modulations *bizarres, la singularité originale* de ses mouvements d'orchestre, peuvent divertir; *mais rien de tout cela n'attache*, etc., etc., etc. »

Il est à présumer qu'Augustin Thierry, qui écrivait ces lignes presque à son début dans la vie militante, s'est efforcé dans la suite, éclairé par l'expérience, d'atténuer la préférence qu'il avait donnée à l'œuvre de Paësiello.

Notons ceci en passant : les critiques, comme le public, répugnent aux adoptions nouvelles.

CHAPITRE XXX.

PREMIÈRE REPRÉSENTATION DU BARBIER DE SÉVILLE A ROME.

Comment expliquer que le *Barbier de Séville*, l'œuvre la plus parfaite que Rossini ait produite (1), n'ait pas été acclamé de prime abord par le public du Théâtre-Italien de Paris, qui passe à bon droit pour l'aréopage le plus éclairé de l'Europe?

Si ce fait était isolé, nous ne nous y arrêterions pas, mais il s'est renouvelé maintes fois.

Le *Misanthrope* fut accueilli froidement à Paris, en 1765; mais on lui adjoignit le *Médecin malgré lui*, et Alceste passa à la faveur du Sganarelle. Le Jockey siffla *Don-Juan*, à Berlin; les *Rendez-vous bourgeois*, d'Hoffmann et Nicolo, furent à peine achevés à la première représentation; Fétis a fort malmené le *Frey-*

---

(1) Peu de temps avant sa mort, Rossini disait à un de ses amis :

— Savez-vous ce qui restera de moi? Il restera, d'une fécondité qu'on m'a tant et si justement reprochée, le deuxième acte de *Guillaume Tell*, le troisième acte d'*Othello*, et le *Barbier de Séville* tout entier.

schutz, de Weber ; Berlioz n'a pas mieux traité, dit-on, le *Pré-aux-Clercs*, d'Hérold ; la *Norma*, de Bellini, eut bien de la peine à réussir au début ; la *Favorite* et la *Fille du régiment*, opéras de Donizetti, ne furent appréciés que longtemps après leur apparition ; enfin naguère, le *Fidelio*, de Beethoven, est tombé à plat au Théâtre-Lyrique.

Au reste, l'accueil plus que froid que les Parisiens firent au *Barbier de Séville*, élevé depuis par l'opinion publique au rang de chef-d'œuvre, n'était qu'un écho affaibli de ce qui avait eu lieu précédemment à Rome.

Laissons parler Rossini :

« Ah ! c'était un joli charivari que cette soirée ! et j'ai cru que le théâtre Argentina allait crouler sous les sifflets et les huées du public romain.

» Je m'en souviens comme si c'était hier... Vous savez que dans nos théâtres italiens, le compositeur de l'opéra doit conduire l'orchestre aux trois premières représentations. Au lever du rideau, j'étais donc à mon poste... Mais n'anticipons pas sur les événements, car la représentation commence avant mon entrée dans la salle.

» J'avais bien conscience de n'avoir pas fait une trop mauvaise partition, et je comptais sur un succès. Je savais toutefois qu'une partie sérieuse du public, les vieux amateurs, jugeraient sévèrement l'audace d'un jeune homme qui osait, disaient-ils, refaire la partition de Paësiello ; et Dieu sait cependant que je ne l'avais fait qu'à mon corps défendant, plein d'admiration que j'étais pour le maître et de défiance en mon propre talent. Mais le directeur m'avait imposé ce libretto ; et tout ce que j'avais pu obtenir, c'était que l'on changeât les morceaux de Paësiello, mettant un trio où il y avait un duo, un quatuor où il avait mis un air, et ainsi de suite. La *calomnie* était le seul morceau qu'il m'avait été impossible d'éviter. En outre, malgré mes avis réitérés, l'auteur du libretto, laissant là Beaumarchais, avait inventé un échange de billets continuels entre Figaro et Rosine. Après bien des discussions, le poëte m'avait fait des concessions ; mais il restait encore trois ou quatre billets que se repassaient Rosine et Figaro, et ces malencontreux messages égayèrent fort le public.

» Toutes ces circonstances présageaient donc un moment décisif dans ma carrière, et je mis à ma toilette le plus grand soin pour paraître devant la terrible assemblée.

» J'avais un habit noisette à boutons d'or qui m'allait à ravir, et que mon tailleur m'avait assuré être du meilleur goût. Quant à moi, je le trouvais charmant.

» Malheureusement, le public d'Argentina ne fut pas de cet avis, et mon entrée à l'orchestre excita l'hilarité unanime de mes juges. Les quolibets pleuvaient de tous côtés sur mon habit ; il était clair que le propriétaire d'un habit qui déplaisait si fort au public devait être jugé par lui un sot et un ignorant.

» Ce fut sous cette prévention acharnée que l'ouverture commença. Au lever du rideau, à chaque mouvement de ma pauvre personne, les rires recommençaient au sujet de mon habit.

» Les chanteurs, ne comprenant rien à cet accueil, perdirent la tête, et ce fut au milieu de ce désarroi général que commença le premier acte.

» Tous les malheurs, toutes les fatalités devaient fondre sur moi ce jour-là, et jamais auteur n'éprouva un guignon pareil. Garcia chantait Almaviva; en sa qualité d'Espagnol, sachant jouer de la mandoline comme un amoureux du temps d'Isabelle, il s'accompagnait lui-même sur cet instrument. Mais, hélas! voulant dominer le tumulte et faisant acte de bravoure dans sa ritournelle, il fit, d'un coup de pouce triomphant, voler en éclats toutes les cordes de l'instrument; les rires alors redoublèrent. Je n'avais pas de piano sous la main; vainement je criai au violoncelle de faire un arpége en pizzicato... le violoncelle me regardait d'un air hébété et ne comprenait pas. Furieux de l'injustice du public, je me mis au milieu de ses sifflets à applaudir moi-même les chanteurs à la fin des morceaux. — « Voyez, » dit alors le public exaspéré par mon audace, « l'habit noisette se moque de nous! » Et les cris devenaient des cris de rage.

» Cependant, je comptais fort sur l'apparition de don Basile pour ramener mon public; l'acteur était parfaitement grimé, et le rôle original; mais, hélas! je me souviens encore de cette fameuse entrée. Basile ne regarde pas devant lui en sortant de la coulisse, il se prend le pied dans une planche saillante, et vient s'écraser le nez sur le théâtre dans une chute épouvantable.

» Le public ne comprend rien à cette entrée en scène; les uns croient que c'est dans la pièce et crient au mauvais goût, tandis que les autres, qui ont compris l'accident, rient aux éclats du malheureux chanteur.

» La *calomnie* fut chantée au milieu d'un saignement de nez, et le mouchoir sanglant à la main ; Basile s'était littéralement aplati la figure.

» Mais je n'étais pas au bout de mes tribulations ; et quand, lassé de rire et de faire tapage, le public semblait disposé à écouter et à ne plus penser à mon habit, un incident déplorable survenait de nouveau.

» Au commencement du finale du second acte, un chat sort de la coulisse, s'avance bravement sur le bord de la rampe et se met à considérer la salle avec curiosité. De tous côtés, alors, on s'adresse à ce chat, l'appelant, imitant les miaulements qui semblaient l'intriguer beaucoup. Bartholo le renvoie d'un coup de pied à l'autre bout du théâtre. La malheureuse bête, revenue de son étourdissement, s'élance le long des décors, passant entre les jambes de tout le monde, se livrant à une gymnastique désespérée.

» Rosine se sauve d'un côté, Marceline de l'autre, et lorsque la disparition du chat semblait me permettre de rassembler mon armée, une nouvelle course furibonde de l'animal exaspéré ramenait le tumulte et les hurlements joyeux dans la salle. Poursuivi dans les coulisses, le chat rentrait en scène, et le rideau tomba sur le finale qu'on ne pouvait plus entendre.

» Il faut avoir été auteur et exposé trois mortelles heures à cette torture, pour comprendre de telles souffrances ! Je sortis à moitié fou de cette salle, tenant ma tête à deux mains, poursuivi par ces cris assourdissants.

» Je courais devant moi dans les rues tortueuses de Rome, et j'étais seul enfin dans une des petites ruelles silencieuses qui conduisent de la place Colonne au palais Borghèse, vis-à-vis duquel je demeurais, que je croyais entendre encore distinctement les sifflets du théâtre Argentina.

» La journée du lendemain fut employée en efforts généreux de la part de mes amis. On essaya de calmer cette hostilité du public, et l'on prit toutes les mesures pour obtenir une audition impartiale.

» Le lendemain, à l'heure du théâtre, malgré l'affiche et l'avis du directeur, je ne parus pas. On m'attendit en vain. J'étais au lit, la tête enfoncée sous mes couvertures, bien abrité contre les sifflets et les quolibets, et résolu à ne pas aller à la représentation.

» Le directeur m'envoya chercher en toute hâte ; je répondis qu'on pouvait jouer sans moi, comme on voudrait, que je n'irais pas.

» Vers la fin de la soirée, une rumeur sourde d'abord, puis, de plus en plus distincte, vint m'arracher au sommeil qui me gagnait au milieu de mes agitations continuelles. Une grande clarté projetait ses lueurs mouvantes sur les murailles de ma chambre, et mon nom, répété par des voix retentissantes, vint rappeler à mon esprit, déjà sous l'empire d'un premier sommeil, les souvenirs cuisants de la veille. « Les malheureux ! » m'écriai-je, « exaspérés par mon audace à les braver, en veulent-ils donc à ma personne ? » En entendant des pas tumultueux dans l'escalier, je criai hors de moi au *padrone di casa* de tirer les verrous et d'appeler au secours.

» Les voix bien connues de quelques amis parvinrent non sans peine à m'arracher à ce lugubre cauchemar.

» On criait : *Viva Rossini!* en agitant des flambeaux. Passant alors de la terreur à la joie la plus vive, j'allai ouvrir ma porte, lorsque mes regards tombèrent par hasard sur mon malheureux habit noisette, suspendu à mon porte-manteau, au mur de ma chambre. A sa vue, tous les souvenirs cuisants de la veille se présentèrent en foule à mon esprit, et je fourrai de nouveau ma tête sous mes couvertures.

» Il fallut l'insistance et les prières de mes amis pour me faire consentir à les suivre au théâtre Argentina, où une ovation, capable de calmer les blessures de mon amour-propre d'auteur, m'attendait (1). »

Le *Barbier de Séville*, représenté pour la première fois à Paris, en 1819, et la *Dame Blanche*, jouée cinq ou six ans plus tard, ont exercé une plus grande influence qu'on ne croit sur les destinées de l'art du chant.

Si l'on ajoute que Nourrit, Ponchard, Cœuriot, Levasseur, Despéramons ; Mmes Branchu, Rigaut, Boulanger et tant d'autres, tous élèves de Garat, *le dieu du chant*, étaient chargés alors d'interpréter les œuvres des grands maîtres, l'on se convaincra facilement que le répertoire français ne compta jamais d'aussi nombreux et de plus brillants interprètes.

(1) L'*Orphéon*, 1er octobre 1861.

Il y a vingt-cinq ans à peine, à défaut de diplôme régulièrement et officiellement délivré aux artistes, les agents dramatiques, d'accord avec l'opinion publique, octroyaient des brevets de capacité aux plus méritants. S'agissait-il d'une ville de premier ordre? On envoyait M. Trois-Etoiles, certain d'avance qu'il réussirait. Mais bientôt, à l'avénement de l'*ut* de poitrine, le mérite fut obligé de s'incliner devant la note d'*essence divine*, et l'on vit l'incapacité réussir là où le talent était conspué. A partir de ce moment, les correspondants ne surent plus de quel bois faire flèche, et les plaintes nombreuses dont ils sont l'objet de nos jours n'ont d'autre cause que l'impossibilité de préjuger des aptitudes d'un sujet, le talent n'étant plus une garantie.

CHAPITRE XXXI

PHYSIOLOGIE DU PUBLIC, ET DIMENSIONS DES PRINCI-
PALES SCÈNES THÉATRALES.

— Comment ! le talent n'est plus une garantie ?

— Non, vraiment ; cela se voit tous les jours au théâtre. Et, à ce propos, il ne sera peut-être pas sans intérêt de rechercher quel est le tempérament du public en général, et son caractère distinctif en particulier.

« ... Le public, bien que réellement bonhomme, et d'ordinaire bienveillant et désintéressé dans ses jugements, n'en est pas moins un pitoyable juge, toujours dans le faux, malgré sa fureur du vrai, et qui, d'âge en âge, prendra des vessies pour des lanternes, vous pouvez en être certain. Mais il est nombreux, il est puissant, il est roi, et, si son opinion ne compte pas, son suffrage fait la gloire. Faut-il s'étonner qu'on le flatte, qu'on lui fasse accroire qu'il décide en dernier ressort, qu'il est, lui en personne, cette postérité sévère et impartiale à qui en appelle la critique aussi bien que l'histoire ? Grand, grand mensonge, et bien ancien ! C'est le contraire qui est vrai. Partout où il est admis, le public juge en premier ressort, et il se trompe ; puis viennent les experts, et il se range. En toutes choses, le public a des gens qui pensent pour lui, qui sentent pour lui, qui jugent, qui parlent pour lui. En toutes choses, le public est à la queue de tout le monde (1). »

Tel est en tous lieux le public pris en masse ; mais, si on le considère séparément, l'on y découvre des nuances :

ÉTRANGER.

Le public de la Nouvelle-Orléans est le plus hétérogène ;

Le public de La Haye, le plus aristocratique ;

Le public de Bruxelles, le plus dilettante ;

Le public de Naples, le plus enthousiaste ;

Le public de Milan, le plus académique (2) ;

Le public de Turin, le plus démocratique ;

Le public de Rome le plus turbulent.

FRANCE.

Le public de Paris est le plus connaisseur, partant le plus indulgent.

Le public de Marseille se ressent de la proximité de l'Italie : il est enthousiaste, mais difficile à con-

____

(1) M. Topffer, *Essai sur le beau dans les arts*, p. 129.

(2) Nous ne parlons ici que des habitués du théâtre de la *Scala*, et non point du public qui fréquente les autres salles de spectacle, savoir : la *Canobbiana, Carcano, Ré, Santa-Radegonda*, etc., etc.

tenter ; sévère, mais juste, souvent cruel, quelquefois sauvage.

Le public de Lyon, sous quelques rapports seulement, emboîte le pas après Marseille : il y a de la claque, une *vraie claque* au grand théâtre de Lyon.

Le public de Bordeaux est le plus poli, le plus gentleman.

Le public de Toulouse est le plus intelligent; c'est le seul, en province, qui préfère la qualité à la quantité.

Le public de Rouen est le plus récalcitrant ;

Le public de Lille, le plus rationnel ;

Le public de Nantes, le moins démonstratif ;

Le public de Strasbourg, le plus débonnaire ;

Le public du Havre n'est pas exigeant.

Dans les grands centres où le commerce domine, l'éducation musicale y est moins développée qu'ailleurs. Depuis quelque temps, cet état de choses tend à se modifier; néanmoins, malgré la création d'un grand nombre de sociétés chorales, malgré le récent décret du ministre de l'instruction publique, qui rend obligatoire l'étude de *la vocale dans les écoles primaires*, malgré tout, les Français auront fort à faire, sinon pour *vibrer* comme des Allemands, du moins pour *sentir* la musique comme les Italiens.

Nous allons faire connaître la dimension des principaux théâtres où le public accourt, se presse et s'entasse tous les soirs.

	Largeur.	Longueur.
La Scala à Milan.	26ᵐ 80	26ᵐ 50
San-Carlo, à Naples.	26 70	24 »

	Largeur.		Longueur.	
Carlo-Felice à Gênes.	24^m 50		23^m 20	
L'Opéra de Paris (1).	24	»	20	80
L'Opéra de Berlin.	23	40	22	40
Théâtre-Royal de Munich. . .	23	30	22	70
Théâtre de la Reine à Londres.	22	85	20	50
Alexandre, à Saint-Pétersbourg.	22	»	21	70
Théâtre-Impérial, id. .	22	»	21	»
Théâtre du Capitole, à Toulouse.	21	85	21	»
Drury-Lane, à Londres. . . .	21	80	17	50
Théâtre-Royal de Turin. . . .	21	25	24	»
Salle Ventadour, à Paris. . .	20	60	15	40
Théâtre de Strasbourg. . . .	20	40	17	30
Théâtre de Hambourg. . . .	20	30	19	50
Théâtre de Lyon.	20	»	15	»
Covent-Garden, à Londres. . .	20	»	19	60
Théâtre des Arts, à Rouen. . .	19	80	19	40
Opéra du palais de Versailles. .	19	70	20	50
Théâtre de Bordeaux.	19	70	19	10
Théâtre de Marseille.	19	50	17	80
Salle Favart, à Paris.	19	30	17	70
Nouveau théâtre de Berlin. . .	19	20	18	»
Théâtre de Darmstadt.	18	60	16	»
Théâtre de Mayence.	17	80	16	20
Théâtre de Vienne.	17	»	18	40
Théâtre de Lille.	15	80	18	50
Théâtre de Montpellier. . . .	15	60	16	»
Théâtre de Nîmes.	(2)			

(1) Dans la nuit du mardi au mercredi 29 octobre 1873, un incendie a détruit ce théâtre de fond en comble.

(2) Le chef-machiniste du théâtre de Nîmes n'ayant pas répondu à

	Largeur.	Longueur.
Théâtre de Graslin à Nantes. .	15^m 45	18^m 50
Théâtre de Copenhague. . . .	15 30	15 50
Théâtre du Havre..	11 10	13 10

Au point de vue civilisateur, intellectuel et moral, le théâtre est un besoin; au point de vue politique, il est une nécessité.

Voici la définition que Napoléon Ier faisait des représentations dramatiques :

« C'est la concentration des masses sur un seul point, sous l'œil de l'autorité. »

Lorsque le duc de Berry fut assassiné en sortant du spectacle, le dimanche 13 février 1820, l'archevêque de Paris, Mgr Hyacinthe de Quélen, demanda que la salle de l'Opéra fût démolie, rasée. Louis XVIII y consentit; il ordonna, en outre, le lendemain de la catastrophe, en signe de deuil, que tous les théâtres de Paris fussent fermés pendant un mois. Dix jours après, le 23 mars, toutes les salles de spectacle étaient rouvertes : le ministre de la police avait fait prévenir le roi que si ses ordres étaient maintenus, il ne répondait plus de la tranquillité de la capitale. Plus de soixante mille individus vaguaient tous les soirs sur le pavé de Paris, ne sachant trop comment employer leur temps.

L'ancienne salle de l'Opéra s'élevait sur l'emplacement qu'occupe aujourd'hui la place Louvois.

notre lettre, il nous est impossible de consigner ici la dimension de cette salle de spectacle.

CHAPITRE XXXII.

LA CLAQUE.

La corporation des *Chevaliers du Lustre* ou *Romains*, vulgairement appelés claqueurs, renferme dans son sein trois catégories d'employés, savoir : les *intimes*, les *lavables*, les *solitaires*.

Les *intimes* ou initiés sont les véritables applaudisseurs de profession ; les *lavables* ou néophytes, sont admis dans le temple gratuitement lorsqu'il s'agit d'une reprise ou d'une première représentation, mais ils sont obligés d'*abouler* (sic) les jours ordinaires ; les *solitaires* ou profanes sont ceux qui paient moitié place, qui sont toujours sûrs d'avoir une carte d'entrée alors même qu'on n'en délivre plus à la porte, et qui, une fois installés au parterre, applaudissent ou n'applaudissent pas, à leur choix.

En 1841, lors de la reprise de *Richard Cœur-de-Lion*, qui obtint tant de succès, la claque ayant fonctionné avec trop de zèle, le public se leva comme un seul homme, et mille voix crièrent à la fois : *A bas la claque! la claque à la porte!*

Le même fait s'est renouvelé au Vaudeville lors de
la première représentation de *Nos Intimes* de M. Sar-
dou.

Bien que de grands scandales protestent de temps
en temps contre son existence, la claque n'en persiste
pas moins à braver l'opinion publique, et c'est par-
dessus sa tête que passent les malédictions dont on
l'accable.

Lorsque l'administration supérieure, il y a une
quinzaine d'années, songea sérieusement à supprimer la claque, cette réforme radicale effraya bien des
esprits et provoqua bien des réclamations.

La claque est-elle si fort enracinée dans nos mœurs
que, quoi qu'on fasse, il soit impossible de l'en extirper ? Est-elle à ce point indispensable qu'on ne puisse
plus s'en passer ? Questions souvent débattues et toujours non résolues.

Malgré de nombreuses escarmouches dans lesquelles les *Chevaliers du Lustre* ont eu souvent le dessous ; malgré d'éclatantes défaites, le chef des *Romains* n'a pas cru devoir licencier ses troupes : la
claque vit encore.

C'est elle, le public ayant abdiqué ses droits, qui
s'est emparée du soin fatigant de penser et d'agir ;
c'est elle qui maintient le bon ordre dans le théâtre en
provoquant l'expulsion des perturbateurs ; c'est elle
qui décerne les premières palmes aux jeunes auteurs
et compositeurs ; c'est elle qui raffermit les pas chan-
celants des débutants sur la scène, terrain glissant et
fertile en déceptions ; c'est elle qui indique les beautés
d'une œuvre à la population flottante qui fréquente

les théâtres de la capitale; c'est elle qui prévient les méprises du public en lui signalant l'entrée en scène des premiers sujets de la troupe; c'est elle enfin qui *met à couvert* les défaillances des *étoiles filantes.*

« *Mettre à couvert* un chanteur, » dit M. Berlioz, « c'est l'applaudir et l'acclamer violemment à l'instant précis où il va donner un son éraillé, afin que sa mauvaise note soit ainsi *couverte* par le bruit de la claque et que le public ne puisse l'entendre. »

A l'Opéra, dans la *Favorite*, la claque *mettait à couvert* un illustre ténor, lorsqu'il donnait le *la naturel* qui termine cette phrase :

> Mais vous vous êtes, monseigneur,
> Payé trop chèrement au prix de mon hon**** !

Au Théâtre-Français, dans *le Misanthrope*, la claque *mettait à couvert* Mlle Mars, sur la fin de sa carrière, lorsqu'elle débutait ces vers :

> L'âge amènera tout ; et ce n'est pas le temps,
> Madame, comme on sait, d'être prude à *vingt ans.*

Le nombre des claqueurs, à l'Opéra-Comique, varie d'après les besoins du service. On en emploie quarante le dimanche, cinquante dans la semaine, soixante et dix pour une reprise, deux cents à deux cent cinquante, voire même trois cents pour une première représentation.

Bien des personnes, qui n'ont jamais mis les pieds dans un théâtre, s'imaginent que ce sont les directeurs de spectacle qui paient les claqueurs ; c'est précisément l'inverse qui a lieu (1).

Vers 1844, le chef de la claque payait 4,000 francs par an au directeur de l'Opéra-Comique, moyennant quoi il lui était alloué un certain nombre de billets de parterre par soirée.

Lors de la représentation de l'*Etoile du Nord*, donnée en l'honneur de la reine d'Angleterre, venue à Paris à l'occasion de l'Exposition universelle de 1855, le parterre fut mis entièrement à la disposition du chef de claque. Tout le monde, cette fois, paya son billet, et nul ne fut admis dans la place qu'à la condition expresse d'être en grande tenue, habit noir, cravate blanche, etc. Cette représentation *extraordinaire* rapporta 800 fr. au chef de claque.

En dehors des billets de parterre que le directeur de l'Opéra-Comique octroyait chaque soir au chef de claque, celui-ci en qualité d'*entrepreneur de succès dramatiques*, trafiquait avec les auteurs, les compositeurs et les acteurs. Tels artistes chefs d'emploi lui payaient *volontairement* 45 fr. par mois ; pour les

---

(1) Le colloque suivant prouve qu'en matière théâtrale ce qui nous paraît impossible peut être quelquefois vrai, et qu'il ne faut jamais s'étonner de rien.

Une actrice du boulevard rencontrant un jour une de ses amies lui dit :

— Tiens, te voilà, toi ? Tu es toujours aux Variétés ?

— Non, le directeur voulait m'*augmenter*.

— Que signifie ?

— Je lui donnais 1500 fr. par an pour être à son théâtre, il en voulait 2,000.

commençants ce n'était que 6 fr., plus une somme de... en débutant.

Ordinairement, un chef de claque est peu parleur, fort discret ; et c'est fort heureux, ma foi! car, s'il lui arrivait jamais de dévoiler certains secrets particuliers ou administratifs, que de gens se prendraient aux cheveux!

Les bénéfices d'un chef de claque étant fondés sur l'intérêt et l'amour-propre des éditeurs, des compositeurs, des auteurs, des acteurs, des chanteurs et des peintres décorateurs, le bail à ferme des *succès dramatiques* ne doit pas être une mauvaise spéculation.

A ce métier-là, Auguste, chef de claque de l'Opéra, avait amassé plus de 20,000 livres de rente ; il mourut d'une fluxion de poitrine, dont il fut atteint dans les circonstances suivantes :

A l'issue d'une représentation où la Carlotta, premier sujet de la danse, avait été l'objet d'une ovation extraordinaire, Mme X***, premier sujet du chant, fit prévenir le chef de claque qu'elle avait à lui parler et qu'elle l'attendait dans son coupé, rue Lepelletier.

Auguste, encore dans le feu de l'action et couvert de sueur, s'empressa d'obtempérer aux désirs de la cantatrice. Tandis que la diva, aveuglée par la jalousie, lui reprochait vertement d'avoir organisé pour la Carlotta un véritable triomphe, Auguste, debout sur le marchepied, chapeau bas, dans l'attitude du plus profond respect, recevait sur le dos une ondée des plus intenses, laquelle provoqua le refroidissement dont il mourut.

A force de voir, d'entendre, de comparer et de juger, un chef de claque, à défaut de connaissances spéciales, finit par posséder l'acquis indispensable pour apprécier sainement les choses du théâtre. Un jour, à une répétition des *Huguenots*, dont la reprise eut lieu pour la Cruvelli, celle-ci ayant exécuté un point d'orgue qui ne figurait pas dans la partition, Meyerbeer pria la cantatrice de vouloir bien supprimer ce trait.

Auguste, qui était là, s'écria aussitôt :

— Vous avez tort, monsieur Meyerbeer.

— Vous croyez ? fit le maestro.

— Oui, monsieur.

— Mademoiselle Cruvelli, reprit doucement Meyerbeer, veuillez, je vous prie, maintenir le point d'orgue que vous venez d'exécuter.

Il y a des claqueurs qui sont chargés de provoquer les rires, d'autres les pleurs, celui-ci de crier *bravo* ou *brava!* celui-là de rappeler le dieu ou la diva pendant la représentation et après la chute du rideau.

Les locutions usuelles de la claque sont celles-ci :

Faire four signifie ne pas réussir.

Chauffer un four, c'est acclamer quand même une pièce tombée.

Faire empoigner, c'est applaudir hors de propos et provoquer ainsi des sifflets ou des *chut!*

Egayer, reconduire, signifient siffler.

Avoir de l'agrément, c'est lorsqu'on est *égayé, reconduit, sifflé*.

Faire une entrée, c'est applaudir un sujet aimé lorsqu'il entre en scène.

Faire une sortie, c'est applaudir un artiste lorsqu'il quitte la scène.

Avoir sa côtelette, c'est lorsqu'on est applaudi chaudement après une phrase, un air ou une tirade.

On prétend qu'au début de sa carrière, l'acteur Raucourt, lorsqu'il avait manqué de mémoire en scène ou qu'il croyait n'avoir pas rempli convenablement tel ou tel personnage, donnait son propre souper à son chien. En ce cas, c'était Médor et non son maître qui *recevait sa côtelette*.

Si nos renseignements sont exacts, et nous avons de bonnes raisons pour croire qu'ils le sont, c'est à l'initiative d'Elleviou et de Martin qu'est attribuée l'installation de la *Cabale* (1) à la salle Favart.

Elleviou prétendait que la claque était aussi nécessaire au milieu du parterre que le lustre au milieu de la salle, et son camarade Martin ne permettait qu'on commençât le spectacle que lorsqu'il apercevait le chef de claque droit sur son banc, au milieu du parterre; jusque-là le régisseur devait s'abstenir de frapper les *trois coups* de rigueur.

Le système des applaudissements salariés a ceci de déplorable, c'est qu'il tend à fausser l'opinion publique et qu'il détruit tout sentiment d'émulation chez les artistes, vu qu'en payant, un chanteur médiocre peut se faire applaudir plus que son camarade qui a beaucoup de talent.

____

(1) C'est le nom qu'on donnait à la claque au commencement de ce siècle.

CHAPITRE XXXIII.

Montesquieu prétendait qu'une pièce lyrique était *une harmonieuse extravagance.*

* *

Quelqu'un ayant demandé à Alexandre Dumas s'il aimait la musique, l'illustre romancier répondit :
— C'est un bruit qui ne m'est pas désagréable.

* *

Théophile Gauthier a dit à son tour, en parlant de la musique :
— C'est le vacarme qui se paie le plus cher.

* *

Les peintres sont généralement fort bien organisés pour la musique, tandis que les poëtes passent pour être moins sensibles aux exigences de l'intonation.

Et pourtant, qui, plus que lés poëtes, devrait posséder, ce semble, le sentiment du rhythme et de l'harmonie !

*
* *

La musique est vraiment une bonne fille : sollicitée par un musicien habile, elle exprime fort bien des sentiments diamétralement opposés à l'aide d'une seule et même phrase musicale. D'un air d'opéra comique qu'il réorchestra et dont il ralentit l'allure, Gossec ne fit-il pas un air révolutionnaire des plus énergiques ?

Les œuvres de Rossini abondent en exemples de ce genre.

Lorsque la musique et la poésie se prêtent un tel appui qu'elles ne sont en quelque sorte qu'une seule et même chose, il est assez difficile d'écouter un air reproduit par des instruments, sans y adapter, même à son insu, les paroles que la musique chaperonne.

Ceci nous remet en mémoire un fait original qui s'est passé à Toulouse en 1817. A cette époque, Toulouse possédait un vaste établissement construit sur la garonne : le Moulin du Château (1), qui renfermait alors et entretenait pour le service de l'usine une multitude de baudets.

L'administration du moulin fêtait tous les ans la Saint-Martin : un magnifique autel, élevé entre les deux meules principales, était réservé à la cérémonie religieuse à laquelle étaient invitées toutes les notabi-

____

(1) Cet établissement existe encore aujourd'hui.

lités de la ville ; cette cérémonie était suivie d'un splendide repas.

Or, en 1817, la fête de Saint-Martin était célébrée au Moulin du Château avec la plus grande pompe, et afin de donner encore plus d'éclat à la fête, les administrateurs de l'usine avaient chargé le chef de musique d'un régiment de diriger l'exécution de divers morceaux symphoniques.

La cérémonie religieuse était terminée et les convives venaient de prendre place à la table du banquet, lorsque les musiciens firent entendre l'air bien connu alors :

« Où peut-on être mieux qu'au sein de sa famille ! »

L'allusion était transparente, et, malgré soi, chacun se prit à penser au moulin, aux fariniers, aux baudets, aux âniers, etc. Quelques convives se regardèrent en souriant ; d'autres baissèrent la tête ; plusieurs ne comprirent point.

Le lendemain, le facétieux chef de musique eut beau protester de son innocence et arguer que l'ariette jouée la veille faisait partie depuis longtemps de son répertoire ; que d'ailleurs un morceau *sans paroles* n'avait point de signification, son colonel ne lui en infligea pas moins quinze jours d'arrêts forcés, qu'il garda bel et bien.

*
* *

Dans le courant du mois de juillet 1830, un bataillon de la garde royale, musique en tête, revenait de la parade, lorsque tout à coup les équipages de la cour firent irruption sur la place de la Concorde : c'étaient le roi et toute sa maison qui se rendaient à Rambouillet. Les fifres de la garde (1), sans penser à mal, au contraire, entonnèrent aussitôt l'air suivant :

Bon voyage, cher Dumolet, etc.

Charles X ne se doutait certes pas alors qu'il quittait Paris pour n'y plus rentrer, et qu'il était, pour la troisième fois, sur le chemin de l'exil !

Le lendemain on publiait les fameuses ordonnances. On sait ce qui arriva.

*
* *

Vers 1837 ou 1838, l'honorable M. Carmouche était directeur du théâtre du Havre, et ses affaires allant de mal en pis, ses pensionnaires, loin de le seconder et de l'aider à conjurer sa mauvaise fortune, semblaient s'entendre pour lui susciter des embarras de toute sorte.

Un jour, le premier ténor de la troupe, frondeur, mécontent, osa lui adresser l'impertinente question que voici :

— M. Carmouche, pourriez-vous me dire pourquoi

---

(1) Parmi les fifres de la garde royale se trouvait alors notre ami M. Léon Manier, attaché plus tard à l'orchestre du théâtre de Lille en qualité de première flûte, et devenu depuis chef de musique du 1ᵉʳ régiment des grenadiers de la garde, sous Napoléon III.

MM. les abonnés du théâtre vous appellent Cartouche?

— C'est bien simple, mon ami, répondit froidement
l'honorable directeur : c'est parce que je suis le chef
d'une troupe de voleurs !

— Ah! bien répondu ! fit l'artiste en éclatant de
rire.

Et il s'éloigna en courant pour aller conter sa déconvenue à ses camarades.

*
* *

Le premier concours de chant auquel les pensionnaires du Conservatoire de Musique prirent part fut
celui de 1810. Dans ce temps-là, les élèves étudiaient
le chant français et le chant italien : c'est ce qui
explique pourquoi, à l'époque des concours, ils étaient
tenus de se produire dans les deux genres. Plus tard,
au morceau italien, on substitua une vocalise inédite
que chaque élève devait déchiffrer à première vue.
Or, au concours de chant de l'année 1830, au lieu
de chanter le texte de la vocalise imposée, le baryton
Barroilhet, qui n'était pas bon lecteur, improvisa et
tira presque tout de son propre fonds , pendant que
Chérubini, président du Jury, agitait violemment sa
sonnette, en criant de toutes ses forces : « Ce n'est
pas ça ! ce n'est pas ça! » Mais, bien qu'un peu
déconcerté, Barroilhet poursuivait toujours, et, machinalement, l'accompagnateur le suivait. Quant au
public, témoin du conflit, il ne revenait pas de sa
surprise.

Blessé de n'avoir pu obtenir une seule récompense,

pas même un accessit, pendant tout le cours de ses études au Conservatoire, Barroilhet prit un jour la clé des champs et se sauva en Italie, déchirant ainsi le contrat qui le liait vis-à-vis de l'autorité supérieure; car, alors comme aujourd'hui, les élèves, en devenant pensionnaires de l'Etat, étaient obligés de signer un engagement. L'Administration, dit-on, mit la gendarmerie aux trousses de Barroilhet (pour la forme, croyons-nous); mais il était trop tard.

Nous ignorons si, dans la suite, Barroilhet se livra à l'étude du solfége et devint bon musicien; mais ce dont nous sommes certain, c'est que le sentiment du rhythme était très-développé chez lui, et qu'il possédait le génie du chant.

Pendant son séjour en Italie, il contracta un engagement à longue date avec Lanari, et contribua, pour une bonne part, à faire la fortune de ce célèbre impresario italien, sous la direction duquel il établit plusieurs rôles importants et fonda sa réputation de grand chanteur.

Il rentra en France au commencement de l'année 1840, et débuta quelque temps après sur la scène de l'Opéra, où il obtint un grand succès. Il se produisit successivement dans la *Favorite*, *Charles VI*, la *Reine de Chypre*, *Don Sébastien*, etc., et créa le rôle principal dans ces divers ouvrages.

Plus tard, en 1852, nous retrouvâmes Barroilhet à Florence, où il avait cessé de chanter pour ne s'occuper que de peinture : il passait son temps à compléter une galerie de tableaux commencée depuis longtemps.

Barroilhet était né à Bayonne le 22 septembre 1810 ;
son vrai nom était Barrolier.

*
* *

Personne n'ignore, dans le monde politique, que
la reine d'Angleterre et le prince Albert, son époux,
rendirent visite, en 1842, à Leurs Majestés le roi et
la reine des Français, dans leur château d'Eu. Louis-
Philippe, afin d'augmenter l'animation des réunions
intimes qui eurent lieu à cette occasion, manda au
château la troupe du théâtre de l'Opéra-Comique
pour y donner une série de représentations.

Les chanteurs qui composaient alors la troupe de
Feydeau étaient des artistes d'élite, et à l'issue de
chaque représentation les exécutants étaient invités à
prendre part à un souper servi par les officiers de
bouche de la cour. Or, quelques artistes s'étant aperçus que l'un d'entre eux poussait l'indiscrétion jusqu'à ses dernières limites, résolurent d'y mettre un
terme et prirent leurs dispositions en conséquence.

Le lendemain, alors que la réfection touchait à sa
fin et que les vins généreux commençaient à délier
toutes les langues, l'un des convives, s'adressant à
Moreau-Sainti, lui demanda s'il était vrai qu'il connût
l'art de faire des tours de passe-passe.

— Rien n'est plus exact, répondit Moreau-Sainti,
à telles enseignes que j'ai failli être engagé à Londres,
l'année dernière, en qualité de prestidigitateur ordinaire et extraordinaire de S. M. très-gracieuse la reine
d'Angleterre.

— Tu devrais bien nous mettre à même d'apprécier
et d'applaudir ton adresse?

— Volontiers, dit Moreau-Sainti.

Et s'emparant successivement de tous les fruits
qui étaient devant lui, il les fit disparaître avec une
dextérité incroyable, au grand ébahissement de l'assistance.

— Et maintenant, Messieurs et Mesdames, exclama Moreau-Sainti, veuillez, je vous prie, visiter
les poches de notre camarade Pallianti.

Celui-ci s'étant fouillé, trouva ses poches remplies
d'oranges, de poires et de pommes, qu'il s'empressa
de replacer sur la table, en disant :

— Voyez, le grand mérite!... Tu m'as gratifié de
tous ces fruits, parce que je suis placé à côté de
toi; mais s'il te fallait les envoyer à l'autre extrémité
de la table, tu serais bien embarrassé peut-être.

— Moi? embarrassé? tu vas voir. A qui l'envoi?

— A C***; non, honneur aux dames : à Mme X***.

Celle-ci devint rouge comme une cerise.

— Attention! fit Moreau-Sainti; muscade, passez.

Et une orange disparut, puis une seconde, et ainsi
de suite, jusqu'à ce qu'il ne restât plus aucun fruit
sur la table.

— Ah! par exemple, dit Pallianti en se levant, je
suis comme saint Thomas, et je tiens à m'assurer
par moi-même...

Et plongeant sa main dans la poche de Mme X***,
il en tira des sucreries, de la patisserie, etc., etc.

— Eh! parbleu! s'écria le gros malicieux, en
feignant la plus grande surprise; ceci tient de la

magie et de la sorcellerie : Moreau-Sainti a envoyé des oranges, et je trouve du nougat ! Les poires qu'il a fait passer se sont changées en massepain ! Je crois prendre des pommes, et ce sont des croquignolles !...

Une salve d'applaudissements et un fou rire accueillirent ce dénouement.

Le surlendemain, à la répétition du matin, Mme X***, qui était au fond une excellente femme, ayant surpris un malin sourire sur les lèvres de Pallianti, lui dit sans amertume :

— Méchant, c'était pour mon chat !

Le roi ne put s'empêcher de rire lorsqu'il apprit, par l'indiscrétion de ses serviteurs, l'aventure que nous venons de raconter.

*
* *

M. Lac, ténor-léger, débuta en 1842 sur la scène de l'Opéra-Comique, où il ne fit que passer.

Un jour, l'un de ses camarades l'aborda en lui disant :

— Quand la claque claque Lac, Lac claque la claque.

— Vous dites ?

— Quand la claque claque Lac, Lac claque la claque.

— Je ne comprends pas.

En effet, l'oreille est impuissante à saisir le sens de ces paroles, lorsque celles-ci sont débitées à haute voix. Que le lecteur essaie.

Cet assemblage de mots nous remet en mémoire une chanson fort curieuse, de M. Armand Gouffé, composée à l'occasion d'une dispute survenue entre l'acteur Fichet, du théâtre du Vaudeville, et un marchand de colifichets :

> Un marchand de colifichet,
> Un jour qu'on affichait Fichet,
> Dit, voyant Fichet sur l'affiche :
> Quoi ! toujours afficher Fichet !
> Du public l'affiche se fiche,
> Moi, je me fiche de Fichet !
>
> Au marchand de colifichet,
> Alors, d'un ton poli, Fichet
> Dit : De vos cris Fichet se fiche ;
> Car il faut bien, foi de Fichet,
> Lorsque Fichet est sur l'affiche,
> Avaler l'affiche et Fichet.
>
> Le marchand de colifichet,
> Fichant l'affiche sur Fichet,
> Chiffonna Fichet et l'affiche,
> Et dit : Fi donc ! fichu Fichet !
> Fiche-moi le camp de l'affiche,
> Car tu n'es frais **qu'au lit, Fichet !**
>
> Au marchand de colifichet,
> Sous forme de colis, Fichet
> Ficha les morceaux de l'affiche,
> En lui disant : Craignez Fichet !
> Quiconque de Fichet se fiche
> N'est qu'un vilain colifichet !

*
* *

A l'un des concerts mensuels, qui avaient lieu à Saint-Cloud, en 1843, le roi Louis-Philippe fit avancer les élèves du Conservatoire, et les félicita sur la manière dont ils venaient d'exécuter les divers morceaux qui figuraient dans le programme. Puis, se retournant vers Habeneck, il lui adressa à brûle-pourpoint la question suivante :

— M. Habeneck, qui de nous deux est le plus âgé : est-ce vous? est-ce moi?

— Sire, répondit le célèbre chef d'orchestre, avec beaucoup d'à-propos, je suis né en 1781.

— Ah! fit le roi, je suis votre aîné, M. Habeneck... je suis votre aîné.

*
* *

En 1847, Monna, baryton retour d'Italie, débuta sur la scène de l'Opéra, où, malgré sa belle voix et son talent très-réel, il n'obtint aucun succès, à cause d'une indisposition à laquelle il était sujet, et connue au théâtre sous le nom de *roulette*. D'ailleurs, chez notre jeune baryton, le comédien tuait le chanteur. Monna végéta quelque temps en France, puis il retourna en Italie. Engagé à Florence, il débuta dans la *Lucrezia Borgia*, de Donizetti. Toujours sous l'influence de l'indisposition dont nous venons de parler, le débutant fut sifflé. Replet, d'un tempérament à la fois bilieux et sanguin, le malheureux artiste perdit complétement la tête en scène, et, saisissant alors la dague qu'il portait au côté, il la lança dans l'espace avec véhémence; l'arme alla se fixer dans la cuisse d'un spectateur assis tranquillement au milieu du parterre. Ce qui se passa alors dans la salle ne peut guère se décrire. Le tumulte fut grand!

Monna fut immédiatement arrêté et conduit en prison, où il fut détenu préventivement pendant quatre mois. Finalement il passa en Cour d'assises,

et les débats établirent que l'individu blessé, cuisi-
nier de son état, venait au spectacle pour la première
fois de sa vie, le soir où il faillit être tué.

A trois cents lieues de son pays, loin de sa famille,
isolé, il était à présumer que Monna serait condamné.
Il fut acquitté! Mais sans l'intervention très-active du
consul français, Dieu sait ce qui serait arrivé!

*
* *

C'était en 1848. On était en pleine révolution, et
Blanqui, président d'un club dont le nom nous
échappe, tenait ses séances au Conservatoire de
Musique, dans le local affecté à la Société des Concerts.

Un soir, la salle se trouva trop petite pour contenir
tous les citoyens qui s'y étaient donné rendez-vous. Un
orateur succédait à un autre orateur; tout le monde
voulait parler, et le président avait bien de la peine
à maintenir l'ordre et le silence. L'effervescence était
grande et les têtes montées à un diapason incroyable.

Vers le milieu de la séance, — il était déjà tard,
— on apporta une dépêche dont Blanqui prit immédiatement connaissance : un éclair de joie illumina
tout à coup la figure jusqu'alors impassible du vieux
républicain. Il se leva aussitôt, et agitant violemment
sa sonnette, le silence se rétablit comme par enchan-
tement. La dépêche disait :

« La République vient d'être proclamée à Vienne
(Autriche). Vive la République! »

A cette nouvelle, qui tombait au milieu de la foule
avec la rapidité de la foudre, un frémissement par-

courut toute la salle, l'assistance envahit le théâtre,
et bientôt l'enthousiasme se changea en délire.

Tout à coup, un citoyen, frappé sans doute par
une étincelle soudaine, et se faisant l'interprète des
sentiments dont chacun paraissait animé, entonna la
Marseillaise; mais, hélas! trois tons trop haut pour
le moins.

Allons, enfants de la pat...

Il n'alla pas plus loin. Un formidable *couac*, compa-
rable au bruit de vingt clarinettes canardant à la fois,
sortit du fond du gosier du malencontreux chanteur,
lequel, honteux et confus, se perdit aussitôt dans la
foule, sans qu'on pût savoir ce qu'il était devenu.

Un fou rire homérique s'empara de l'assemblée, et
l'hilarité se prolongea si longtemps, si longtemps,
qu'on put croire un moment que la séance allait être
levée. Il n'en fut rien cependant.

Achard, artiste du théâtre du Palais-Royal, qui se
trouvait dans la salle, entonna derechef la *Marseillaise*, laquelle, cette fois, fut chantée jusqu'au bout,
et redite en chœur par l'assistance entière.

De son côté, le comité du club révolutionnaire,
désireux de se montrer à la hauteur des circonstances, se déclara en permanence... la séance se prolongea bien avant dans la nuit... le président était
dans la jubilation !

Qui eût dit alors, à cette foule en délire, que sous
cette estrade, où Blanqui et ses assesseurs venaient
de siéger, et qui sert de table d'harmonie à l'orches-

tre de la Société des Concerts, s'étaient cachés, dix-huit ans auparavant, une trentaine de soldats suisses, derniers vestiges de la garde du roi Charles X? Tous les pensionnaires du Conservatoire étaient dans la confidence, mais le secret fut religieusement gardé, et c'étaient Renouf, concierge du côté de la rue du Faubourg-Poissonnière, et Leroy, concierge du côté de la rue Bergère, qui, chaque jour, apportaient à manger à ces infortunés, à ces malheureuses victimes de nos discordes civiles !

*
* *

Lorsqu'il s'agit de représenter la *Circassienne* sur la scène de l'Opéra-Comique, en 1861, la censure intervenant *officieusement*, pria Scribe de vouloir bien modifier le nom de l'un des personnages de la pièce. La censure fit valoir que la France et la Russie étaient alors dans les meilleurs termes, et que les convenances exigeaient qu'on ne blessât point la susceptibilité d'une puissance amie par des allusions inopportunes.

Et le prince Oursakoff, général russe, s'appela désormais Orsakoff !

*
* *

Faisons ici une toute petite place au proverbe allemand que voici :

    « *Les méchants n'ont point de chansons.* »

*
* *

Vers la fin du siècle dernier, il était généralement

admis qu'un artiste ne pouvait avoir une idée en
dehors de sa profession, témoin cette sortie de Duclos
contre le ténor Jéliotte, qui pourtant passait pour
avoir beaucoup d'esprit:

— C'est un freluquet, dit-il, à qui il ne faut qu'un
rhume pour anéantir toute son existence!

Dans une autre circonstance, Grétry ayant été présenté à Voltaire, celui-ci lui dit:

— Vous êtes musicien et homme d'esprit, Monsieur; la chose est rare.

*
* *

Il y a une douzaine d'années, A. Bazille, musicien
hors ligne, cumulait les fonctions de pianiste-accompagnateur du théâtre de l'Opéra-Comique et d'organiste de l'église de Sainte-Elisabeth.

Or, un dimanche, après l'office du matin, il aperçut
Lefébure-Wély, le premier organiste de Paris, appuyé
contre un pilier, sous le porche, dans l'attitude du
plus profond recueillement.

— Tiens! fit Bazille, vous sur mes terres, Lefé-
bure! Que venez-vous donc faire ici?

— Comment! ce que je viens faire ici? Je viens
vous entendre, mon cher!

Cette réponse pleine de cœur, émanant d'un confrère, d'un rival, était aussi honorable pour celui qui
la fit que pour celui auquel elle s'adressait.

*
* *

Caraffa, l'auteur de *Masaniello*, de la *Prison*

d'Edimbourg, du *Valet de Chambre,* etc., qui, avant d'être un compositeur distingué, avait été attaché à la personne de Murat, roi de Naples, en qualité d'aide de camp; Caraffa, disons-nous, fréquentait assidûment les théâtres lyriques, et, vieillard plein d'aménité, aimable conteur, l'on était sûr de passer sa soirée agréablement lorsqu'on avait la chance de le rencontrer.

La dernière fois que nous eûmes le plaisir de voir Caraffa, c'était au foyer de l'Opéra-Comique, où, après avoir parlé des événements du jour, de la pluie et du beau temps, la conversation prit tout à coup une autre tournure et tomba sur le héros de la pièce qu'on jouait sur la scène : *Fra-Diavolo.*

« Le *Fra-Diavolo* de l'Opéra-Comique et le Fra-Diavolo légendaire, » dit Caraffa, « ne se ressemblent guère, et c'est sans doute pour les besoins de l'intrigue que Scribe, l'auteur du libretto, a transformé le brigand calabrais en gentleman aimable et galant.

» Une fois, cependant, sa bande ayant arrêté la diligence, et l'un de ses lieutenants ayant tiré un couteau de sa poche avec l'intention de couper le doigt à une jeune miss qui voyageait avec sa famille, Fra-Diavolo s'interposa galamment, et, repoussant le bandit d'un coup de poing vigoureusement appliqué en pleine poitrine, il mouilla le doigt de la jeune fille, en détacha un anneau orné d'un beau diamant, salua poliment, et prit congé de la compagnie, affolée de terreur.

» Le Fra-Diavolo que j'ai connu en Italie était un sacripant de la pire espèce, brutal et cruel : pour la

moindre infraction à la discipline ou à ses volontés,
il cassait la tête à ses gens ; il exerçait sur eux un
ascendant irrésistible.

» Un jour, dans une rencontre qui eut lieu entre
sa bande et des carabiniers italiens, tous ses hommes furent tués ou blessés ; lui seul sortit sain et
sauf de la bagarre : il tira habilement parti de cette
circonstance en faisant accroire à ses gens, ignorants
et superstitieux, qu'il était invulnérable. Cet événement ne contribua pas peu à consolider son autorité
et à accroître son prestige.

» En 1799, le cardinal Ruffo lui fit grâce de tous
ses crimes, à la condition expresse qu'il seconderait
la politique du pape et du roi Ferdinand, qui luttaient
énergiquement contre l'invasion des Français.

» Nommé chef de *masse* (colonel), Fra-Diavolo fit,
à la tête de sa bande, la campagne de Rome, et s'y
distingua particulièrement ; aussi beaucoup d'Italiens
sont-ils persuadés que Fra-Diavolo était un ardent
patriote et non point un émule de Cartouche et de
Mandrin.

» Plus tard, grâce à une pension de 3,600 ducats
que lui fournissait le gouvernement, et à une ferme
qu'il possédait aux environs de Naples, il aurait pu
vivre heureux et tranquille ; mais, cédant à ses instincts
pervers, il recommença ses exploits sur les grands
chemins, prit part à l'insurrection de Palerme, sou-
leva les esprits en Calabre, délivra les détenus, dont
il augmenta sa bande, et se défendit bravement contre les soldats français qui le cernaient. Il s'échappa
pourtant ; mais dénoncé par un paysan, il fut ar-

rêté à San-Severino, et pendu à Naples, le 10 novembre 1806.

» Je fus l'un des témoins de son supplice, et je n'oublierai jamais la sensation indicible que j'éprouvai en voyant son cadavre se balancer dans l'espace. C'était affreux à voir.

» Fra-Diavolo était assurément le plus bel homme qu'il y eût dans toute l'Italie ; il était taillé en Antinoüs. Grand amateur du beau sexe, quand il avait jeté son dévolu sur une belle, il la voulait absolument, et il fallait, bon gré mal gré, qu'elle lui appartînt.

» Un jour, l'une d'elles s'étant enfuie avec le brigand qui avait été commis à sa garde, Fra-Diavolo envoya des émissaires dans les principales villes de l'Italie, avec ordre d'assassiner l'infidèle partout où on la trouverait. »

Caraffa était en verve ; il ne tarissait pas, et il allait poursuivre sa narration, lorsque la rideau tomba sur la dernière note chantée de l'opéra d'Auber. Qui nous eût dit alors que nous voyions Caraffa pour la dernière fois !

*
* *

L'on rapporte que lorsque Caraffa fut nommé professeur de composition au Conservatoire de Musique de Paris, Cherubini, son compatriote et son ami, l'aurait apostrophé en ces termes :

— Ah! ça, puisque le ministre t'a donné la préférence sur les trois candidats que j'ai présentés, j'espère que tu vas te mettre à étudier le *contre-point* et la *fugue* avant de l'enseigner aux autres?

Ce n'était là, de la part de Cherubini, qu'une boutade.

*
* *

L'orchestre de la Société des Concerts exécutait une
fugue, et Berlioz s'agitait convulsivement dans sa
stalle.

— Tiens ! fit quelqu'un, assis près de Cherubini,
il paraît que Berlioz n'aime pas cette fugue.

— Oui, mais la fugue ne l'aime pas non plus ! riposta l'illustre contre-pointiste.

*
* *

Lorsque les membres du Comité ou du Jury étaient
convoqués à l'occasion des examens trimestriels ou
du grand concours annuel, Cherubini se faisait un
devoir d'être le premier à son poste, contrairement à
Habeneck. Un jour, cependant, celui-ci devança
l'heure indiquée.

—Ah ! cette fois, s'écria-t-il, cette fois, cher maître,
je suis exact !

Cherubini tira froidement sa montre, et répondit :

— Vous voyez bien que non : vous arrivez cinq
minutes trop tôt.

*
* *

Quand il était de bonne humeur, ce qui lui arrivait rarement, l'austère Cherubini ne dédaignait pas
de faire un bon mot, voire même un calembour.

Un jour, le Comité d'examen, pour la classe des
élèves-chanteurs du Conservatoire, se composait de

23

MM. Baptiste, Bazin et Croharé, professeurs attachés à l'Ecole.

— Une chemise de *basin*, fit le premier.

— Un mouchoir de *batiste*, riposta le second.

— Quoi ! messieurs, dit le vieux Cherubini ; vous cultivez le calembour ? qui le *croirait ?*

Au moment où nous écrivons ces lignes (1er décembre 1873), MM. Baptiste, Bazin et Croharé font encore partie du corps enseignant du Conservatoire de Musique.

*
* *

Voici une aventure arrivée il y a deux ou trois ans et dont nous garantissons l'authenticité.

Le directeur des théâtres subventionnés d'une ville de premier ordre avait eu la malencontreuse idée d'engager Mlle *** pour donner vingt représentations consécutives, à raison de 500 francs par séance.

Dès sa troisième apparition dans la *Belle Hélène,* d'Offenbach, l'actrice en question n'ayant même pas fait le montant de son cachet, le directeur la pria de vouloir bien rompre le traité qui le liait vis-à-vis d'elle ; mais l'actrice s'y refusa. Il lui proposa alors d'aller donner des représentations dans les villes circonvoisines, s'engageant à lui compter son cachet de 500 francs avant le lever du rideau. L'actrice accepta, cette fois.

Le premier soir, au théâtre de M***, on fit 1,400 fr., laquelle somme fut à peu près absorbée par les frais de déplacement ; le lendemain, la recette tomba à 300 francs.

— Je vous apporte la recette, fit le directeur en abordant sa pensionnaire, quant aux 200 fr. restant, je vous les solderai demain chez moi.

Mais l'actrice déclara qu'elle n'entrerait pas en scène, si on ne lui comptait pas l'intégralité de son cachet, soit 500 fr.

Une demi-heure après, deux garçons de théâtre introduisaient dans la loge de Mlle *** un grand panier contenant 500 fr. en monnaie de billon. L'actrice ne dit mot; elle avait compris.

A la fin du spectacle, un monsieur, qui accompagnait l'actrice parisienne, et un officier d'infanterie, qui paraissait être de leurs amis, emportèrent en catimini le panier et son contenu à l'hôtel, où ils passèrent la nuit à reconnaître et à empaqueter la somme.

*
* *

Parmi les organes que la nature et l'art ont mis à la disposition du comédien pour que celui-ci puisse se faire comprendre de la foule, l'œil, après la parole articulée, est assurément le plus éloquent de tous. En effet, un regard lancé à propos en dit plus long, au théâtre, que la manifestation du geste le plus noble et le plus significatif.

Et cela n'a rien qui doive nous surprendre : l'œil n'est-il pas l'organe d'expression le plus rapproché du cerveau, siége de l'intelligence ?

*
* *

Du jour où le chanteur s'aperçoit que son organe

n'a plus la même puissance et qu'il faut désormais le
ménager sous peine de le perdre tout à fait, date l'aurore de son talent; jusque-là il n'a été qu'un *pous-
seur;* aussi la Trebelli et la Streponi ont-elles pu
dire, avec un semblant de vérité, qu'on ne commence à savoir chanter que lorsqu'on n'a plus de
voix.

*
* *

Duprez a dit à son tour, dans un accès de boutade :

— Rien ne nuit plus à un chanteur qu'une belle
voix.

*
* *

Duprez avait le sentiment de sa valeur artistique.
Un jour, M. de P***, étant venu lui rendre visite à son
hôtel de la rue Turgot, le trouva jouant au billard
avec Habeneck :

— Tiens! fit M. de P***, vous jouez au billard,
mon cher Duprez?

— Dam! répondit celui-ci, je ne joue pas aussi bien
que je chante; mais, enfin, je ne joue pas mal au
billard.

*
* *

Le vieux Despéramons, ancien élève de Garat, disait très-judicieusement :

— Autrefois, on chantait FORT BIEN. Aujourd'hui,
on chante BIEN FORT.

*
* *

Un illustre compositeur nous disait un jour :
— Dans l'intérêt même de ses plaisirs, on devrait
bien éclairer le public ; car, enfin, on peut avoir beaucoup de talent et ne pas aborder avec succès un *ut* de
poitrine.

En effet, tel sait chanter qui ne peut pas crier, ce
qui n'est pas un mal, au contraire. Or, quand un artiste émeltrait de ces sons qui vous brisent le tympan,
les gens de goût devraient se lever et quitter la salle,
La leçon serait suffisante, et l'*ut* de poitrine, honni,
conspué, désertant nos salles de spectacle, prendrait
rang définitivement dans la nomenclature des *Cris de
Paris* (1).

*
* *

Les Italiens disent : « *Dell'anima, del sentimento,
del metodo, e della voce, per cantare, ecco tutto quello
che si vuole.* »

Eh bien, admettons qu'on ait enfin trouvé un sujet
possédant toutes ces qualités, et d'autres plus trans-
cendantes encore. Sait-on ce qui arrivera à l'artiste.
malgré ces dons et ces avantages ?

Si, par malheur, il a le feu sacré, ce je ne sais quoi,
ce *diable au corps* dont parle Voltaire, c'en est fait
de lui ! Dans ses qualités individuelles, il trouvera
la cause de sa propre destruction ; en un mot, chez
lui, la lame usera le fourreau, comme on dit ; car

---

(1) Les *Cris de Paris*, autrement dit les *Cris de la halle*, notés et
mis en musique, morceau du seizième siècle, dans lequel le *triolet*
est employé pour la première fois.

tout ce qu'un chanteur habile peut faire en interprétant le répertoire moderne, c'est de tourner la difficulté. Malheur à celui qui l'aborderait de front !

CHAPITRE XXXIV.

CONCLUSION.

L'interprétation du répertoire moderne impliquant une étendue exceptionnelle, il n'est pas étonnant que les voix qui ne dépassent pas la portée ordinaire soient tombées en discrédit, quelle que soit d'ailleurs la beauté de leur timbre. De là cette espèce de dicton qui court le monde depuis quelque temps : *Il n'y a plus de voix.*

Cette opinion est-elle fondée ? Oui, s'il s'agit d'aborder les opéras de longue haleine, comme *Guillaume Tell*, *Robert le Diable*, la *Juive*, les *Huguenots*, etc ; non, s'il n'est question que d'œuvres telles que la *Muette*, *Lucie de Lamermoor*, la *Favorite*, le *Trouvère*, etc.

Nous en appelons itérativement à nos adversaires : les compositeurs n'ont-ils pas assimilé l'organe humain à un fil de laiton qu'on peut changer à volonté, ou à une corde à boyau qu'on peut tendre et détendre avec une précision mathématique ?

Toute la presse allemande annonçait, il y a quelques années, que Richard Wagner avait quitté Vienne pour aller à Venise, après avoir renoncé à la représentation de son dernier opéra, *Tristan et Isolde*, les chanteurs ayant déclaré que leurs rôles étaient inchantables.

Que de compositeurs, en France, auraient mérité qu'on leur donnât une pareille leçon (1) !

N'y a-t-il pas dans la loi certaines dispositions restrictives qui limitent l'exercice de l'art ?

La France offre à l'observateur curieux le spectacle d'une étrange anomalie : c'est qu'il n'y a pas de loi qui garantisse l'artiste contre les brutalités symphoniques et les aberrations d'un compositeur à l'imagination en délire, tandis qu'il y en a une qui protége les animaux contre certains délits.

Un jour, un charretier de Paris frappait à coups redoublés son attelage qui, se sentant trop faible, refusait d'avancer. Un peintre bien connu protesta contre les brutalités du délinquant, et le somma de ne plus maltraiter ses chevaux; mais loin d'obtempérer à l'injonction qui lui était adressée, le charretier répondit insolemment et menaça même le peintre de

----

(1) Au mois de novembre 1864, on lisait dans *l'Entr'acte* : — « On va plaider, à Hambourg, un procès assez curieux entre un artiste du théâtre de cette ville et son directeur. M. Sontheim, premier ténor, s'est formellement refusé à chanter les opéras de Wagner, par la raison qu'il s'était seulement engagé à chanter et non à se casser le cou, c'est-à-dire à sacrifier sa voix. Il invoque à l'appui de sa résistance le jugement de divers célèbres maîtres de chant. On attend impatiemment le résultat de cette affaire, sur laquelle les tribunaux sont appelés à se prononcer. »

son fouet. Enlever le fouet des mains du voiturier,
lui donner uu croc-en-jambe et l'étendre sur la voie
publique fut, pour le peintre, l'affaire d'un instant.
Ce que voyant, le charretier dit à son vainqueur en
se relevant :

— Vous êtes plus fort que moi, je le reconnais ;
prouvez-moi maintenant que vous êtes aussi plus
raisonnable !... Vous le voyez bien, mes chevaux
sont trop faibles pour leur charge : il faut pousser à
la roue.

— Volontiers, fit le peintre en ôtant son habit ; mais
à condition que vous ne surchargerez plus votre attelage.

Au théâtre, ce n'est jamais le compositeur que
l'on rend responsable de l'impuissance du chanteur :
c'est toujours à celui-ci qu'on s'en prend, lorsque
son gosier surmené se refuse à émettre un son, et,
dans cette conjoncture, loin de *pousser à la roue*, le
public, au contraire, se fâche tout rouge contre l'artiste aux abois.

Nous l'avons dit en commençant : l'orchestration
est trop bruyante, les rôles sont écrits trop haut, et
leur durée excède de beaucoup la force des chanteurs.

C'est là qu'est le nœud de la question, et c'est à la
résoudre que doivent tendre tous les efforts.

En conséquence, nous voudrions, de deux choses
l'une : ou qu'on priât poliment les compositeurs de
vouloir bien écrire leurs œuvres dans des conditions
plus rationnelles, ou qu'on rappelât à l'ordre celui de
ces messieurs qui, à l'avenir, serait tenté d'exiger davantage de l'organe humain que des instruments dont

il est bien obligé de prendre les limites naturelles en sérieuse considération.

La censure n'a-t-elle pas pour mission de réprimer les écarts et les manifestations absolues de la pensée?

FIN.

TABLE DES MATIÈRES.